格致
丛书

城镇化与中国潜在经济增长

Urbanization and Potential Economic Growth in China

陈 长 著

社会科学文献出版社
SOCIAL SCIENCES ACADEMIC PRESS (CHINA)

总 序

黄其松

今日之中国，已处于从站起来、富起来到强起来的新时代。今日之中国，人民热爱生活，对美好生活充满向往，期盼有更好的教育、更稳定的工作、更满意的收入、更可靠的社会保障、更高水平的医疗卫生服务、更舒适的居住条件、更优美的环境。如何建设富强中国、美丽中国、健康中国、平安中国？古人云：治大国若烹小鲜。然而，今日中国规模之巨、转型之艰、困难之大，恐怕难以以“烹小鲜”的理念与技艺来应对。因此，如何在顶层设计与底层实践、高层智慧与基层创新之间走出中国治理的道路、提炼出中国治理的模式、发展出中国治理的理论，成为当下中国的官员与学人共同的责任与使命。

我们这群生活在偏远之隅——贵州的读书人、教书匠，大抵可以称得上兹纳涅茨基在《知识人的社会角色》里所说的“学者”。所谓学者，不仅承担知识与文明的传承与创新，也负有不可推卸的社会责任。我们虽处江湖之远却心有庙堂，希望能用记录我们所学、所思的文字参与这个伟大的新时代，为国家治理现代化做出微薄的贡献。为此，贵州大学公共管理学院联合贵州省欠发达地区政府治理体系和治理能力现代化协同创新中心，共同资助出版“格致”系列学术丛书。“格致”源于贵州大学公共管理学院“格物，以明事理；致行，以济天下”的院训。因此，本丛书关注实践，即地方政府治理生动实践的经验反思与学理分析，也关注理论，即政治学与公共管理理论的发展与创新。学术乃天下之公器，希望学界同人对本丛书不吝赐教，以期共同推动知识创造与学术发展。

目录

CONTENTS

第一章

导　论

一般而言，城镇化与经济增长之间是相伴而生的，经济增长会带来城镇化水平的提高及城镇化步伐的加快；而良好的城镇化进程也必然伴随着经济的高速增长以及农业比重的逐步下降和城乡差别的最终缩小。[①] 改革开放以来，中国经济加速增长，中国平均经济增长速率达到9%以上。与之相对应的中国城镇化率已经由1978年的17.90%提高到2017年的58.52%，改革开放40多年间，中国建制市数量从1978年的193个增加到2017年的676个，建制镇数量同样从2173个增加到20113个；城镇人口也由改革前的1.72亿增加到了2017年的约8.13亿，平均每年从农村部门转移出1000万以上的剩余劳动力进入城镇部门。[②] 纵观中国经济发展，长期处于二元结构阶段，劳动力无限供给及有利的人口年龄结构为中国前一阶段经济增长及随之的城镇化的加速发展提供了人口红利。具体表现如下：第一，长期的劳动年龄人口上升趋势及迅速扩大的教育规模为经济的持续增长创造了充足的劳动力供给和必要的人力资本；第二，充足的劳动力供给和必要的人力资本延缓了资本报酬递减现象发生的时间，加上中国长期的高储蓄模

① 良好的城镇化是相对于不适宜城镇化而言的，其强调城镇化的步伐能适应经济增长，促进经济增长等。

② 王建：《论城市化是走出低谷的唯一通道》，《中国经贸导刊》2009年第8期。

式，这些使得中国呈现较长时间里的资本投入推动下的高速经济增长；第三，大规模的劳动力从生产率较低的农业转向生产率较高的非农产业所创造出的资源重新配置效率，使之成为中国改革期间全要素生产率提高的重要组成部分，进而成为推动潜在经济增长的源泉。

然而，随着人口红利的不断减弱或消失，如人口老龄化等问题的凸显，人口结构会朝着不利于潜在经济增长的方向变化，潜在经济增长率随之下行的结果是必然的。国内经济学者通过实证数据的分析表明：2010 年中国劳动年龄人口 15～64 岁的比重到达峰值，随后的劳动年龄人口开始进入负增长。[①] 由于中国劳动力供给市场的变化，即便中国的生产率增长速度保持不变，但是资本的边际报酬率也会出现随劳动力供给市场变化而降低的趋势。学者们的数据表明：中国平均潜在经济增长率可能从“十一五”期间的 10.5% 下降约 3 个百分点到“十二五”期间的 7.2%，在“十三五”时期还可能进一步下降至 6.1% 以下。[②] 同时，从土地情况来看，全国人均耕地仅 0.1 公顷，农户平均每户土地经营规模约 0.6 公顷，与农业规模化经营还相差甚远。

虽然 2017 年底我国城镇常住人口城镇化率为 58.52%，但是非农业户籍人口比重仅达到 40% 左右，远远低于平均 80% 的发达国家的城市化水平率，就是与平均 60% 的发展中国家城市化水平率相比，中国城镇化也存在较大的发展空间。不仅城镇化实际水平整体偏低，且区域人口城镇化不协调，城镇化发展水平存在较大的区域差距。目前，东部地区城镇化人口比重达 62.2%，而中部地区、西部地区城镇人口比重分别只有 48.5%、44.8%，其中，东部以长江三角洲城市群、珠江三角洲城市群与京津冀城市群为代表的三大城市群，只占中国国土面积的 2.8%，却集聚总人口的 18%，创造了 36% 的国内生产总值，有力带动了我国区域以至全国经济的快速增长。

---

① 蔡昉、陆旸：《中国经济今后 10 年可以实现怎样的增长率?》，《全球化》2013 年第 1 期。

② 蔡昉：《农民工市民化有利于提高劳动参与率》，《文史博览：理论》2013 年第 3 期。

在城镇化加速发展进程中的中国城镇化已成为当前经济发展的核心和关键。一方面，城镇化减少过剩农民，农村部门在城镇化的人口流动中由农民转化为市民；另一方面，城镇化的发展需要聚集除了人力以外的其他资源，如土地、资金等，城镇化过程优化了农村和城市之间的资源配置，使得越来越多的农村部门资源集中在城市，同时调整了城市的规模和产业结构，如城镇化集聚了农村部门的一些资源用来发展更能促进经济发展的工业和服务业等。然而，不少学者认为："中国改革实践下的城镇化加速是改革开放以来高经济增长的伴随物，它是在经济发展中随着产业发展的过程形成的，前一阶段的城镇化加速是经济发展的结果，而不是原因，不能把两者因果倒置。"① 不论城镇化与经济增长有怎样的因果关系，中国城镇化是一个长期的过程，它与长期的潜在经济增长之间的关系如何；已经过去时段的城镇化发展如何科学量化并评价，它是否对前期潜在经济增长有显著的正向影响；接下来的城镇化能否成为其经济增长的发动机；城镇化发展释放潜在经济增长的具体路径如何；城镇化推进能否为下一阶段的中国潜在经济增长托底；这些问题的解读关系着中国经济下一阶段结构调整的方向。

自 2008 年全球性经济危机以来的中国经济持续发展要求中国转变发展方式，这种战略转变面对的关键是内需增长潜力的问题。在迎接 2016 年开年之际的中央经济工作会议中，习近平总书记提出了在扩大总需求的同时，还要进一步加强供给侧结构性改革，使得供给体系的效率和质量越来越高，这样才有利于持续增强经济的增长动力。因此，要构建一组充分发挥供给体系各分量潜力的工具组合，对总供给一侧进行长期、有效的宏观管理，具有必然性和迫切性。从供给角度来看经济增长正是潜在经济增长，这是一种长期经济增长，所关注的重点就是供给的有效性，即让生产要素有效率地流动起来，这种流动是指资源从效率低的领域转移到效率高的领域，

---

① 卢文璟：《两部门作用下的中国城镇化模式选择研究》，《海派经济学》2015 年第 3 期。

从已经出现过剩的市场转移到更有需求的市场。与此同时，没有需求端的拉力作用，供给端的刺激会显得盲目，如何配套刺激需求端也是关键问题。正因为如此，城镇化对中国潜在经济增长率的影响研究意义深远。受制于中国自身的人口、资源禀赋及特有的历史现状，中国必须选择一条区别于其他国家和地区的特有的新型城镇化道路。诺贝尔经济学奖获得者斯蒂格利茨认为，人类21世纪的两件大事，其中一件就是中国的城镇化。城镇化是中国最大的内生性需求，是中国经济增长的持续性新动力。抓住了城镇化就抓住了中国现阶段的主要矛盾，它是中国经济社会发展的必然性的客观趋势，抓住了城镇化这个“纲”，才能做到“纲举目张”。因此，未来中国潜在经济增长率若想登上新的台阶，就要以新型城镇化为突破口，结合现阶段经济发展状况和国家呈现的主要矛盾，在不断改革中再出发，引领中国经济持续健康发展。

第一节 选题背景

一 选题的理论背景

城镇化（Urbanization）也称城市化或都市化。

城市（Urban）是农村（Rural）的反义词，指除农村居民点外，镇及镇以上的各级居民点都属城镇，即包括 City 以及 Town；它是非农产业的发展和集聚地。把整个社会看作两个部门的话，则城镇化是指社会生产力发展、技术进步和产业结构调整等活动下的人口和经济活动向城镇部门集中。

潜在经济增长率的基础是潜在产出，一般情况下，知道潜在产出才能计算出潜在经济增长率。[①] 而潜在产出是宏观经济学的核心概念，是用于分

① “潜在经济增长率”是在潜在产出基础上延伸而来的概念，指经济处在潜在产出水平时的经济增长率，即通货膨胀稳定（或非加速）情况下的经济增长率。

析宏观经济运行态势、制定经济政策的重要工具和依据。在短期，通常可以通过对潜在产出与实际产出缺口的方向和大小估算通货膨胀压力，从而提出更有针对性的宏观经济调控措施。在长期，只有以潜在产出或潜在经济增长率为基础，制定经济发展规划，才能实现可持续、健康、协调发展的目标。

从经济学角度看，城镇化是农村部门和城市部门的一种经济转换过程，以劳动力要素为核心的人口、资本等之所以向城镇部门集中，事实上是城镇部门的集聚经济和规模经济双重作用的结果。经济增长带来农村部门劳动力不断流入城镇部门，实现了城镇化水平的不断提高，而城镇化水平的不断提高无疑又会推动新的经济增长。城镇化水平的发展对中国前一阶段的潜在经济增长作用如何，对下一阶段的中国潜在经济增长作用又怎样；前一阶段中国城镇化发展水平以及城镇化发展格局等能否适应其潜在经济增长；下一阶段能否通过深度城镇化的推进构造一个城乡协调、区域协调发展的政治、经济及社会格局，推动中国走向可持续潜在经济增长进程，这些问题值得思考。

因此，从理论上看，厘清城镇化与中国潜在经济增长之间的关系，把城镇化发展内生于潜在经济增长理论体系中，建立城镇化驱动潜在经济增长的理论模型，并用于指导中国下一轮经济增长意义深远。

二　选题的实践背景

一般而言，追求经济的现代化是一个国家（或地区）发展的最终目标，而工业化与城镇化是实现经济现代化的两个不可分割的过程。这里的不可分割一方面指工业化的过程离不开城镇化的发展，工业化要以一定的城镇化为依托，因为工业化所创造的消费品以及由此而来的社会分工等要求都是在城镇部门或城镇化体系下得以顺利实现的；另一方面城镇化需要工业化为推动力，创造需求的城镇化离不开创造供给的工业化。因此工业化与城市化之间互促共进推动一国经济发展。[①]

回顾中华人民共和国成立以来到改革开放前这段历史，为了完成需要高积累才能建成的中国军重工业建设，我们把牺牲高比重的农村部门及低收入人口的利益等举措当作长期主要的积累机制，使得当时的中国经济主要是重化工业为主的工业化，而没有相应匹配的城镇化。再回顾 20 世纪 80 年代中期以来至 20 世纪末这段历史，中国经济发展实行了大规模的以“离土不离乡、进厂不进城”的农村工业化政策，农村部门工业化从而推进国家工业化，使得工业内部轻重工业比例关系得以一定程度的优化，但城镇化滞后的矛盾仍然没有解决，“二元结构”不但没有消失反而出现了强化趋势。[②] 以上工业化超前而城镇化滞后的独有的中国经济发展模式造就了中国独特的经济结构即生产能力可以满足人均收入 3000 美元国家的生产能力，而需求能力由于受占人口主体的农村部门人均收入水平约 800 美元的限制，长期内需不足，供给过剩，导致内需总规模与供给总规模长期不对称，由此形成了经济总量循环过程中的巨大断裂层。看 21 世纪以来的中国经济发展变化历程，高速增长下的产物除了资源的过度消耗及生态环境的恶化，突出矛盾之一就是供求的失衡以及带来的经济效率低下，其中供求失衡的主要表现是产能过剩，而这种产能过剩主要属于正常的产能过剩、短边性产能过剩、地域性产能过剩、政策性产能过剩等情形。这里的正常产能过剩随着市场竞争、优胜劣汰及技术创新等活动的推进会延续；短边性、地域性及政策性产能过剩可以通过加大消费性投资得到缓解。而这一切都可

① 工业化创造供给是因为工业化是以生产为最终目的的；城镇化创造需求主要表现在以下三个方面。首先是城镇化引发大规模的投资需求，如生产性投资、基础设施投资及房地产投资。资料显示，2003～2008 年，中国每增加一个城镇人口大约会引出 50 万元的城镇固定资产投资。其次是城镇化引发更多的消费需求。因为城镇人口收入高于农村，有能力消费更多的商品，所以城镇人口比重的提升无疑会带来消费总量的扩张。最后是服务业及服务业延伸的发展也是与城镇规模的扩张密不可分的，城镇化将给城市的生产性服务体系如流通与通信服务体系、金融与法律服务体系、劳动力市场与交易体系等及商业服务与医疗、娱乐等的服务消费及其延伸提供巨大的发展空间。

② 二元结构即先进的工业与落后的农村并存。

以通过城镇化的合理推进来刺激内需，从而实现消化过剩的目标。

与此同时，政府提出了“新农村”的政策主张及“新土改”命题。“新土改”主要解决农村部门土地的流转问题，使其土地更有效率。然而，城镇化发展水平没有达到一定的标准就实行农村部门的新土改可能不利于社会稳定，只有在大规模城镇化启动后，当城镇部门经济可以吸纳大量农村部门转移的人口时，农村部门的土地集中过程才是好的，才是有利于中国农业发展和现代化建设实行的。中国国土辽阔，人多、山河纵横、耕地面积有限，并且随着工业、交通、城市建设等占地日益增加，“吃饭”和“建设”的矛盾凸显。[①] 根据国际经验，在完成工业化的西方国家其人均粮食占有量是1000公斤，东亚地区经济体是500公斤左右。预计如果2030年完成工业化时的中国人口为15亿以上，以东亚地区经济体为参照，其对应的粮食总需求量将会达到7.5亿~8亿吨，需要比目前增加2.5亿吨以上，较农业部门预测的0.8亿~1亿吨的可能增加量，有1.5亿~1.7亿吨以上的缺口。[②] 因此，从粮食自给的角度看，必须以一定程度上的土地存量格局的调整作为基础，以此提高土地的使用效率。这个调整将集中体现在：一方面对现有城镇的土地容积率的提高；另一方面是通过城镇化过程中的农村部门人口向城镇部门转移及“新土改”等政策下的农村部门宅基地转变为城镇化用地。[③] 因此，仅仅出于对推动潜在经济增长中的农村部门土地要素使用效率的角度考虑，也已经到了必须推动中国城镇化加速的时刻了。中国耕地面积不增加而人口增长带来的“吃饭问题”越来越多的是依靠增加农业科技及工业化资本物品的投入，以此来提高土地产出率来简单解决的，这就不可避免地在破坏土壤质量的同时提升了农业产值中物耗所占比重，

① 王建：《论城市化是走出低谷的唯一通道》，《中国经贸导刊》2009年第8期。

② 资料显示，预计到2030年中国人口大约增加2亿以上，而根据农业部的预测，在保持18亿亩耕地与考虑科技进步因素后，到2030年的粮食总产量也只能再增加8000万~1亿吨。

③ 目前中国的农村人口总户数有2.5亿，按每户宅基地3分即200平方米计算，大约是7500万亩，如果按照东亚发达经济体85%的城市化率计算，中国保留5000万户就可以了，这样可以转出约80%的宅基地用于城镇化建设，大约是6000万亩。相比中国政府未来十年的耕地占用规模2300万亩左右，6000万亩的宅基地可不是小数。

从而不断挤压农村部门中的农业纯收入增长，导致农村部门中的农民增产但是不增收的情况越来越严重，“三农”问题凸显。[①] 针对于此，政府对农业部门实行了大规模的转移支付，如农机具的补贴及耕地的直补政策等，然而较低的城镇化水平，即以较低比重的城镇部门人口补贴较高比重的农村部门人口的少数补贴多数的政策，仍然无法解决农村部门的农民增收问题。因此，应当通过大规模城镇化过程减少农村人口，在农业物耗上升趋势下，保证大幅提高农户耕地资源的占有量，以此来增加农民收入。

因此，从实践意义上来看，即“在科学评价城镇化发展水平的基础上，更好地提高城镇化发展质量”。城镇化是中国潜在经济增长调整的最主要需求因素之一。良好的城镇化让农村部门人口有序转入城镇部门，提高土地利用率，增加农民收入；同时引领城镇部门服务业及服务业延伸的发展，有序提升城市部门的生产性服务体系及商业服务与医疗、娱乐等的服务消费水平，消化产能过剩等，这些都是中国迈向现代化进程中必须要补的一课。这不仅创造持续增长的内需，同时也是调整二元结构，实现城乡差距不断缩小的迫切需要，只有补好城镇化这一课，用科学的城镇化指标体系去衡量不同时段、不同层面的城镇化发展水平，并在此基础上探究城镇化发展释放潜在经济增长的具体路径，才能更好地为城镇化的推进以及新一轮潜在经济增长的实践指明方向。

第二节　研究的目的及意义

一　研究目的

改革开放40多年来，中国GDP总量跃居世界第二，人均GNI也从低收

① 到2013年为止，中国农业物耗比重为45%左右，虽然略低于发达国家，如美国农业物耗比为50%左右，但是，以美国为代表的发达国家家庭农场平均占用耕地很大，约2400亩，由于其占有耕地资源基数很高，除掉物耗开支后，所得到的纯收入仍然很高。然而，中国同期农村户均耕地是7.3亩，且呈现不断减少趋势，很难承担得起这种高物耗。

入水平迈向中等收入国家行列。这一系列的成绩源于改革开放的各种红利及对供给与需求两方面的战略调整。从供给角度来看：经济增长的主要动力源于传统产业部门劳动力的充分利用，其中以制造业为代表的劳动密集型产业是主要源泉。从需求角度来看是“出口导向型”和“投资导向型”的叠加特征明显。[①] 然而，目前经济发展环境的变化对中国前期潜在经济增长动力机制提出了严峻挑战，具体表现为人口红利逐渐消失，劳动力的供给优势正在减弱，其供给总量增长幅度逐年下降；与此同时，中国劳动力成本正在不断上升，前期为主要源泉的劳动密集型产业下的生产企业的成本大幅度增加，其赢利空间被压缩，面临零利润甚至负利润水平的局面。从国际环境看：一方面，原有世界供求结构正在发生深度的调整，给前一阶段以“出口导向型”刺激外需的局面造成了巨大压力；另一方面，目前越南、孟加拉国、印度等国家正在生产与中国极其相似或相同的劳动密集型产品，但其却依靠更加低廉的土地资源、劳动成本优势等，对中国劳动密集型产品市场形成了明显的替代效应。因此，以供给侧为引领的潜在经济增长必须寻找新的增长源泉，毫无疑问，城镇化便是一个最好的选择。

城镇化水平提高可以带来人口集聚及城镇人口规模的扩大等，即人口城镇化，而大规模人口城镇化是城镇化内生于生产要素禀赋，并调节生产要素结构的基础，它会带来劳动力数量和质量的改变，并产生巨大的要素累积效应和综合效应，这里累积效应和综合效应具体体现在物质资本、土地资源等随劳动力的流动而形成的集聚、规模经济、外部经济性等累积效应上，由此带来了产业结构、社会生活环境巨大变化的综合效应，以及城乡统筹一体化等叠加的好处。发达国家的城市化经验表明，与工业化相匹配的城镇化推进可以较好地实现城镇化内生于生产要素禀赋，调节生产要素结构，实现累积效应和综合效应等。从而实现加速潜在经济增长的目标。因此，大多数发达国家以产业结构调整和升级为代表的工业化都是依赖城

① 马晓河：《城镇化是新时期中国经济增长的发动机》，《国家行政学院学报》2014 年第 4 期。

镇化推进来完成，城镇化是调整经济结构、促进经济增长的持续性发动机。[①] 研究城镇化对潜在经济增长率的影响，从理论与中国实践的结合展开研究，目的在于探究城镇化对潜在经济增长的影响机制和作用机理，特别是城镇化推进对潜在经济增长率变化的影响规律，以期通过适宜的城镇化推进生产可能性曲线的向外平移，从而得出城镇化引领中国潜在经济增长率持续增长的政策主张。

二 研究的理论意义

从理论层面研究城镇化对经济增长的推动一直是许多学者研究的热点。较多学者肯定了城市化演进对经济增长的促进作用是基于城市“规模外部效应”和“集聚效应”的显著存在而得出的。根据上述分析，城镇化一方面可以促进农村部门的农民增收、社会资源的优化配置；另一方面可以缓解农村部门人地紧张矛盾，促进以产业结构为代表的经济结构调整等。以美国为典型的国际经验表明了城市化与经济增长存在并非简单的线性关系，经济发展初期的城市化主要是通过劳动力转移实现农业向工业及商业的转换，让产业转变带来的劳动生产率的提高得以实现，从而带动经济增长；经济发展中、后期的城市化主要是通过顺利实现城市化与经济增长的传导过程来实现促进增长的，通过城镇化下的人口增加及其结构调整、新增劳动力的供给、劳动率配置效率的改变等从而影响潜在经济增长趋势。以技术进步为核心的内生增长理论认为：城镇化下的城市规模、人口结构、产业结构、专业分工等通过影响全要素生产率去影响潜在经济增长的能力。还有观点认为城镇化下的金融政策、公共政策等通过改变资本配置效率、协调城镇化相关的多个变量而对潜在经济增长施加综合影响。但也有持不同意见者，如保罗汉克（Poelhekke）[②] 用 1980 年以来的非洲和拉丁美洲等国家数据分析得出

① 马晓河：《城镇化是新时期中国经济增长的发动机》，《国家行政学院学报》2014 年第 4 期。

② Poelhekke S.,“Urban Growth, Uninsured Risk and the Rrural Origins of Aggregate Volatility,” *EUI Working Paper ECO* 2 (2008).

城市化并没有为非洲和拉丁美洲这些国家带来经济及就业的增长。

对任何一种产品的生产来说，制约生产潜力大小的因素，不仅在于生产能力方面，更重要的还在于对产品的需求能力方面，供需匹配对一国或一个地区的经济发展至关重要。[①] 这里的生产潜力的问题正是以供给为核心的潜在经济增长的关注点，而城镇化就是以提高对产品的需求能力这一核心命题为主题的。因此，通过城镇化推进不仅可以改变内需方向，刺激内需，从而促进供求平衡，还可以通过劳动力转移下的城镇—农村部门驱动模型，实现要素的累积效应和综合效应，释放潜在经济增长，从而推动经济可持续发展。

纵观各国城市化进程，既有经验又有教训。一是城市化水平与工业化发展水平相适应，工业化水平决定城市化发展水平，即农业部门劳动力向非农业部门转移，以及相应的农村人口向城市人口转移的规模由其工业化基础决定。超越工业化的城市化会因缺少产业支撑而无法持久下去，而落后于工业化的城市化会延缓工业化进程。二是城市化发展速度要与城市化发展阶段相适应。发达国家的城市化发展轨迹类似一条拉平的“S”形曲线，具有明显的阶段性特征。一般来说，城镇化发展的初期，其发展速度缓慢，往往处于30%以下的城镇化率水平；而城镇化发展中期的发展速度相对较快，其城镇化率水平为30%～70%的快速上升；城镇化发展后期的发展速度趋缓并逐步趋于稳定，其城镇化率水平往往超过70%。[②] 三是城市化发展格局应该适应本国国情或区域实情。一般来说，集中型城镇化主要是针对地少人稠、能源短缺的国家和地区；分散式城镇化主要针对地广人稀、人均资源占有水平高的国家和地区。四是城市化发展中应该统筹兼顾、趋利避害，在此过程中必须善于正确处理各种层面、不同部门之间的矛盾

---

① 从供求关系上看，一种产品的供不应求规模和程度决定了这种产品生产扩大的可能空间。供不应求的规模越大、空间越大则这种产品生产能力扩大的可能空间越大。在产品供求平衡或供大于求的条件下，这种产品生产增长的空间趋于零，其生产能力的继续扩大，就必须借助于新的技术生产新产品和出口等来展开。

② 马凯：《转变城镇化发展方式提高城镇化发展质量　走出一条中国特色城镇化道路》，《国家行政学院学报》2012 年第 5 期。

等，只有这样才能保持城镇化的有序发展。城镇化理论体系研究的日趋成熟，为本书奠定了相应的理论基础，同时，现有资料显示：对城镇化与经济增长之间关系的关注程度不断提高，具体论述放在第二章相关文献综述部分再作详细展开。

根据生产要素配置要求，结合中国城镇化历程，城镇化推进必然带来地域性的农村部门剩余劳动力转移到城镇部门，这也是从第一产业转移到第二、三产业的过程。人口大量涌入城镇，人们需求的增加和城市经济的发展，必然带来了行政区划的变动，那么，结合国内外城市的发展历程，可以知道最终带来了城市数量的增加和城市规模的扩大。城市人口的增加需要增加基础建设的投资来满足人们的需求和福利水平，城市高的就业率和高的福利水平，又重新吸引农村剩余劳动力，为了能够接纳农村剩余劳动力，城镇固定资产投资也会增加，使得城镇部门资本存量上升。城市部门劳动力和资本存量的增长，导致劳动力和资本两要素在产业之间和产业内部的重新配置，表现为专业化的分工、人力资本的提升、投资规模扩张、产业集聚、产业结构的优化、企业的优胜劣汰等。同时，农村部门劳动力流入到城镇部门，会使得由于留在农村部门的农村居民减少而带来的对其自身经营农业增值活动的预期成本的上升，促使农户倾向于从市场上购买农业增值服务并减少自己经营农业活动的范围，从而对农业增值服务市场的扩大、农业现代化及农业产业化的拉动作用显著，这些作用将带来农业生产率的提高。农业生产率的进一步提高，将推动农业部门劳动力、土地等主要生产要素向城镇部门转移，进而促进城镇化发展。由此可见，不管是城镇部门，还是农村部门，有序城镇化的推进会促使潜在经济增长的功效得以释放，从而完成城镇化驱动经济增长的模式。

以上这些是城镇化对潜在经济增长率正向影响理论模型基础。从理论意义上看，本书不仅关注经济增长中的供给因素，即潜在经济增长，而且把影响增长需求因素的城镇化作为关注点提出来，研究城镇化对潜在经济增长的正向影响机制，这应该是本书的理论意义。

三　研究的实践意义

通过加快城镇化步伐去驱动潜在经济增长的实践值得推进。中国“三农”问题突出，而城镇化是解决它的重要途径。一头连着工业化，一头连着农业现代化的城镇化是中国有效推进工业化，不断壮大城镇部门经济实力，促进农业规模经营，实现农民增收，从根本上解决“三农”问题的主要举措。[①] 随着城镇化的推进，农村部门劳动力向城镇部门持续转移，减少了农村部门的农业人口，提高农业部门的生产效率及其相应的农村商品化率，促进了现代农业的发展，有利于从根本上改善农村面貌，增加农民收入，带动农村部门发展，进一步实现城乡差距不断缩小的目标。由此可见，我国的“三农”问题是工业化发展远远领先于城镇化造成的。这些既有的城镇化发展的历史问题严重制约了经济增长质量的提升，因此，本书的研究成果将对各时期全国、东中西及各省份城镇化发展水平把脉，并在城镇化驱动潜在经济增长基础上，提出城镇化水平如何提高，并且如何促进下一阶段中国潜在经济增长率提高的实践方案。

从 1996 年开始的“九五”时期实现经济增长方式的转变起，在近十几年的历程中，中国已几次提出了转变经济发展方式。经济发展方式转变要求在新常态下的经济结构、生活水平和社会发展实现“质”的改变。由此提出一个基本问题：经济增长在空间本质上是由什么决定的呢？人口城镇化率只是度量一国范围内的城镇化水平的一个指标，用这一个指标衡量和判断不同层次的城镇化发展水平的差别是有其局限性的，因此，需要探讨新的更加适用的城镇化指标体系。从实践角度出发，可以选择复合型的城镇化发展指标体系来衡量不同地区之间的城镇化发展水平的差别，以及展示同一城市的城镇化发展演进脉络。中国正处于城镇化率高于 30% 之后的加速阶段。新型城镇化战略的“新”就是要追求更有“质量”、更有内涵、

① 卢文璟：《两部门作用下的中国城镇化模式选择研究》，《海派经济学》2015 年第 3 期。

更有美好关系的城镇化，具体体现：一是城镇化不再是土地的城镇化，而主要是转移出来的农民的市民化；二是城镇化将重视内涵式发展，即不再一味“摊大饼”，盲目追求外延式发展；三是城镇化还将重视分配关系的改善，要让农民分享到城镇化的“红利”。

目前中国各区域城镇化实践表现为以下几点。“东高西低”的城镇化发展水平特征，即东部城镇化发展水平整体高于中西部地区。东部以长、珠三角，环渤海为主的城市群的率先开发使得生产要素中的人口、资本等在空间上优先聚集，促进外向型区域经济格局的形成，较高人口聚集的城市群的形成有力地带动了地区经济的迅速发展。而中西部小城镇数量多，规模小，功能有待提升，人口数量以及质量不好、城镇化发展中的城市群数量不足与质量不高并存等问题都制约着区域城镇化驱动区域经济增长。改革开放40多年的实践中，东部地区城镇化推动区域经济快速发展的过程使得区域经济发展的差距逐步扩大，通过城镇化发展来驱动中西部地区经济发展是解决区域协调发展的有效途径之一。我们应在发展东部沿海地区城市群的同时，选择中西部一些资源环境承载力较强的区域，通过整体城镇化水平的提高，加快其产业结构的调整，完善其公共服务体系，等等。通过整体城镇化推进，有序集聚人口并提高人口质量，培育和发展一批适合中西部经济增长的城市群，有力地推动中西部城镇化发展。[①] 因此，针对中国不同区域城镇化水平而提出的东中西城镇化对潜在经济增长的实证验证分析将赋予“新型城镇化”更深层次的内涵。

以上这些在中国城镇化与潜在经济增长的实证探究中逐一展开。本书围绕城镇化如何促进潜在经济增长这一核心命题，不仅关注复合型城镇化指标体系的构建，同时使“新型城镇化”注入更深层次的内涵。研究重点主要是在理论模型的基础上对不同阶段和不同层面城镇化水平的测度，以及对应的潜在产出（潜在经济增长率）的科学测度，同时更主要的是在理

① 李克强：《关于调整经济结构促进持续发展的几个问题》，《求是》2010年第11期。

论模型基础上的以各阶段、不同层面的城镇化发展水平对潜在经济增长率的具体影响效果、路径、作用程度及其区域差异性，以及主成分影响下的两者关系动态变化和典型省份的实证影响效果分析。通过多视角下城镇化发展水平对潜在经济增长率的影响，对城镇化驱动潜在经济增长的作用机制及实现机理进行验证探究。其研究成果旨在供需失衡的当前，从全方位角度提出城镇化如何托底下一阶段中国潜在经济增长，并得出逐步实现供需平衡实践方案的政策建议。

第三节 研究的逻辑起点和研究方法

一 研究的逻辑起点

中国经济的持续发展面临着转变方式的战略选择。改革开放高速发展的 40 多年后，中国原有的人口、资源、改革红利等逐步衰减，危机重重，潜在经济增长率有下行趋势。当危机呈现长期化趋势，并且内生性的产能过剩矛盾重重时，必然要求中国转变经济增长方式，这种战略转变的关键是抓住内需增长潜力在哪儿这一关键点。推进城镇化发展是现阶段中国经济潜力所在。加速城镇化发展是中国经济发展到一定阶段的客观趋势，中国城镇化应以加快新型城镇化为依托，重视“人的城镇化”，关注城镇—农村两部门互相支持、互为因果循环关系的劳动力流动驱动潜在经济增长理论模型的实现，探究城镇化如何释放潜在经济增长功效的具体路径，只有这样才能较好地促进经济长期、平稳地发展。总体上，中国城镇化蕴含着巨大的拓展空间，城镇化对经济增长的促进作用显著。[①] 因此，研究的逻辑起点是构建一个能够促进潜在经济增长的城镇化发展理论模型。从理论上

① 一是城镇化可以有效扩大城市消费群体，增加居民消费；二是城镇化可以提高农村居民消费水平，农村人口逐步转为城镇居民，有助于推进农业适度规模经营，对农民收入增加和农民消费水平提高有显著效果；三是城镇化可以有力拉动投资需求，促进城镇人口的增长，可以带来城镇基础设施、公共服务设施建设和房地产开发等多方面的投资需求。

说，良好的城镇化如何能够促进城镇—农村两部门的潜在经济增长能力的提高；其运行机制及其作用原理是什么，这值得思考。在此基础上，抽象出良好城镇化促进潜在经济增长的图示和简化模型。这是整个论题的"纲"，围绕这个"纲"展开全书的论述。

二　研究方法

全书主要采用文献查阅、逻辑推演法及统计计量法三大类方法。

文献查阅主要在第二章相关文献综述部分体现；逻辑推演法主要在第三章城镇化促进潜在经济增长的理论模型部分体现。统计计量法主要体现在第四、第五及第六章中，具体为：第四章用层次分析法结合主成分分析法来确定城镇化发展水平测度综合指标体系及对全国、东中西区域及东中西相应省份三大层面的城镇化发展水平测度；第五章用非参数估计 DEA 法（数据包络分析法）的 BC^2 模型测算全国、东中西区域及相应省份三大层面的潜在经济增长率；第六章用 DEA - TOBIT 模型结合面板数据动态分析等计量分析手段研究了城镇化发展水平对潜在经济增长率的具体影响效果、路径、作用程度及其区域差异性，以及主成分影响下的两者关系动态变化和典型省份的实证影响效果分析等。

第四节　研究思路与结构安排

一　研究思路及创新点

研究思路如下。

以城镇化驱动潜在经济增长的理论模型为基础，对比现有城镇化发展水平指标考核体系的相关文献，提出本书的城镇化发展水平测度的指标体系，即人口城镇化、土地城镇化、产业城镇化、社会生活城镇化及城乡发展差距五个维度的三级指标体系，并对全国、东中西区域及相应 29 个省份三大层面的城镇化发展水平进行时空定量测度及其评价。同时，针对城镇化驱动潜在经济增长的理论模型，对潜在经济增长的内涵进行详细解读，并对测算方法提出一定要求，从而引出 DEA（数据包络分析法）这种非参数估计法，并用 DEA 法中的 BC^2 模型对中国潜在经济增长率进行测算，以期较好地指明城镇化发展对潜在经济增长影响的路径方向；同时，针对第四章中不同研究对象的城镇化发展水平的时空测度，用 DEA 法的 BC^2 模型，分别对应计算出东中西区域及东中西相应省份不同层面不同时段下的潜在产出（或潜在经济增长率）。以所得全国城镇化发展水平测度指标与 DEA 法模型测算下的全国潜在经济增长数据为样本群，建立反映中国城镇化发展驱动中国潜在经济增长两大体系之间动态关系的模型，解读城镇化发展怎么去释放潜在经济增长可实现及随机部分的具体路径，从而把城镇化对潜在经济增长的影响从理论设想转变为现实。除此之外，从横截面、时间相结合的面板数据的维度，借助统计与计量分析方法等研究城镇化发展水平（全国、东中西区域、相应省份、代表省份）与其潜在经济增长率之间的长期动态关系，用实证分析验证城镇化驱动潜在经济增长的路径，对城镇化发展水平与潜在经济增长之间的关系进行深层次解剖。以期得出具有针对性的指导中国下一阶段潜在经济增长实践的政策建议。

创新点具体体现如下。

如果说本书在前人成果的基础上有点创新的话，其创新点具体体现如下。

第一，城镇化驱动潜在经济增长的理论模型设定；基于城镇化驱动潜在经济增长理论模型下的中国城镇化发展水平综合指标体系构建，及其不同时段下的全国、东中西区域、相应省份的主成分分析法测算。第二，用 DEA 法 BC^2 模型对不同时段下的全国潜在经济增长进行实证测算的全过程演示，并在此基础上对东中西部及相应省份潜在产出（或潜在经济增长率）的测算。第三，用 DEA-TOBIT 模型分析城镇化发展水平对潜在经济增长率的具体影响效果、路径；从总体层面和东中西区域层面进行面板数据的回归分析，去探究核心指标的作用程度及其作用效果的区域差异性；以及动态面板的主成分影响分析（VAR 模型及脉冲响应函数）和典型省份的实证影响效果对比分析等。从多视角、多维度（横截面、时间和指标维度的三维信息）对城镇化发展水平与潜在经济增长之间的关系进行深层次实证研究，对理论模型进行验证和剖析。

二 结构安排

第一章为导论，包括选题背景、研究的目的及意义、研究的逻辑起点、研究方法、研究思路与结构安排。

第二章为研究现状及相关文献综述。本章对潜在产出（或潜在经济增长）相关问题、城镇化和城镇化水平测度问题及城镇化对潜在经济增长影响的相关文献进行综述。从文献角度对潜在产出（或潜在经济增长）的内涵进行梳理，并对潜在产出（或潜在经济增长）的测算方法进行综述；城镇化测度的指标体系、城镇化与潜在经济增长之间的相互关系、城镇化对潜在经济增长的贡献及其城镇化驱动潜在经济增长的机制与途径等相关文献的整理综述，为第三章及后续章节的展开提供理论文献支撑。

第三章为城镇化与潜在经济增长率（或潜在经济增长）相互关系的理论基础分析。通过一般意义的经济增长理论剖析和潜在经济增长理论的系统梳理，从而对潜在产出（或潜在经济增长）概念给出初步界定，即在资源环境承载约束下，一国（或地区）各种资源得到最优和充分配置时所能达到的最大经济增长率。同时，结合中国城镇化历程，考察城镇化与中国潜在经济增长的双向互动关系，在此基础上提出城镇化对中国潜在经济增长率正向影响这一理论前提及其存在的约束条件（如①资源按照生产要素配置要求流动；②中国农村剩余劳动力无限供给；③物质资本足够充足流动；④良好城镇化能够驱动潜在产出增长）；通过潜在经济增长变化中的要素分析，具体刻画了城镇化推进对潜在经济增长要素影响的作用机理、实施途径；最后提出了城镇化推动中国潜在经济增长的理论假设及理论模型。

第四章为城镇化发展水平测度的指标体系构建及量化评价。本章在潜在经济增长概念的界定下，以城镇化驱动中国潜在经济增长的理论模型及意义为指导，按照指标选取的五大原则，构建城镇化发展水平测度指标体系，即主要包含人口、土地、产业、社会生活、城乡发展差距五个方面的人口城镇化为核心的人口城镇化、土地城镇化、产业城镇化、社会生活城镇化及城乡发展差距城镇化5个二级指标及17个三级指标。用主成分分析法对全国1981～2014年的7个阶段的城镇化发展水平进行综合测度及其评价；同时，对东中西区域及东中西相应29个省份1991～2014年的5个阶段三大层面城镇化发展水平进行综合测度和评价。在此基础上对中国城镇化发展水平进行简要总结。

第五章为中国潜在经济增长率变化的实证研究。本章基于前面的相关概念和理论模型，选择了DEA法的BC^2模型对全国潜在经济增长率进行测算，并对测算进行全过程的演示，以期较好地指明城镇化发展对潜在经济增长影响的路径方向。为了简化问题的分析，课题选择基本生产要素劳动力、固定资产作为投入变量；选择实际GDP作为产出变量对全国潜在经济增长进行分时段测算。上述所得结果与较多学者的测算结果基本相符，符合中国经济增长的实际。在此基础上对东中西区域及各省份的潜在经济增长也进行了测算，测算显示：各地区潜在经济增长率存在较大差异，并且地区内部各省市也存在一定差异，如东部地区中东北三省的发展相对缓慢，体现出我国东中西各地区之间以及各地区内部发展中的不平衡现象。

第六章为城镇化发展对中国潜在经济增长影响的实证研究。在第三章城镇化驱动潜在经济增长理论模型的基础上，以第四章、第五章所得的城镇化发展水平测度数据与潜在产出（或潜在经济增长）数据为样本群，建立反映城镇化发展水平对潜在产出（或潜在经济增长）影响关系的两大体系之间的动态关系模型。用DEA-TOBIT模型分析城镇化发展水平对潜在经济增长率的具体影响效应、路径；从总体层面和东中西区域层面进行面板数据的回归分析，去探究核心指标的作用程度及其作用效果的区域差异性；

以及动态面板的主成分影响分析（VAR 模型及脉冲响应函数）和典型省份的实证影响效果对比分析等。本章的重点在于：一是通过 DEA-TOBIT 两阶段法就城镇化对潜在经济增长的影响效应进行评估，获取城镇化发展对潜在经济增长影响的具体路径；二是对核心指标，即人口城镇化及土地城镇化，从全国层面及区域层面上进行了作用程度、作用效果及区域差异性分析；三是以第四章 29 个省份的主成分分析结果为解释变量，从另一个侧面验证省份城镇化发展对其潜在经济增长的影响的动态面板数据向量自回归模型，以及典型省份的主成分影响分析等。

第七章为城镇化驱动潜在经济增长的政策研究。针对第六章的研究结果及评价，预测“十三五”及未来的中国城镇化发展趋势及潜在产出（或潜在经济增长）变化趋势，以城镇化驱动潜在经济增长的理论模型为指导，提出城镇化驱动中国潜在经济增长实践的政策主张，以期为下一阶段的城镇化为主题的中国潜在经济增长指明方向。

第二章

研究现状及相关文献综述

本章沿着第一章导论的研究思路，依照文献查阅法的要领，通过分别梳理潜在经济增长及城镇化发展的相关文献，城镇化与经济增长关系的理论及实证探索，作出相关文献述评，为后面的研究奠定较为坚实的理论文献基础。

第一节　潜在经济增长率的相关文献

一　定义及内涵

（一）定义

潜在经济增长率的思想，最早可以追溯到对产出缺口进行系统研究的奥肯（Okun）。潜在经济增长率的研究整合了经济学对潜在产出的界定，和统计学对潜在产出各种估计方法的发展。美国经济学家利维最早对潜在产出的理解是指在稳定的价格水平下，资本和劳动力的利用率达到充分就业时的最佳可利用技术及其最低成本的投入组合所能生产出来的物品和服务。目前学界对潜在经济增长率（或潜在产出）没有一个统一的定义，一般意义的潜在经济增长率是指一国（或地区）的各种资源得到最优和充分配置条件下所能达到的最大经济增长率。[①] 我国较有共识的观点是：在一定时期内，在不引发或加剧通胀或失业的条件下，各种生产要素潜能得到充分发挥所能达到的生产率。但汪海波认为这个定义与西方经济学者关于潜在经济增长率的定义相比存在更为明显的缺陷，一是它偏离了西方经济学的正确内涵，二是加入了以不加剧失业为前提，这是多余的。[②]

（二）内涵

潜在经济增长不仅是一个所谓的“最优产出增长”，而且是实际产出增长的方向标[③]，构成了通常意义上的正常潜在与最大潜在，最大潜在经济增长强调最大限度地利用，可以视为理论上可以实现的产出增长，会由于各种生产要素的约束而无法实现，而正常潜在经济增长必须要考虑资源要素，如劳动力、资本、土地、能源、技术进步、环境影响及政策制度等约束下的，是正常地充分利用下的，一般不包括不可实现部分的产出增长。因此，正常潜在经济增长是在一定约束条件下的资源要素充分配置下的产出增长，它是小于最大潜在经济增长的，即最大潜在经济增长等于可实现的正常潜在经济增长加上不可实现部分的增长。现实中，我们通常是以正常潜在经济增长为实际增长的参考系，但测算时，往往是以理论上可达到的最大潜在经济增长为研究对象进行。

潜在产出（或潜在经济增长）虽然是一个流量的概念，但是由此带来的国民、环境的社会总财富这个存量也应该考虑进来，即有效的、有价值的、能够可持续流通的产出流量，才能转化并积累为真正的社会总财富存量，而不是总量产出流量越多，而社会总财富存量增加越来越少。只有这

---

① 这里的资源既包括自然资源，也包括人力资源、技术和管理，还包括制度安排和经济政策。它具有两种含义：一种是指正常的潜在经济增长率，即在各种资源正常地充分利用时所能实现的经济增长率；另一种是指最大潜在经济增长率，即在各种资源最大限度地充分利用时所能实现的增长率。

② 汪海波：《试论潜在经济增长率》，《国家行政学院学报》2010 年第 5 期。汪海波认为，基于我国实际情况的潜在经济增长率定义应该是将资源和环境因素考虑在内的。

③ 资源要素最优配置下所实现的产出的潜在增长可以看作正常潜在，即各种资源正常地充分利用时能实现的产出，那么各种资源最大限度地充分利用时的产出就是最大潜在。

样，才能实现“离世界产出第一”越近，而我们内心越不紧张。由此，本书的研究是基于以上意义的潜在经济增长。根据论题，整个研究着眼于城镇化释放哪些资源要素，对潜在经济增长的作用如何，具体怎么作用的，进行从理论到实证的刻画。

二 潜在经济增长率的测算方法

目前潜在经济增长率的测算主要是基于最大潜在经济增长内涵而进行的理论测算，从测算方法上看主要有从总量上进行的消除趋势法和增长率推算法，以及从结构进行的生产函数法两大类测算方法。其中如国外对潜在产出的测算实践，更多地集中在一些官方组织如 CBO、IMF、OECD 等，通过生产函数法预测潜在产出、潜在 GDP，从而计算出潜在经济增长率这种结构类的测算。及保罗·康韦、本·亨特采用 HP 滤波法对新西兰的潜在产出进行了测算[①]，肯尼斯·N. 库特纳（Kenneth N. Kuttner）使用了 Kalman 滤波法作为其测算的方法[②]，他通过 Kalman 滤波法估算了潜在产出不可观测的随机趋势，从而估计了潜在产出和产出缺口等总量类的测算方法。[③] 一些学者试图把总量与结构相结合，在趋势统计中增加一些经济信息，而用统计分解趋势法与经济结构关系估计法相结合的复杂测算方法测算潜在产出，如亚当（Adam）和科绰号（Coe）等的多变量系统模型法、布兰查德（Blanchard）和夸哈（Quah）[④] 的结构向量自回归。

中国由于经济的特殊性，在潜在经济增长率的测算方法方面还未达成共识。近年来，国内学者也对这方面进行了诸多研究。在对于我国潜在经济增长率的测算方面，使用了各种不同的方法，传统的几种测算潜在经济

---

① P. Conway, B. Hunt, *Estimating Potential Output A Semi-Structural Approach*, 1998.

② 陈长、闫秋利：《DEA 视角下的中国潜在增长率测算研究》，《中国集体经济》2017 年第 7 期。

③ Kenneth N. Kuttner, “Estimating Potential Output as a Latent Variable,” *Journal of Business & Economic Statistics* 12 (1994).

④ O. Blanchard, D. Quah, “The Dynamic Effects of Aggregate Supply and Demand Shocks,” *American Economic Review* (1989).

增长率的方法都有被使用，并且在原有方法的基础上有针对性地作出了修改和创新。部分学者选用了以滤波法为基础进行方法改良并用来测算我国潜在经济增长率的总量测算法。如陈亮、陈霞、吴慧使用了HP滤波法对中国及典型国家的潜在经济增长率进行了测算，他们在处理季度数据时使用的平滑参数为1600，而处理年度数据时使用的平滑参数为100。[①] 与其他的滤波方法不同的是，他们是通过HP滤波法先估计各国的潜在GDP，再进一步计算各国的潜在经济增长率，而不是直接通过滤波分析得到潜在经济增长率。他们认为，从世界范围内看，中国属于经济发展持续时间最长的经济快速增长的国家之一；但是，中国现在正处于潜在经济增长率的逐年下降阶段，他们测算出1991～2000年我国年均潜在经济增长率为10.1%，而2001～2010年我国年均潜在经济增长率则为9.6%。王子博对选用生产函数法测算中国潜在经济增长率提出了质疑，指出了弊端，他选取中国1978～2009年的数据，加入一定的经济结构关系，增加影响因素，如状态变量、转移方程、货币政策、进出口、同伙预期等，在传统Kalman滤波法仅对实际GDP变量进行趋势和周期成分分解的基础上，估算出了中国这个时期的平均潜在经济增长率为9.7%，该模型充分利用了多变量、多参数经济系统模型的优势。[②]

对于结构法中的传统测算方法——生产函数法同样被我国学者进行改良并用来估计我国潜在经济增长率。曹龙通过对三种潜在经济增长率进行对比分析，结合安徽省经济的具体情况，使用了C－D生产函数法作为测算安徽省潜在经济增长率的方法，计算出安徽省1978～2004年的潜在经济增长率在11%左右，并从资本产出率、滤波法测算等几个不同方面对此结果进行了可信度分析，认为测算的结果具有一定的可信度。[③] 徐云鹏、张旭昆

① 陈亮、陈霞、吴慧：《中国经济潜在增长率的变动分析——基于日韩及金砖四国等典型国家1961－2010年的经验比较》，《经济理论与经济管理》2012年第6期。

② 王子博：《中国潜在产出估算模型的设计与应用——基于Kalman滤波的实证分析》，《统计与信息论坛》2012年第1期。

③ 曹龙：《安徽省经济潜在增长率的分析与测算》，《经济纵横》2007年第1期。

把资本存量指标看成影响潜在经济增长率的最合理要素，并采用生产函数法估计了我国的潜在经济增长率，通过取1978年资本存量的估计值并对估计值进行回归分析的方法，得到了三个可信度较高的估计值，并分别用生产函数法求出了三个资本存量估计值对应的各年度的潜在经济增长率。他们测算出我国2000年的潜在经济增长率8.57%～8.84%，而2004年的潜在经济增长率为9.90%～10.09%。[①] 还有混合型的SVAR模型和DSGE模型也被用于结构法测算潜在经济增长，如赵昕东的两变量SVAR模型，郭红兵和陈平的三变量SVAR模型。马文涛和魏福成利用随机动态一般均衡模型和贝叶斯参数估计方法[②]，袁婧、唐诗磊和谭琦通过新凯恩斯DSGE模型估算，等等。

也有学者认为，由于我国经济的特殊性，应该将几种传统的测算方法结合使用，并进行分析，从而得出我国的潜在经济增长率。谢冰、蔡洋萍首先分析了传统的两种潜在经济增长率测算方法，即HP滤波方法和生产函数法的优点，进而将两种方法结合，提出了取长补短的HP滤波——生产函数估计方法，用C－D生产函数结合HP滤波方法对我国的潜在产出进行了估计。[③] 他们认为，使用HP滤波——生产函数估计方法进行潜在产出估计为滤波方法提供了经济理论支撑，为滤波方法增添了新的特性，为潜在产出及其不可观测部分提供估计，因此，具有一定优势。郭庆旺、贾俊雪使用了HP滤波法、增长率推算法和生产函数法分别测算了我国的潜在产出，并将得出的结果进行了比较分析，找出了数据之间的相同点、不同点以及其中的联系，最终是根据HP滤波法和生产函数法，用一个平均潜在经济增长率推测了我国的潜在经济增长率，他们推断出我国1978～2002年的平均

① 徐云鹏、张旭昆：《中国经济潜在增长率的再估算》，《重庆大学学报》2009年第2期。

② 马文涛、魏福成：《基于新凯恩斯动态随机一般均衡模型的季度产出缺口测度》，《管理世界》2011年第5期。

③ 谢冰、蔡洋萍：《基于HP滤波——生产函数方法的我国潜在产出估计》，《湖南大学学报》2012年第2期。

潜在产出增长率为9.56%。[①]

另外，还有的学者使用了传统测算方法之外的创新方法来测算我国潜在经济增长率。如杨旭、李隽、王哲昊使用了奥肯定律来测算我国潜在经济增长率，他们认为我国的二元经济存在特殊性，因此传统的滤波法、生产函数法以及菲利普斯曲线法都不适合用来计算我国的潜在经济增长率。[②]他们通过对美国一元奥肯定律的分析，结合我国的具体情况，得出了一个适用于我国的二元奥肯定律，并通过回归分析测算出我国的潜在经济增长率以95%的概率被包含在区间［10.54%，11.56%］内。王艾青、安立仁认为，我国是一个劳动力严重过剩甚至有无限劳动力供给的国家，因此用劳动力是否被充分利用来定义的潜在经济增长率不适用于我国，他通过考察50多年来的GDP增长率和人均GDP增长率，分析出我国是资本驱动型经济，之后建立了一个资本驱动的潜在经济增长率模型，并通过假设检验得出了具体的参数数值，进而计算出了各年度的潜在经济增长率，得出了有些年份GDP潜在经济增长率高于实际增长率，而在有些年份则相反的结论。[③]

三 潜在经济增长率的预测

在对潜在经济增长率的研究中，预测未来潜在经济增长率的变动趋势或者大概数值是非常重要的一环。预测未来潜在经济增长率可以作为分析未来经济走向的重要依据，对下一阶段经济结构的调整有着重要的指导作用。我国学者也非常重视这一方面的研究，在许多关于测算潜在经济增长率的文献中，我国学者都不仅测算了过去一段时间的潜在经济增长率，也对未来的潜在经济增长率进行了预测，也有学者专门对潜在经济增长率的预测进行了单独的研究。

① 郭庆旺、贾俊雪：《中国潜在产出与产出缺口的估算》，《经济研究》2004年第5期。

② 杨旭、李隽、王哲昊：《对我国潜在经济增长率的测算——基于二元结构奥肯定律的实证分析》，《数量经济技术经济研究》2007年第10期。

③ 王艾青、安立仁：《中国潜在增长率的估计》，《统计与信息论坛》2008年第7期。

整体来说，我国学者大多预测我国未来潜在经济增长率将会呈下降趋势，学者普遍认为中国的潜在经济增长率将从高速增长转向次高速增长，不可能长期保持在10%以上的增长水平。张培丽、于春晖指出我国潜在经济增长率下降的原因主要在于引起潜在经济增长率下行的条件已经或即将显现，如人口结构变化带来的劳动力供给放缓；经济全球化红利衰减；储蓄率有所下降，土地、能源和环境约束增加，全要素生产率难以大幅度提高，等等。[①] 张连城、韩蓓使用HP滤波法测算了我国潜在经济增长率，计算出1978～2007年中国平均潜在经济增长率为9.6%，并且预测长期潜在经济增长率会有所下降，为8.5%左右。[②] 刘世锦认为2015年中国将进入经济增长速度回落的时窗期，潜在经济增长率将在此有一个大的下转，潜在经济增长率将下调到7%左右，这是一种由高速增长阶段向中速增长阶段的转换。[③]

第二节 城镇化的相关文献

一 城镇化的定义及本质

（一）定义

城镇化与西方国家的城市化在本文中是同义词，只不过中国的城市体系到建制镇，所以称之为城镇化。[④] 国外“城市化”（Urbanization）最初是

---

① 张培丽、于春晖：《我国经济潜在增长率的变化及应对》，《中国中小企业》2012年第12期。

② 张连城、韩蓓：《中国潜在经济增长率分析——HP滤波平滑参数的选择及应用》，《经济与管理研究》2009年第3期。

③ 刘世锦：《我国增长阶段转换与发展方式转型》，《国家行政学院学报》2012年第4期。

④ 自20世纪70年代末80年代初“城市化”一词被我国地理学家吴友仁引入社会主义城市化问题的研究以来，“城镇化”和“城市化”就频繁出现在党和中央文件、领导人讲话以及广大专家和学者的著作论文中，更有甚者有时在同一个文件或著作论文中就反复出现和交叉使用“城镇化”和“城市化”这两个名词，偶尔还会出现“都市化”，这在一定程度上造成了人们思想上的混乱和认识上的混淆。本书中的城镇化与城市化是同一概念。

由 A. 塞尔达在其《城市化概论》中提出的。[①] 他认为，地域景观的变化是城市化最直观的表现。路易斯·沃斯等从农村生活方式向城市生活方式发展、质变的过程就是对城市化的理解；矶村英一认为，城市化应分为三个方面，即形态城镇化、社会结构城镇化及思想感情城镇化；科林·克拉克对城市化的认识是从产业人口变化角度来看的，即第二、第三产业人口随着第一产业人口的减少而增加的过程；埃尔德里奇认为，人口的集中过程就是城市化的全部含义。[②] 国内高珮义等学者认为，城镇化是人口向城市集中过程中的一个由落后转向现代先进的自然历史过程[③]，城市人口的自然增加、农村日益接受城市的生活方式及农业产业化是城市化或城镇化过程的表现；[④] 刘树成认为城市化的动力在于供给和需求，并在前面的基础上补充了城市数量增加及其规模扩大、城市物质文明和精神文明不断向周围农村扩散的过程。[⑤]

除此之外，各学科对“城镇化”的认识侧重点也不一样。这里人口学家强调城镇化中居住在城市地区的人口比重上升，关注重点是观察和研究因农村人口迁移所带来的城镇部门和农村部门人口分布及其变动对经济、社会发展的影响；[⑥] 地理学强调人口、产业等由农村地域向城市地域转化和集中，并带来城乡经济和人文关系变化的过程；社会学家强调城镇化是城市生活方式的发展和扩散；[⑦] 经济学家强调城镇化是人类生产活动的产业转化，即由第一产业向第二、三产业转换，以及相应各种经济要素由农村部门向城镇部门聚集、流动，城镇部门的经济集聚—溢出效应发挥并带来辐

---

① 转引自郑长德、钟海燕《现代西方城市经济理论》，北京：经济日报出版社，2007，第 227 页。

② 转引自刘传江、郑凌云《城镇化与城乡可持续发展》，北京：科学出版社，2004，第 2 ~ 3 页。

③ 高珮义：《中外城市化比较研究》，天津：南开大学出版社，2004，第 2 页。

④ 梅益、陈原：《中国百科大词典》，北京：中国大百科全书出版社，2002，第 271 页。

⑤ 刘树成：《现代经济词典》，南京：江苏人民出版社，2005，第 107 页。

⑥ 刘国新：《中国特色城镇化制度变迁与制度创新研究》，博士学位论文，东北师范大学，2009。

⑦ 刘传江、郑凌云：《城镇化与城乡可持续发展》，北京：科学出版社，2004，第 2 ~ 3 页。

射作用，促进城镇—农村两部门共同发展的过程。

（二）本质

不同专业领域及研究者视角会带来对城镇化研究的不同理解结果。虽然对城镇化概念界定并未最终达成一致，但是这种不一致性并未影响对城镇化本质问题的认识。本质上说，城镇化是社会生产力发展到一定阶段必然的一种经济和社会现象。城镇化是从城乡分离迈向城乡融合的必由之路，其核心之一是实现城乡一体化和全民共同富裕的和谐发展。因此，本书把整个社会简单抽象为城镇部门及农村部门，城镇化就是农村部门从劳动力要素、土地资源等要素向城镇部门集聚，并把城镇部门的生产方式、生活方式、思维方式、价值观念不断向农村部门扩散的过程。突出表现形式是人口的城镇化（这是最基本的形式）、非农产业的城镇化或产业结构的城镇化及城镇文明的有效溢出或社会城镇化。①

（三）模式

城镇化发展模式是指其发展状况特征及其动力机制的总和。② 世界各国城市化呈现多种形态和多种模式，对经济发展所产生的效果也不一样。具体模式有如下几种：一是以不同经济体制为依据的计划型、市场型城市化；二是以城市化空间形式为依据的集中型、分散型城市化；三是以发动主体为依据的“自下而上”“自上而下”城市化；四是以城市化与经济发展水平关系为依据将城市化分为同步、超前和滞后城市化。

（四）影响因素

通过对相关文献和专著的归纳，我们发现，影响城镇化发展的因素主要有要素投入、人口素质、经济发展与消费需求、空间集聚、政府作用等。①要素投入是经济增长的驱动因素，是城镇化发展的主要因素，也是目前

① 浦善新：《走向城镇化——新农村建设的时代背景》，北京：中国社会出版社，2006，第 27 页。

② 张军涛、梁志勇：《城镇化及其可持续发展的内涵解析》，《城市》2007 年第 2 期。

研究的重点。王志刚、戴永安等学者认为影响城镇化发展的因素不仅包含资金、土地等要素投入，同时还应该包含经济环境的改善而吸引的大量的外部资本投入，一般情况下，我们将此归因为资本要素投入的高增长。[①] ②人口素质的投资，在索洛模型中人力资本是推动经济增长的主要动力，还有的学者认为制约中西部地区经济发展的主要原因就是人口素质较低，李德煌等认为人力资本和技术进步已经逐渐成为影响我国经济发展的主要因素，提高人口素质，才能够推动经济的持续发展，进而使得城镇化的发展更加合理。[②] ③中国经济增长前沿课题组认为，政府通过公共基础设施投资的扩张，推动了城镇化和区域经济增长，政府的土地财政对城镇化有直接加速效应。但是如果政府财政收支结构和筹资方式不转变的话，中国的城镇化发展将面临巨大的挑战。[③] ④空间集聚加快了城镇化速度，许多的学者通过实证分析的方法，认为产业的空间集聚引致城镇化经济与规模的正向发展。⑤消费需求作为经济增长的三大马车，一方面因为经济的增长加大了城镇化建设的资金投入，进而加快城镇化的发展速度；另一方面，消费需求也促进了城镇化的扩张。⑥经济的不同发展水平和阶段影响了城镇化发展的速度和程度，许多经济学家认为城镇化的发展与地方经济发展水平和劳动力迁移有关，还有的学者认为中国城镇化之所以会呈现明显的区域差异，主要是因为国内经济发展水平不同的地区，影响城市化发展的诸因素所起的作用不同。

二 城镇化测度的指标体系

当前衡量一个国家（或地区）城镇化发展水平的指标体系有两种，即

① 王志刚、龚六堂、陈玉宇：《地区间生产效率与全要素生产率增长率分解（1978－2003）》，《中国社会科学》2006 年第 2 期；戴永安：《中国城镇化效率及其影响因素》，《数量经济技术经济研究》2010 年第 12 期。

② 李德煌、夏恩君：《人力资本对中国经济增长的影响》，《中国人口·资源与环境》2013 年第 8 期。

③ 中国经济增长前沿课题组：《城镇化、财政扩张与经济增长》，《经济研究》2011 年第 11 期。

单一指标法和综合指标法。单一指标法主要是选择对城镇化发展水平最具有代表性，又能够进行数据统计的单一指标，来衡量城镇化发展水平的简单方法。目前，国内选择城镇人口占总人口比例或土地利用状况作为主要选择的指标。[①] 其中，城镇人口或非农人口占总人口比例是最常用的城镇化测度指标。综合指标方法，即考虑城镇化发展水平的各个方面，包括人口、土地、经济、社会、环境等，选择多种代表性指标予以综合考察分析城镇化发展水平的一种方法。

国外有关单一指标法来衡量城市化水平的研究，如美国城市地理学家瑞·M. 纳瑟姆（Ray M. Northam）将一个国家或地区的城市化水平用城市化人口占总人口的比重来表示，其“纳瑟姆曲线”表明发达国家的城市化大体上都经历了类似正弦波曲线上升过程。[②] 和多田（Watada）重点考虑城建资金投入，并用城市密度来测算城市化发展水平。[③]

国外学者后来也开始关注综合指标法，以期能克服单一指标法的局限性，更好地衡量城市化发展水平。英国地理学家克劳克（Klauke）从职业、人口、住所和与中心城镇距离等各方面进行综合考虑，选取 16 个主要指标构建城市化指标体系；[④] 美国社会学家英克尔斯（Inkeles）从产业结构、经济发展、社会环境等因素综合考虑并构建城市化发展水平指标体系，该体系被广泛地应用于世界。[⑤] 联合国选取 19 个不同经济指标去构建了一个衡量发达国家和发展中国家城市化发展水平的指标体系，这 19 个指标较为充分地刻画了各国经济、社会发展及人口数量之间的关系。[⑥]

---

① 土地利用指标是指采用城市土地利用的规模与增长率来说明城镇化水平的一个测度指标。

② Northam, “New Approaches to Crop Yield Insurance in Developing Countries,” *International Food Research Institute* 2 (1979).

③ Watada, “An Alternative Measure of Chinese Urbanization,” *Apollonian Teal* 3 (2007).

④ Klauke. A. , “Two-sided Matching Model of Venture Capital,” *Working Paper*, *University of Chicago* 1 (1987).

⑤ Inkeles, “Rural Areas and Trends Surpass Cities in Growth,” *New York Time* 3 (2005).

⑥ Phazell, Janderson, Nbalzer, *A Bastrop Clemencies and Rissole Potential for Scale and Sustainability in Index Insurance for Agriculture and Rural Livelihoods*, International Fund for Agricultural Development and World Food Programmer, 1973.

国内很多学者对城镇化发展水平测度做了大量研究，成果颇丰。作为最常用的人口指标法，只能简单反映出城镇化发展的一个相对水平，并不能真正反映城镇化的整体规模。不同的城镇和城镇人口定义也将直接影响城镇化水平的计算。所以因其存在一定的局限性而渐渐被人们所摒弃。为了克服其局限性，国内外学者在进行城镇化测度研究时，还加以其他各项指标来衡量城镇化发展水平。

近年来在国内学者中比较流行的是综合指标法。对城镇化质量指标体系的研究一般是依据研究需要将城镇化质量分成若干大类指标，每一大类指标又包含具有代表特征的二级指标来构建。如田静认为新型城镇化的特点之一，即由偏重城市发展向注重城乡统筹、城乡一体化发展转变，并在深入理解新型城镇化内涵及特征的基础上，建立了由 3 大系统，8 项子目标，45 个指标构成新型城镇化评价指标体系；① 肖万春认为，单一的用人口指标并不能准确衡量城镇化水平，他运用三个一级指标：基础水平指标、社会发展水平指标、潜在动力指标和 16 个二级指标的复合指标法构建了城镇化发展水平综合评价指标体系；② 曾志伟等从经济发展、社会建设、环境保护三个层面，构建了二级分层指标的新型城镇化评价体系；③ 冯璇等则认为农村城镇化作为经济发展的重要环节，对其评价尤其重要，在已有成果的基础上，构建了包含三个指标层次的农村城镇化发展水平评价指标体系；④ 牛晓春等则是全方面城镇化发展分析，其指标体系在前人的基础上，加入了基础设施、生态环境、生活质量及城乡统筹发展等方面的内容。⑤

一些学者还利用综合指标法对城镇化发展水平进行评价，即在构建的

① 田静：《新型城镇化评价指标体系构建》，《四川建筑》2012 年第 8 期。

② 肖万春：《论中国城镇化水平度量标准的合理化》，《社会科学辑刊》2006 年第 1 期。

③ 曾志伟、汤放华、易纯：《新型城镇化新型度评价研究——以环长株潭市城市群为例》，《城市发展研究》2012 年第 3 期。

④ 冯璇、严俊霞、薛占金：《临汾市农村城镇化发展水平评价》，《山西农业科学》2012 年第 4 期。

⑤ 牛晓春、杜忠朝、李同昇：《基于新型城镇化视角的区域城镇化水平评价》，《干旱区地理》2013 年第 2 期。

指标体系基础上，依据各种数理统计分析方法，通过对所有指标量化计算一个综合值，以此来衡量城镇化综合发展水平，最后对各城市进行打分、排名、评价。目前最常用的数理统计评价方法有：层次分析法、数据包络法、主成分分析法、因子分析方法、熵值法等。陈明、张云峰的4个一级指标、13个二级指标构成的省域尺度的城镇化质量指标体系，分别对相关省份和城市的城镇化质量进行了研究；① 张向东、李昌明、高晓秋设计了6个维度共27个基本指标的河北省新型城镇化水平测度指标体系，并采用熵值法和主成分分析法对各市的城镇化水平进行评价；② 张少辉认为城镇化综合指标体系事实上是利用具体的指标对其各个领域，本质、特征进行描述和全面评价，因此，他从人口、经济、空间、产业结构、生活质量、文明程度6个方面构建了6个二级指标、32个三级指标的综合评价指标体系，并借助线性加权和法来衡量河南省各地市的城镇化发展水平及差异；③ 陈明星等则从人口、经济、社会、土地四个方面构建中国城市化水平的指标体系，基于熵值法，对1981～2006年的中国城镇化水平进行评价，得到中国城镇化水平以经济增长和地域景观的快速演进持续提高的结论。④

对于城镇化发展水平的评价，还侧重于不同地域间的差异比较。曹广忠、边雪等从城镇化进程中城乡结构变动的核心要素——人口、产业、用地结构三个维度考察指标，对长三角地区进行实证分析发现区域城镇化水平的空间格局特征；⑤ 张向东等同样从时间和空间对各市的城镇化水平进行比较分析，发现河北省及各市城镇化发展水平极不平衡；⑥ 刘勇、高建华等

① 陈明、张云峰：《城镇化发展质量的评价指标体系研究》，《中国名城》2013年第2期。

② 张向东、李昌明、高晓秋：《河北省新型城镇化水平测度指标体系及评价》，《中国市场》2013年第20期。

③ 张少辉：《河南省城镇化水平的综合测度研究》，博士学位论文，郑州大学，2004。

④ 陈明星、陆大道、张华：《中国城市化水平的综合测度及动力因子分析》，《地理学报》2009年第4期。

⑤ 曹广忠、边雪、刘涛：《基于人口、产业和用地结构的城镇化水平评估与解释——以长三角地区为例》，《地理研究》2011年第12期。

⑥ 张向东、李昌明、高晓秋：《河北省新型城镇化水平测度指标体系及评价》，《中国市场》2013年第20期。

依据人口、经济、土地、社会四个方面设计分指标及综合评价指标，采用改进熵权法，从时间、城市两个维度对中原城市群进行评价，他们认为各城市体系合理，经济结构需调整；[①] 朱芳芳构建的黑龙江省的城镇化指标体系包括产业结构、基础设施、资源环境、人口发展水平四个方面，并用改进熵值法测算了 2011 年黑龙江省的 12 个主要城市的城镇化水平。[②]

三 新型城镇化的相关理论

国内对城镇化的深入，除了前面所述，主要代表性的理论是“新型城镇化”的提出，它是在党的十六大后，对城镇化认识上的一个升华。[③] 新型城镇化的“新”就是要追求更有“质量”、更有内涵、更有美好关系的城镇化，具体体现：一是城镇化不再是土地的城镇化，主要是转移出来的农民的市民化；二是城镇化将重视内涵式发展，即不再一味“摊大饼”，而是更重视土地“集约化”；三是城镇化还将重视分配关系的改善，即改变农民被动城镇化的过程为农民因为享受到城镇化的好处而主动城镇化的过程，最终实现分配关系的均衡。相对城镇化而言，新型城镇化突出以人为核心，强调城镇化发展水平在于人的质量的提高，只有转移出来的劳动力人口的数量及其质量得到全面改善，才能推动城市现代化、生态化，实现人口向城镇部门的有效集中，促进资源与生产要素在农村部门与城镇部门合理流动，推进城镇部门与农村部门一体化协调发展。[④]

国内学者对新型城镇化的相关研究，主要集中在新型城镇化的内涵与

---

① 刘勇、高建华等：《基于改进熵权法的中原城市群城镇化水平综合评价》，《河南大学学报》2011 年第 1 期。

② 朱芳芳：《黑龙江省新型城镇化发展水平评价研究》，博士学位论文，哈尔滨理工大学，2014。

③ 新型城镇化并不等同于良好的城镇化。良好的城镇化是相对于不适宜城镇化而言的。强调城镇化的步伐能适应经济增长、促进经济增长等，而新型城镇化主要注重城镇化的质量。但两个概念有异曲同工之效。

④ 杨仪青：《国外经验及启示：以政府调控促进新型城镇化健康发展》，《世界农业》2013 年第 9 期。

特征、新型城镇化战略的意义、新型城镇化进程中的诸多问题等，而对于新型城镇化发展水平评价研究略显不足。青舟认为，城乡统筹、一体发展应作为中国特色新型城镇化道路的基本价值取向；[①] 孙雪建立了一个以衡量城乡统筹发展水平为核心的新型城镇化测评指标体系；[②] 杨丽华结合河北省新型城镇化内涵，定量与定性综合评价了河北省新型城镇化的整体发展状况，并利用回归分析方法分析了新型城镇化发展水平的主要影响因素。[③]

第三节 城镇化对潜在经济增长影响的相关文献

一 城镇化与经济增长关系的研究

关于城镇化和经济发展之间关系的理论最早源自发展经济学中的有关城市化及其迁移理论，和新古典经济学中的内生经济增长理论体系。[④] 这两大理论体系在研究城镇化与经济增长之间的关系时，没有很好地考虑经济增长对城镇化发展模式的影响以及城镇化如何拉动经济增长效率这两个核心问题。[⑤] 从实证上看两者之间的关系，较多的国内外学者的结论认为，城市化与经济发展水平之间呈现显著的正相关关系。如兰帕德（Lampard）的经济发展程度与城市化阶段之间有很大的一致性的分析[⑥]、贝里（Berry）

---

① 青舟：《以新型城镇化推进城乡统筹一体发展》，《城市观察》2013 年第 1 期。

② 孙雪：《新型城镇化测评指标体系的建立研究》，《地下水》2012 年第 3 期。

③ 杨丽华：《河北省新型城镇化发展研究》，博士学位论文，河北师范大学，2013。

④ 钱陈：《城市化与经济增长的主要理论和模型述评》，《浙江社会科学》2005 年第 2 期。

⑤ 发展经济学把城市迅速发展看成是农村人口快速增长对缺地劳动力的“推力”以及城市各种经济力量对农村剩余劳动力的“拉力”二者共同作用而形成的。分析框架是在劳动力供给和农村剩余劳动力转移下城镇与农村两部门间人口流动迁移及其两部门经济发展的效率问题；以强调技术进步和人力资本为经济增长重要因素的内生经济增长主要围绕城市化中如何将相关变量内生化以及这些内生变量如何影响区域经济持续增长，关注重点是经济增长的内生性及其影响要素，而对于城市化下的集聚对人力资本积累的作用和知识外溢的外部经济性并没有做出解释。

⑥ 转引自徐雪梅、王燕《城市化对经济增长推动作用的经济学分析》，《城市发展研究》2004 年第 11 期。

的95个国家的面板数据分析[①]、费南·亨德森（Vernon Henderson）的世界各国的城镇化率与人均GDP（对数）之间的0.85相关系数测算；[②] 纳瑟姆通过panel的线性经验关系式；[③] 钱纳里建立的101个国家在1950～1970年的跨国回归模型的实证研究；[④] 丹尼尔（Daniel）对28个国家的城市化水平与经济增长的因果检验。以上结果用不同方法证明了城市化发展水平与经济增长之间存在长期稳定关系。[⑤] 周一星的1977年世界157个国家和地区的数据分析结果表明：137个国家和地区的城镇化率与人均GDP之间呈现明显对数曲线模型形式，其余的20个国家和地区因受某种特殊因素的强烈影响，导致两种水平不匹配；[⑥] 郭松的1978～2003年的中国城镇化水平和经济增长表明两者之间存在协整关系，即长期均衡关系；[⑦] 张颖和赵民得出城市化发展与经济发展的一般关系模型与发展指标；[⑧] 刘耀彬的分时段下的中国城市化发展与经济增长互为推进的长期相关性及因果关系验证；[⑨] 易善策认为城镇化发展深受向市场经济转轨过程的影响，并与工业化的结构转型发展存在互动关系。[⑩] 朱孔来以中国1978～2009年城镇化率和人均GDP年度时间序列数据为基础，建立反映城镇化水平和经济增长动态关系的向量自回归（VAR）模型，得出我国两者之间存在长期稳定的均衡关系。[⑪] 有些

---

① Berry B. J. L., *City Classification Handbook*: *Methods and Applications*, New York: John Wiley & Sons, 1970.

② 转引自朱孔来、李静静、乐菲菲《中国城镇化进程与经济增长关系的实证研究》，《统计研究》2011年第9期。

③ Northam R. M., *Urban Geography*, New York: John Wiley & Sons, 1975.

④ 结果证明，一定的人均GNP水平与一定的生产结构、劳动力配置结构和城市化水平相对应。

⑤ Yet Fhang Lo Daniel, "Urbanization and Economic Growth: Testing for Causality," *16th Annual Pacific* (2010).

⑥ 周一星：《城市化与国民生产总值关系的规律性探讨》，《人口与经济》1982年第1期。

⑦ 郭松：《我国城市化水平对经济增长影响的实证研究》，《黑龙江对外经贸》2006年第8期。

⑧ 张颖、赵民：《论城市化与经济发展的相关性——对钱纳里研究成果的辨析与延伸》，《城市规划刊》2003年第4期。

⑨ 刘耀彬：《中国城市化发展与经济增长关系的实证分析》，《商业研究》2006年第24期。

⑩ 易善策：《"双重转型"背景与中国特色城镇化道路》，《济南大学学报》（社会科学版）2008年第6期。

⑪ 朱孔来：《中国城镇化进程与经济增长关系的实证研究》，《统计研究》2011年第9期。

学者针对江西、山东等省份城镇化与经济增长关系的研究也证明二者具有明显的促进作用，如周小刚等[①]、张志勇等[②]。

也有部分学者认为城镇化对经济发展的作用强度不大，反过来经济发展对城镇化的影响较大，如胡晓旭、李金昌、李郁等。近来，国外有学者并不认为城市化与经济增长存在必然联系，如路易斯蒂（Luistio）和埃里克（Eric）的半参数估计法研究 1960～1990 年 39 个发展中国家的城市集聚特点，[③] 特瓦斯（Terwase）以发展中国家为研究对象，其结果都显示出城市化和经济增长之间并未表现出系统性关联。在城镇化与经济增长的协调性方面，简新华等通过国内外情况比较得出：前期的中国城镇化水平滞后，目前的中国城镇化速度基本合适，未来还应该保持较快发展的趋势。[④]

二　城镇化对经济增长的贡献研究

城镇化对经济增长的贡献，主要是指城镇化促进经济增长。斯蒂格列茨把“中国的城市化”列为影响 21 世纪人类发展进程的两大关键因素之一，并且认为“中国的城市化”将是区域经济增长的火车头，对区域经济带来最重要的经济利益。[⑤] 卢卡斯（Lucas）是新古典经济学内生增长理论的代表之一，他认为城市化有利于创新，而创新促进经济的持续增长。[⑥]

---

① 周小刚、陈东有：《江西城镇化与经济增长协整关系的实证研究》，《江西社会科学》2008 年第 8 期。

② 张志勇、李连庆：《城镇化水平与经济增长互动效应的动态分析——基于山东省 1978～2009 年的数据》，《山东财经大学学报》2012 年第 9 期。

③ Bertinelli, Luisito & Eric Strobl, “Urbanization, Urban Concentration and Economic Growth in Developing Countries,” *Core Discussion Paper* (2003).

④ 简新华、黄锟：《中国城镇化水平和速度的实证分析与前景预测》，《经济研究》2010 年第 3 期。

⑤ 2001 年诺贝尔经济学奖获得者，约瑟夫·斯蒂格列茨。

⑥ 他认为具有专业化和多样性的优势的城市，在人力资本形成、知识和信息交流网络方面都具有优势，便于技术扩散和知识外溢；作为产业和人口高度聚集的城市是知识外溢和技术创新的中心，随着对知识外溢和技术创新的重视加强，城市对应成为其“天然实验室”；同时城市数量增加、规模扩大、交易成本降低及效率的提高形成集聚经济，促进生产率的提高，进而加速推进经济增长。

《世界发展报告（1999～2000年）》把城镇化视为经济增长的发动机。[①] 克鲁格曼认为城镇化提高生产率，带动资本形成，推动经济增长。[②] 戴维斯的时序分析下的相关系数测算表明：城市化与经济增长两者之间是一种互相促进关系，城镇化对经济的影响主要反映在后期。[③] 新兴古典经济学代表杨小凯等认为城市化导致专业分工进一步深化，提高生产效率并降低交易成本，从而促进经济增长。一些中国学者认为城镇化及由此产生的一系列变革是经济增长的重要源泉。[④] 徐雪梅、王燕从宏、微观，即GDP构成、竞争两个层面分析了城镇化对经济增长的推动作用。[⑤] 此外，还有以许经勇[⑥]、吴纪宁[⑦]为代表的一种滞后型城市化的认同，他们认为中国城市化水平落后于工业化和经济发展水平，并从滞后型城市化的现状入手，反证了滞后型城市化对经济增长的制约作用。还有，莫玛（Moomaw）和夏特（Shatter）的回归技术法下的城市集聚加速经济增长结论；萨比莎齐（Sabyasachi）以印度为研究对象的高城市增长率往往伴随着较高的经济增长和较低的贫困发生率结论的；特瓦斯以发展中国家为研究对象，并得出城市化对经济发展的影响具有形成更大的消费市场的同时，恶化了发展中国家的生活、经济环境的研究结论等。[⑧] 戴维（David）的观点认为城市化率更多的只是衡量经济发展程度的一个指标，而不是一种

---

① 世界银行：《世界发展报告（1999～2000年）》，北京：中国财政经济出版社，2000。

② 〔美〕保罗·克鲁格曼：《发展、地理学与经济理论》，北京：北京大学出版社、中国人民大学出版社，2000。

③ Evans A. W., *The Pure Theory of City Size in an Industrial Economy*, Urban Studies, 1972；其中前期可能表现为经济增长要求并促进人口向城市集聚，后期表现为较高的城市化水平通过带来生产、生活的集约化、管理科学化及文教科技进步等，进而促进经济发展。但是两者之间的这种相互促进关系在不同国家、地区是否显著存在还有待进一步的实证检验。

④ 杨小凯、张永生：《新兴古典经济学和超边际分析》，北京：中国人民大学出版社，2000。

⑤ 徐雪梅、王燕：《城市化对经济增长推动作用的经济学分析》，《城市发展研究》2004年第11期。

⑥ 许经勇：《城市化滞后对经济增长的制约》，《学术月刊》1999年第6期。

⑦ 吴纪宁：《城市化与经济增长速度》，《湖南城建高等专科学校学报》1999年第12期。

⑧ Shabu, Terwase, "The Relationship Between Urbanization and Economic Development in Developing Countries," *International Journal of Economic Development Research and Investment* 2 (2010): 30-36.

促进经济发展的工具。[1]

总之，从研究的结论上看，学术界对于城镇化是否能够促进经济发展并未达成一致意见。大部分学者认为城镇化的发展有益于经济增长，城镇化可以从供给和需求两方面促进经济增长。通过城镇化可以吸引更多的投资，在创造更多的劳动岗位的同时有益于消费的增长。不适当城镇化带来的城市贫困、失业、拥堵等问题将妨碍社会政治稳定，阻碍经济增长的结论也有一定的代表性。

三　城镇化驱动经济增长的机制研究

陈淑清从供给、需求和产业三个方面来分析城镇化促进经济增长的原因，认为城镇化的基本作用有：一是农村部门—城市部门的劳动力迁移提高了劳动生产率；二是城镇化通过带动投资需求和消费需求，来扩大内需；三是产业结构的升级主要在于城镇信息产业和服务业的发展，通过城镇信息产业和服务业的发展带动产业结构的转型升级，间接拉动了经济增长。[2] 杨开忠认为，投入产出联系驱动模型、劳动力向城市迁移和迁移驱动模型、区域贸易一体化是城市化驱动经济发展的三大机制。[3] 沈坤荣等认为，通过人力资本积累和知识（技术）积累的驱动及从农村部门向城镇部门剩余劳动力转移来优化第一产业，促进非农产业的发展，能够共同促进经济增长。[4] 城镇化运行中各要素之间相互作用、相互影响推动其发展，并进一步推动了经济增长。[5]

总之，城镇化先作用于劳动力要素，从而通过劳动力要素去影响土地资源、物质资本等要素集聚，并通过各个要素[6]最终产生的累积效应和综合

---

① Bloom, David E., "David Canning & Gunther Fink," *Urbanization and the Wealth of Nations PGDA Working Paper* 30 (2008).

② 陈淑清：《城市化：我国经济长期增长的动力之源》，《经济与管理研究》2003 年第 5 期。

③ 杨开忠：《中国城市化驱动经济增长的机制与概念模型》，《城市问题》2001 年第 3 期。

④ 沈坤荣、蒋锐：《中国城市化对经济增长影响机制的实证研究》，《统计研究》2007 年第 6 期。

⑤ 张景华：《城市化驱动经济增长的机制与实证分析》，《财经科学》2007 年第 5 期。

⑥ 要素集聚，最终实现要素积累和结构变革形成累积效应和综合效应。

效应间接地对经济增长产生正的影响作用。中国城市化进入快速发展阶段后，农村剩余劳动力的无限供给满足了城镇化的需要，城镇化通过刺激投资规模扩张、产业结构优化和人力资本提升作用于经济增长。马兴杰等①、孙祁祥等②、蔺雪芹等③结合中国实际，论证了以上总结。④ 目前我国对知识资本、现代服务业等高端生产要素的集聚作用还不强。因此，讨论21世纪中国城镇化问题要从其要素集聚功能上下功夫，即城镇部门是对高端要素的集聚，而非传统意义上的“摊大饼”和简单的数量扩张。

① 马兴杰、陈通：《城市化影响经济增长作用机制研究》，《现代管理科学》2009年第2期。

② 孙祁祥、王向楠、韩文龙：《城镇化对经济增长作用的再审视》，《经济学动态》2013年第11期。

③ 蔺雪芹、王岱等：《中国城镇化对经济发展的作用机制》，《地理研究》2013年第4期。

④ 城镇化正是通过影响经济增长的决定性要素物质资本、人力资本、劳动力和经济结构这一作用渠道，从而促进了经济增长；城镇化主要通过要素积累、需求集中、分工和专业化途径促进经济增长，且具有循环积累效应。

第三章

城镇化与潜在经济增长相互关系的理论基础分析

在前述相关文献的基础上，在一般意义下的经济增长理论简析下，本章以潜在经济增长理论为核心，在影响潜在经济增长要素分析及提高潜在经济增长的目标分解研究中，重点探究城镇化对中国潜在经济增长贡献，即城镇化对中国潜在经济增长正向影响假说下的城镇化如何驱动潜在经济增长要素，并通过劳动力流动驱动城镇及农村两部门模型，劳动力流动引致要素的累积效应及综合效应产生，最终完成城镇化驱动潜在经济增长理论模型构建。

第一节　经济增长与潜在经济增长

一　一般意义下的经济增长理论简析

经济增长理论可以说是整个宏观经济体系中最受关注的理论之一，潜在经济增长属于供给学派的体现之一，因而一般意义下的增长理论简析就从西方供给学派来解剖。[①] 其中以古典的“萨伊定律”和新古典的“拉弗曲

① 我国的供给侧改革不同于西方供给学派的理论体系。

线”为典型。西方供给学派认为供给创造需求，强调经济的供给方面，认为应该以供给为主，从提高要素配置效率的角度，以减税等财政政策增加生产和供给，并提高人们投资、储蓄的能力。供给学派认为增加生产和供给必须通过投资和劳动的增加来实现，其中投资的增加尤为重要①，储蓄是投资的转化形式，所以生产的增加取决于储蓄量的高低，除此之外，企业家才能也是决定投资的重要因素。供给学派认为税收是影响劳动力供给、储蓄量及增长的关键，著名的“拉弗曲线”说明了减税不一定增加财政赤字，甚至可能提高财政收入。因此，供给学派增加供给的途径主要是投资和以减税为主要手段的经济刺激。然而，无论是古典还是新古典经济理论等体系，从供给角度考察的主要是要素理论或内生增长理论等。

（一）要素理论分析

新古典经济增长理论中对经济增长的主要要素分为以下两大类，即外部环境要素和非外部环境要素。其中以自然资源、制度变迁等为代表的这种基本上是给定的要素被称为外部环境要素，它的特征好似外生变量，不受系统的影响，表现出相对的稳定性。而以物质资本、劳动力（或人力资本）、经济结构及全要素生产率等为代表的具有内生性变量意义的非外部环境要素，正是要素理论分析的关键。非外部环境要素内生于经济系统，受经济系统的影响，同时也影响经济系统，因此，对其分析具有现实意义。

1. 物质资本

一般而言，充足的物质资本可以通过储蓄和投资去促进一国或一个地区的经济增长，与此同时，这种增长会给这些国家或地区带来高储蓄率和高投资率。前期的中国经济发展很好地印证了这一规律。持续的资本存量增加就是物质资本不断形成或物质资本不断积累的过程，它是促进长期经济增长的重要因素。而正是增加的储蓄，包括私人储蓄、政府储蓄或公共

---

① 供给学派认为增加政府支出会抑制储蓄和投资，产生财政政策的挤出效应，不会增加就业和产量。

储蓄等高储蓄才保证高水平的投资支出，从而影响一个国家（或地区）的长期经济增长。

2. 劳动力（或人力资本）

蕴藏在人体中的脑力和体力之总和被称为劳动力，也叫人的能力。马克思的劳动价值论观点认为：物质资本本身而言是不可能创造任何社会财富的，只有劳动力作用于物质资本的过程，才能创造出社会财富，离开了劳动力，物质资本什么都不是。许多经济学家就劳动力数量和质量这一特殊的增长要素对经济增长的作用进行了大量卓有成效的研究，虽然存在较大的分歧，但也达成一些共识。充足的劳动力数量，以及从数量上升到质量考量的人力资本无疑是促使经济增长实现的积极因素。其中人力资本要素已经成为现代社会经济增长及其发展的决定性要素，在以内生性经济增长为代表的增长理论体系中的作用日益显著。① 因此，通过人力资本存量的增加能够发现许多未被应用的物质资料，获得进行物质产品生产的新资源、创造生产物质资本的新手段，这些都可以减弱或一定程度上克服制约经济增长的瓶颈。

3. 经济结构

经济结构可看作是人、财、物力等的组合模式，是物质资本与劳动力资本等作用下的一种综合效应体现。一般而言，一定的社会经济及技术条件要求与之相适应的一定的经济结构。合理的经济结构要能够充分利用国内外一切有利因素，能够有效地利用人、财、物等各种资源要素，合理的经济结构应该适合该国或地区的实际社会经济情况，促进区域经济的中长期增长。其中，作为国民经济部门结构关系反映的产业结构是经济结构中

① 一是人力资本对内生性经济增长中的作用主要表现为它既是社会生产活动的主体，也是最富有创造性的经济增长要素，人力资本的增加和结构的改善有利于提高人类自身在社会生产活动中的主导性作用；二是人力资本不同于一般的资本，它是一种高增值资本，其资本积累进程是一个知识扩展、技能熟练的不断创新过程，随着人力资本的不断积累和人力资本结构改善，能够直接作用和影响物质资本，提高生产的效果，使得劳动者所蕴含的生产能力加倍提升，从而实现更高的经济效率，推动经济增长；三是人力资本往往蕴含较多知识的掌握。

尤为重要的内容。

（二）经典发展理论

对中国经济增长的理论分析，不得不研究经典发展理论。中国经济的高增长是在“干预型经济”模式下取得的改革成效，这里的干预主要体现在国有企业、政府对资本资源的掌控、对投资领域和投资规模的调控及政府管制或规制方面。“干预型经济”在中国工业化的起步和加速阶段曾经发挥了重要作用。但是，随着中国工业化进程步入成熟，由“干预”提升效率的动力在逐步的市场化过程中会失灵，这种增长方式将会改变。而以城镇化和服务业的发展开启效率提高，并促进结构的进一步优化，将成为中国经济稳速增长的主要发展方向。这些可看为从结构性加速到减速的增长路径的转换，符合发达国家经验事实和长期经济增长的统计规律。这里所指的“长期经济增长规律”，即潜在经济增长率，它是经济增长理论的核心问题。经济学界为了探寻中国经济增长的长期趋势，对于中国经济的潜在经济增长率采取各种方法测度。①

二 中国潜在经济增长理论简析

（一）影响潜在经济增长的要素分析

一般认为，潜在经济增长率（或简称潜在经济增长）主要由劳动、资本和全要素生产率等供给要素决定，其中任何一种要素的趋势性变化，都会引起经济发展中长期趋势潜在经济增长出现变化，并且一种要素的变化会引致其他要素的相应变化，从而产生累积效应。② 累积效应下会带来生产率提高及其生产生活方式的改变等综合效应，从而影响着长期潜在经济增长的变化。生产要素供给水平及生产率提高方式等皆具有阶段性特点，由

---

① 现代经济增长理论在“卡尔多程式化”事实的假定下，默认了潜在增长率的存在性，然后做过很多估算及预测。

② 一般的经济增长理论都没有考虑土地要素，或者把其看成一定时期内的不变要素，没有加以考虑。本书在第四章有相应的论述。本章遵循基本范式，没有对其进行说明。

此决定在不同经济发展阶段下的潜在经济增长率发展的不同影响要素组合模式。除此之外，潜在经济增长要素下的累积效应会带来人力资本、专业化分工、投资规模、消费结构、产业结构等重新配置，以及居民生活环境、居民生活质量以及民众意识与文化素质等综合效应。一个不争的事实就是中国改革开放30多年的充足的劳动力人口数量和合理的人口结构给予的人口红利对生产要素供给、生产率的提升以及潜在的增长率的提高作用显著。潜在经济增长变化是供给要素共同作用下的结果，具体体现在以下几个方面。

1. 劳动力供给

劳动力供给主要体现在劳动参与率及其稳定性上。提高劳动参与率及其稳定性，可以挖掘劳动力的供给潜力，有助于显著提高潜在经济增长率。一般来说，在劳动力成为经济增长主要的制约要素之后，提高劳动参与率可以产生显著地提高潜在经济增长率的效果。[①] 20世纪80年代以来，中国劳动参与率逐年提高，相对于发达国家而言，中国21世纪初以来的劳动参与率处于75%左右的水平，高于英国、美国的约65%。对于中国而言，尽管劳动参与率较高且趋于稳定，但是随着人口结构的调整，前期的劳动参与率红利会逐步减弱或消失，稳定其劳动力供给主要需要依靠新型城镇化道路有序推动农村部门劳动力向城镇部门转移。其次，人力资本数量与质量的提高，将给长期潜在经济增长持续注入活力。

2. 资本供给

资本供给主要体现在物质资本供给增加带来的投资增长及投资效率的提高、投资结构的合理。资本供给增加及其带来的投资增长、投资效率的提高及投资结构的合理可以为潜在产出的持续增长奠定较好的物质基础。20世纪90年代以来，主要依靠旺盛的投资需求，特别是政府主导型的投资，中国经济步入了持续高速增长的快车道，随着中国各项改革进程的不断深

---

① 蔡昉：《中国“潜在增长率”趋势》，《人民论坛》2012年第34期。

入，投资增长方式将会由简单的数量扩张转变为注重投资增长质量和投资结构的合理性，这种转变将会逐渐减弱前期物质资本过度扩张对经济运行造成的冲击，提高社会整体投资效率，提升潜在经济增长的稳定性和可持续性。

3. 全要素生产率的变化及由此带来的产业结构的转换

通常技术进步、管理创新等都是影响全要素生产率变化的主要因素。然而从城镇化的视角来看，劳动力的流动会带来农业部门与工业部门之间劳动生产率的较大差异，引起劳动力再配置，而劳动力再配置对于高增长期的发展中国家而言是全要素生产率提高的重要来源之一。因此，由城镇化引起的农业部门劳动力向工业部门劳动力的转移相应会带来整体经济生产率的提高。资料显示，中国在2004～2013年是第二产业就业人口增长相对较快的十年。其中在2004～2007年第二产业就业人口增长最快，这一期间就业结构的调整带来全要素生产率近4个百分点的增长速度；相对1998～2002年的就业结构出现逆向调整而言①，由劳动力再配置带来的全要素生产率显著提高。在劳动力再配置的过程中，城镇化是促使其进行劳动力再配置的主要动力，由城镇化带来的农业部门向工业部门劳动力的转移相应会带来整体经济生产率的提高。②

（二）潜在经济增长提高的目标分析

潜在经济增长率是由供给因素决定的一种长期经济增长率。纵观各国经济发展史，当经济出现过热时，都是过度使用政策工具的叠加结果，这些政策工具的过度使用或不合时宜的应用会使实际增长率与潜在经济增长率不相符，实际增长率超过潜在经济增长率，潜在经济增长的随机正效应显著，使得宏观经济过热。具体的政策工具主要体现为用产业政策、区域政策及宏观经济政策以刺激社会总需求的手段试图超越潜在经济增长率，

---

① 1998～2002年就业结构变动导致全要素增长率下降近1个百分点。

② 日本由于未能抓住经济停滞的要害——全要素生产率增长率的停滞，最终日本经济陷入“失去的20年”。

实现某种期望的增长速度。① 结合前面所述，可以通过以下适度改革实现提高潜在经济增长率的目标。

一是推进“深度”城镇化的过程。这里的“深度”主要指农民工市民化的新型城镇化推进。一般来说，随着人口红利的逐步消减，劳动力供给面临挑战，通过新型城镇化可以继续挖掘劳动力供给潜力，在提高劳动参与率及其稳定性的同时，更好地促使劳动力驱动潜在经济增长。中国未来户籍制度、土地制度及社会保障制度等领域改革的开启，将对进一步推动农村剩余劳动力向城市非农产业转移、促进劳动力资源的再配置及“深度”城镇化具有至关重要的作用。

二是借鉴发达国家的先进经验，保持优先发展教育的趋势。在中国这个教育水平相对落后的区域大力发展职业教育、高等教育是提升国家创新能力的必由之路，城镇是教育资源的集中区，城镇化中的教育发展对潜在经济增长的影响巨大，转移出来的人口的再教育、再培训对潜在经济增长中的人的素质提高、技能增加意义重大。然而，这些问题都涉及对中国教育体制和培训形式进行根本性的改革。②

三是“新农村”的政策主张及“新土改”命题。“新土改”主要解决农村部门土地的流转问题，使其土地使用更有效率。当大规模城镇化启动后，当城镇部门经济可以吸纳大量农村部门转移的人口时，农村部门的土地集中过程才是好的，才是有利于中国农业发展和现代化建设实行的。通过大规模城镇化减少农村人口，在农业物耗上升趋势下，保证大幅提高农户耕地资源的占有量，以此来增加农民收入。

四是提高全要素生产率。一直以来，经济增长的可持续源泉就是全要

---

① 从国际经验和中国现实看，通过政策工具手段不遗余力地“保增长”，会导致欲速而不达的结果。

② 教育不是一朝一夕的功夫，而是一个长期积累的过程，长期可持续的经济增长必然要求顺应并满足潜在增长中技术创新和产业结构升级等对人力资本的需要，必然要求大幅度提升劳动者工作技能，这些都离不开受教育年限及受教育程度的提高。因此，中国的高中教育入学率及在校大学生数的提高是增加未来劳动者受教育年限及提高其受教育程度的关键。

素生产率的不断提高，它通过资源重新配置、技术进步等得以实现。通过城镇化有序推进，可以让生产要素向生产率更高的行业流动，这样可以继续获得资源重新配置的效率①，并保证这一效率的持续提高，从而促使全要素生产率的持续提高。与此同时，通过城镇化有序推进，逐步实现竞争机制的优胜劣汰，有力提高全要素生产率。随着城镇化的有序推进，企业集中和产业集聚等效应将会使更有效率的企业生存、扩大和发展，而长期没有效率的企业则会被淘汰，这样的过程能够从整体上提高行业以及经济的生产率水平。② 但是，前期特别是滞后的城镇化发展阻碍了生产要素流动的制度性形成，竞争机制下的优胜劣汰市场化程度不高，限制了全要素生产率的提高，使得中国丧失了获得全要素生产率增长源泉。

目前，从国内经济发展看，出现了供给结构错配③，也即供给与需求的不匹配。在人口老龄化问题凸显、劳动人口增长率持续下降、成本不断上升、传统制造业危机重重、新兴产业增长动能尚未积聚等严峻形势下，单纯依靠需求管理，难以解决产能过剩的结构性矛盾，供给与需求的匹配，以供给侧为主，辅以需求平衡的供需均衡理论显得尤为重要。其中，城镇化是创造中国内生化需求的最佳方式，而以要素最优生产配置为目标的潜在经济增长是经济增长的参照系。

三　潜在经济增长率界定

在第二章对潜在经济增长率定义、内涵及测算综述的基础上，考虑到

① 与人均 GDP 6000～12000 美元的中等收入国家相比，中国城镇化下的农业劳动力继续转移的潜力仍然是巨大的。按照学者的估算，目前中国农业劳动力所需比重约为 24%，而按照官方统计口径，农业劳动力比重仍然高达约 35%。这意味着在今后 10 余年时间中，从现有的农业劳动力出发，中国每年仍然需要减少数百万以上的农业劳动力，即每年降低农业劳动力比重约 1 个百分点。

② 研究数据表明，在美国，通过部门内企业的进入、退出、生存、消亡这种创造性的破坏机制，对全要素生产率提高的贡献率为 30%～50%。此外还有研究表明，中国部门内企业间生产率差异巨大，如果差异缩小到美国的水平，可以提高全要素生产率 30%～50%。

③ 供给结构错配主要表现是：经济增速下降、工业品价格下降、实体经济大滑坡、财政收入下降、经济风险发生概率增加等，这些问题不是周期性宏观问题，而是结构性的。

潜在经济增长的要素影响及中国潜在经济增长提高的目标要求，结合具体实际情况与课题所研究的具体内容，本书将中国潜在经济增长率定义为：在资源环境承载力约束下，一国（或地区）各种资源得到最优和充分配置条件时所能达到的最大经济增长率。这一概念综合了正常潜在经济增长、最大潜在经济增长以及实际增长之间的关系，把正常潜在经济增长视为实际增长的参考系，把最大潜在经济增长视为测算的理论依据。

第二节　城镇化与潜在经济增长关系的理论前提

在上述第一节经济增长与潜在经济增长中，在对中国潜在经济增长相关问题研究过程中都不同程度地聚焦到中国城镇化，特别是在潜在经济增长的目标分解中，对中国城镇化如何促进潜在经济增长方面给予了肯定。因此，本节将对城镇化的相关内容进行系统研究，并在此基础上展开“城镇化与潜在经济增长关系的理论前提”研究。

一　城镇化动力机制及中国城镇化历程

在第二章关于城镇化定义及本质的相关文献综述基础上，本书认为，所谓城镇化（又称城市化）①，是指由社会生产力发展和社会分工所引起的农村城镇化的过程②，即人口、生产方式等社会经济关系和城市性生活方式、思维方式、价值观念在城镇—农村两部门间集聚和扩散的过程。

（一）城市化动力机制

城市化是一种极为复杂的社会经济现象，按城市经济学的观点：“城市

① 以下有些城镇化的表述都用城市化，这是国际统称，不论城市化还是城镇化，在本书中都是同一含义。

② 农村城镇化内涵：一是农村劳动力向非农产业转移和城镇聚集；二是城镇体系的建立和完善；三是城镇反哺农村，城镇的生产方式和生活方式向农村扩散，促使农村技术装备水平不断提高，农业和农民生活方式现代化；四是城乡作为一个整体达到融合，实现城乡资源的高度共享。

化的发生与发展受着三大力量的作用，即农业的先导传动之力、工业化的中坚推动之力和第三产业发展的后续支撑之力”。在城镇化进程中，农业发展所形成的推动力、工业发展所形成的拉动力以及第三产业发展所形成的加速力是城镇化发展的主要动力因素，是城镇化进程的重要特征。

1. 农业部门发展是城市化发展的初始原动力

世界城市化发展的共同点是：农业分工相对完善、农村经济发达的地区总是首先兴起城市化的发展，农业的不断发展，对农业生产力提出较高的要求，而科学技术的进步使得农业生产趋向现代化，农业生产力提高，进而社会向着城市化发展。农业发展为城市部门除了提供劳动力外，还有商品粮、工业生产的资金和原材料等，这些都势必推进城市化进程。而且农业部门提供的商品粮数量会决定着城市部门人口的数量；其劳动生产率的高低，表明了农业赋予城市化的原动力之强弱，城市化发展的主动力取决于农业劳动生产率提高所释放出来的剩余劳动力的多少。[①]

2. 工业化是城市化的根本动力

工业革命使得人口和资本在机器大生产中高度集中，从而带来城市数量的增加与城市规模的扩大。[②] 恩格斯在《英国工人阶级状况》一书中表明：“工业的迅速发展产生了对人手的需要；工资提高了，因此，工人成群结队地从农业地区涌入城市。人口以令人难以相信的速度增长起来，而且增加的差不多全是工人阶级。”[③] 工业化带来的人口、资本等要素向城市聚集的倾向，使得工业化与城市化呈现十分明显的正相关性。[④] 工业化和城市化可以看作一种相互联系的过程，工业化建立起来的新工业会带来就业增加、人口增长、城市扩大，从而刺激消费与服务业的发展，带来地方财富

---

① 谢文蕙、邓卫：《城市经济学》，北京：清华大学出版社，2008。

② 王彬：《城市化战略的思考》，《贵州工业大学学报》（社会科学版）2006 年第 6 期。

③ 《马克思恩格斯全集》第 2 卷，北京：人民出版社，1957，第 296 页。

④ 发达国家 1820 ~ 1950 年的工业化与城市化的相关系数达到 0.997，以美国 1790 ~ 1950 年的数据做实证分析，得出美国的城市化率与工业化率的变动曲线几乎是两条平行的曲线；袁野：《城市、城市化与中国城市化进程的研究》，博士学位论文，重庆大学，2001。

的增长及税收的增加，由此带来更多更好的基础设施建设，最后刺激新工业的建设，如此反复循环，在这个循环过程中，每个发展阶段都依赖于前一发展阶段，发展的动力互为因果，不仅具有累积效应，还常常伴随加速度，使得工业化与城市化不断得到发展。[①] 工业化是城市化的根本动力，特别对于发展中国家而言，由于处在工业化的起步阶段或中期阶段，工业化对城市化的“发动机”和“孵化器”作用尤其明显。[②]

3. 第三产业的发展是城市化的后续动力

工业革命的发展使得工业化良好发展，工业化发展到一定程度，国家产业结构调整序幕慢慢拉开，第三产业开始崛起并成为主力逐步取代以工业为主体的第二产业的发展，城市化的接力棒传到第三产业手上，并由它继续推动下去，成为城镇化发展的后续动力。其主要表现为：一方面是生产配套性服务需求的增加[③]，另一方面是生活消费性服务需求的增加，如要求更好、更个性化的居住、购物、教育、文化娱乐、医疗卫生、旅游休闲、法律诉讼等，要满足这些需求，也依赖于第三产业的蓬勃发展。如果说工业化带来的是城市规模的扩张和数量的增多，那么第三产业更多促进城市软硬件设施的完善和人们生活水平的提高，前者主要是“量”的扩张，而后者主要是“质”的提高。

（二）中国城镇化历程

一般认为，1840 年的鸦片战争是中国城镇化的开始，那时的人口城镇化率只有 5.10%。早期工业化和城镇化的起步得益于中国民族工商业和资

---

① H. 钱纳里和 M. 塞奎因将工业化过程大体分为工业化初期、中期和后期三个不同的发展阶段，他们认为在城市化之初，工业化是城市化初级阶段和中级阶段前期的主要动力，到了工业化后期，工业化对城市化的贡献开始减弱。他们从理论上描述了城市化与工业化的关系，并提出了城市化与工业化比较的世界发展模型及对城市化与工业化关系量化测度的广泛应用的钱纳里标准。

② 谢文蕙、邓卫：《城市经济学》，北京：清华大学出版社，2008。

③ 一般由第三产业提供：企业生产要求有金融、保险、科技、通信业等的服务，产品流通要求有仓储、运输、批发、零售业的服务；市场营销要求有广告、咨询、新闻、出版业的服务。

本主义生产方式的引进。但是，整体看来：鸦片战争至中华人民共和国成立，中国的城镇化水平很低，发展速度也非常缓慢。1949 年中华人民共和国成立时，全国只有建制市 69 个，建制镇约 2000 个，城市人口约 5765 万人，城镇化率为 10.64%。[①] 中华人民共和国成立以来，我国城镇化经历了曲折的发展过程。在 1953~1957 年、1958~1965 年的第一、二个五年计划时期大力开展旧城镇改造和新城镇建设。这一时期的城市数量、建制镇以及城镇化率提升很快，城镇化率由 1953 年的 13.3% 上升到 1957 年的 15.4%。但是，在第二个五年计划期间的全国城镇化推进大起大落，处于波动起伏阶段。城镇化率由 1958 年的 16.2% 增至 1959 年的 18.4%，再增至 1960 年的 19.7%，而 1963 年减少到 16.8%，到 1965 年的城镇化率也仅为 18%。直至 1979~1995 年，中国城镇化进程才开始进入较为稳定的持续发展阶段。[②] 这一时期中国城镇化持续发展的主要原因是 1978 年后的拨乱反正、高考的全面恢复、农村家庭联产承包责任制的实行、城乡集市贸易的开放、乡镇企业的兴起及对城镇工作重要性的认识等极大地促进了城镇化的健康发展。以上工业化超前而城镇化滞后的独有的中国经济发展模式造就了中国独特的经济结构，即生产能力可以满足人均收入 3000 美元国家的生产能力，而需求能力由于受占人口主体的农村部门人均收入水平约 800 美元的限制，长期内需不足，供给过剩，导致内需总规模与供给总规模长期不对称，由此形成了经济总量循环过程中的巨大断裂层。从 1996 年至今，是中国城镇化加速发展阶段，城镇化率以年均 1% 的速度递增。[③] 时至 2014

① 张仲礼：《关于中国近代城市发展问题研究的回顾》，载张仲礼等主编《中国近代城市发展与社会经济》，上海：上海社会科学院出版社，1999。

② 1978 年，全国设市城市 191 座，农村建制镇 2850 座，城镇人口约 17245 万人，城镇人口占总人口比重为 17.92%。1995 年，中国设区城市增加到 640 个（其中，人口 200 万以上的超大城市 10 个，100 万~200 万人口的特大城市 22 个，50 万~100 万人口的大城市 43 个，20 万~50 万人口的中等城市 192 个，20 万以下人口的小城市 373 个），比 1978 年增加了 449 个；农村建制镇增加到 17282 个，比 1978 年增加 14432 个。

③ 这一时期，我国城镇化发展速度明显加快，1996 年中国总人口约 122389 万人，其中，城镇常住人口 37304 万人，城镇人口占总人口比重为 30.48%。

年，中国总人口约136782万人，其中：城镇常住人口74916万人，城镇人口占总人口比重为54.77%。[①] 21世纪以来的变化过程中，中国经济高速增长下的产物除了资源的过度消耗及生态环境的恶化，突出矛盾之一就是供求的失衡以及带来的经济效率的低下，其中供求失衡的主要表现是产能过剩，而这种产能过剩主要属于正常的产能过剩、短边性产能过剩、地域性产能过剩、政策性产能过剩等情形。这里的正常产能过剩随着市场竞争、优胜劣汰及技术创新等活动的推进会延续；短边性、地域性及政策性产能过剩可以通过加大消费性投资得到缓解。而这一切都可以通过城镇化的合理推进来刺激内需，从而实现消化过剩的目标。

综上所述，中国城镇化经历了从起步到低速发展，低速发展中间经历波动且停滞，直至1996年转为了稳定、加速发展的过程。但是，出于人口基数过大，经济发展水平相对较低等客观原因，加上长期的户籍制度管理等主观原因，目前中国城镇化水平较低的问题并没有从根本上得到解决，以至于长期滞后于工业化水平，从而影响经济增长潜力的实现。

二　城镇化与经济增长的双向互动关系研究

经济增长提高为城镇化提供了基础和条件，而作为一种复杂型、特定形态的城镇化会促进经济增长，二者存在以下相互作用关系。

（一）经济增长促进城镇化发展

经济增长促进城镇化发展主要表现为以下几点。随着经济的增长，社会化分工体系得以演进，专业化分工得以实现，农村人口获得在城镇部门工作就业的机会增多，获得了在城镇工作机会下的收入增加。由于经济收入的提高，更多的农村部门人口能够享受到医疗、卫生、教育等公共服务体系的好处，实现收入效应下的城乡部门一体化。同时，经济增长相应增

① 曾赛丰：《中国城市化理论专题研究》，长沙：湖南人民出版社，2004。

强了两部门人口的消费能力，实现了两部门物质文化需求大幅增加下的规模效应。还有经济增长使人们的需求也得以提高，需求结构调整成为可能，由需求结构而带来的消费结构等改变决定产业结构调整和经济结构的转变等，进而综合带动人口结构的转化，实现经济增长的结构效应。[①] 最后变动的需求结构必然带动投入结构和产业结构相应地由第一产业向第二、三产业大规模转移，加快经济结构转型升级，同时增加就业机会，提升公共服务水平，如此反复循环作用。因此，经济增长通过收入效应、规模效应及结构效应等促进城镇化发展，对城镇化水平数量及其质量的提高提出了新的要求。缺乏收入效应的城镇化则陷入落后国家或地区曾经出现的“虚假城镇化”问题；经济增长内生的从消费到投资的规模效应是促进城镇化发展的关键；经济增长带动的各种结构优化效应是城镇化发展的内涵所在。

（二）城镇化促进经济增长

前面论述了经济增长促进城镇化发展，带来城镇化发展水平的提高，而城镇化水平的提高无疑也会推动新的经济增长。在一定条件下，城镇化反过来也对经济增长产生明显的推动作用，其推动力大小主要取决于以下消费刺激、投资拉动、产业优化和创新激励。一是消费刺激机制主要指城镇化的农村部门人口迁移并向城镇部门聚集的过程促进了消费增长。究其原因主要在于城镇化创造更多就业机会、增加居民收入、改善公共服务、促使消费需求数量的增加和消费结构升级，并形成一种长期持续的示范效应。二是投资拉动机制主要指城镇化建设过程中将会伴随着公共物品和非公共物品领域的巨额投资。其中财政公共物品领域投资的“挤出效应”会刺激市场投资；而非公共物品领域的投资会带来民间投资的竞争，不断提

① 在众多商品需求中，工业产品（如家电、汽车、时装等）和服务业产品（如旅游、保健等）的需求弹性往往高于农产品（如粮食），因此，收入的增长必然带来对工业产品和服务业产品需求更快的增长，由此产生需求结构随收入不断提高而不断转移的倾向。

高其投资效率和规模。[①] 三是产业优化机制主要是在城镇化对工业化影响的基础上，通过城镇化促进第二、三产业结构的合理化，为实现农村部门规模经营、农业产业化等奠定基础[②]，为工业化发展提供了必不可少的基础设施条件，并为工业化发展提供了技术和信息支撑，有利于新型工业的发展和工业革命的推进，城镇化下的产业优化发展是经济发展的内涵要求和重要基石。四是创新激励机制主要指城镇化促进技术进步，点燃创新激励机制成为经济增长的重要因素。城镇由于集聚了丰富的人力资源，是知识和创新的天然场所，通过一系列有利于创新的激励机制，城镇化将积极促进经济增长。[③]

城镇化与经济增长二者之间呈现密切的相互促进关系。研究两者关系的国内外学者通过大量国家经济发展的实证数据，达成一致认同的观念，即经济增长与城市化之间密切相关，城市化水平随经济发展而上升，其水平随经济的进一步增长而越来越平缓，最后趋于稳定。就其两者之间存在的如此有规律的现象，说明经济增长与城市化之间确实存在一种“双向互促共进关系”。但是，现有文献资料显示：城镇化与经济增长之间的关系并非简单的线性相关性，其相关性的强、弱变化取决于能否顺利实现城镇化与经济增长之间的传导。经济发展初期，城镇化主要是通过劳动力的转移，农业向工、商业的转换等实现产业生产率的提高，从而带动经济增长；在经济发展中、后期，城镇化主要通过人口的集中、城市规模扩大下的规模经济、产业生产率的改进、专业化的分工等渠道才能真正产生经济增长效应，即顺利实现城镇化与经济增长的传导过程。

---

① 目前，政府职能与市场边界不清，中国面临投资主导型的经济增长乏力及投资效率持续下降的难题，科学、有序的城镇化建设无疑将优化投资的拉动作用，推动经济增长，提升经济增长质量。

② 蒋冠、霍强：《中国城镇化与经济增长关系的理论与实证研究》，《工业技术经济》2014 年第 3 期。

③ 在全球经济一体化、互联网 + 及数字化程度越来越高的今天，3D 打印技术、大数据、智慧城市等概念正转化为现实的生产力推动着经济不断发展。一切技术进步都源于创新，“数字城市”“智能城市”“创新城市”“城市群”“城市带”越来越被人们所认同。

第三节　城镇化对中国潜在经济增长的正向影响的假说研究

由于论题研究更侧重于考察城镇化对潜在经济增长的影响，也即城镇化对长期经济增长的影响。如果短期主要通过城镇化调整内需，促进消费、投资等的需求，那么，长期而言，城镇化对潜在经济增长的影响更多考虑的是城镇化如何通过城镇、农村两部门的作用去影响经济增长中的供给因素。因而，在城镇化与经济增长两者之间双向互动关系的基础上，探究城镇化对中国潜在经济增长的正向影响假说意义重大。城镇化对潜在经济增长的正向影响主要考虑城镇化如何通过影响潜在经济增长要素，并使得要素作用下的驱动，实现长期潜在经济增长。

一　城镇化对潜在经济增长要素的影响分析及作用机理

（一）城镇化对潜在经济增长要素的影响

1. 城镇化对劳动力的影响

城镇化对劳动力的影响首先体现为从总体上增加了城镇部门从事第二、三产业劳动力的数量，并带来一定程度的劳动力素质的提高。通过城镇化过程，增加人力资本投资会使劳动力个体与整体素质得到提高，无疑会带来劳动生产率的提高。中国长期的低城市化发展水平及其滞后的城镇化可能通过对劳动力供给、结构优化、第三产业发展的作用，对潜在经济增长产生影响。城镇化有利于提高劳动力的先天素质，有利于改善劳动力的身体和智力素质，有利于提高劳动力普通教育水平，有利于劳动力获得职业技术培训的便利和机会，有利于劳动力资源的优化配置和有效利用。[①] 因此，通过城镇化下的劳动力迁移及对人力资本的优化配置可实现城镇部门

---

① 马兴杰、陈通：《城市化影响经济增长作用机制研究》，《现代管理科学》2009 年第 2 期。

劳动力总体数量上的增加和劳动力质量上的改善，有利于城镇部门企业集中和产业集聚，并形成集聚效应、规模效应等，能够为提高以“人”为根本的内生增长要素奠定基石，为实现人力资本价值和增值创造必要条件。同时，城镇化是对现代社会以人力资本为典型的劳动力要素的优化配置，可以调整人力资本分布的稀缺程度，以适应不断变化的就业机会过程。

2. 城镇化对物质资本的影响

伴随城镇化进程推进而带来的物质资本的增加，主要源于劳动力的迁移变动而引致的社会整体投资效率的提高及投资结构趋于合理，从而实现物质资本累积效应下的稳定性和持续性潜在经济增长。由此，城镇化对物质资本的影响主要体现在，一是如前所述的城镇化产生的直接收入增加效应进而促进物质资本投资的增长和由城镇部门的工资率相对于农村部门的工资率要高，城镇化转移出来的大量农村人口收入增加而带来的国内居民高储蓄的间接储蓄效应；二是城镇化将伴随大量投资来促进经济增长。由于大量劳动力集聚城镇，从而带来从基础设施到公共服务设施等方面的投资增长。

3. 城镇化对全要素生产率的影响

城镇化的推进为全要素生产率的提高奠定了基础。城镇化对全要素生产率提高的影响主要表现在由劳动力的迁移变动而引致的技术进步，创新而激发的劳动生产率的提高，生产方式的改变及劳动力再配置而带来的要素累积效应下的综合效应体现，这些综合效应可视为产业结构的一些转变。城镇化对产业结构转变的影响可以概括为城镇化引起产值结构、需求结构、投入结构等方面的变动，从而推进了产业结构成长。主要表现为传统的生产结构向现代生产结构转变；最终需求结构中的农业部门的份额下降，工业部门的需求份额上升；初级产品的投入减少，制成品的投入增加，中间使用量的比重上升，等等。由此得出：城镇化带来产业结构转变继而提高全要素生产率。

4. 城镇化对土地要素的影响

城镇化对土地要素的影响主要体现在农村部门的土地政策变革。政府提出了“新农村”的政策主张及“新土改”命题。“新土改”主要解决农村部门土地的流转问题，使其土地更有效率。然而，城镇化发展水平不达到一定的标准就实行农村部门的新土改可能不利于社会稳定，只有大规模城镇化启动后，当城镇部门经济可以吸纳大量农村部门转移的人口时，农村部门的土地集中过程才是好的，才是有利于中国农业发展和现代化建设的。提高土地的使用效率这个调整将集中体现在：一方面对现有城镇的土地容积率的提高；另一方面是通过城镇化过程中的农村部门人口向城镇部门转移及“新土改”等政策下的农村部门宅基地转变为城镇化用地。因此，仅仅出于对推动潜在经济增长中的农村部门土地要素使用效率的角度考虑，也已经到了必须推动中国城镇化加速的时刻了。通过大规模城镇化过程减少农村人口，在农业物耗上升趋势下，保证大幅提高农户耕地资源的占有量，以此来增加农民收入。

综上所述，城镇化带来了劳动力数量流动，及由此引致的土地要素、资本存量增长等的累积效应，并随着劳动力质量的提高、劳动力结构的优化，技术进步等，在增长因素的全要素生产率提高、产业结构升级、消费结构、生活结构等综合效应作用下，产业之间和产业内部的重新配置得以实现。表现为人力资本的提升、专业化的分工、投资规模扩张、土地集约、产业集聚、产业结构的优化、市场化的推进、企业的优胜劣汰等。本质上，城镇化对潜在经济增长的影响主要是通过劳动力要素的驱动，并由劳动力变化引致资本、土地要素等累积效应与产业结构升级等综合效应的共同作用，从而去影响长期的潜在经济增长。

（二）城镇化对潜在经济增长要素影响的作用机理分析

城镇化通过直接影响潜在经济增长的劳动力要素，作用于城镇部门和农村部门的以上变化过程，具体可见图 3－1。

城镇化不是直接对潜在经济增长发生作用，而是通过间接影响潜在经济增长要素，特别是劳动力要素，来间接带动其他物质资本、土地资源要素的变动，进而产生要素的累积效应，当累积效应积累到一定程度以后，

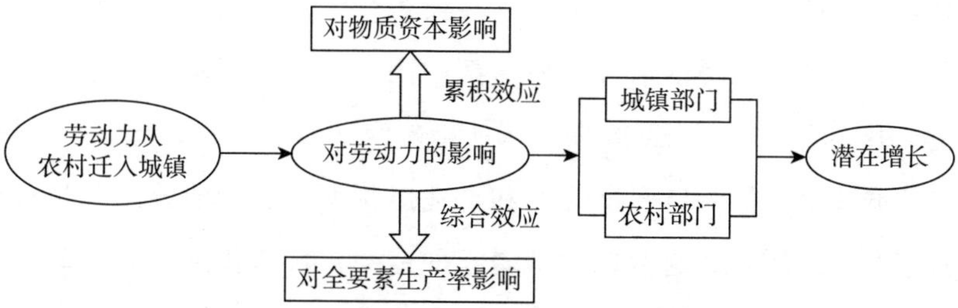

图 3－1　城镇化对潜在经济增长要素影响的作用机理

进而引致城镇—农村两部门劳动力转移下的消费结构、投资结构、生活结构及产业结构等得以优化调整的综合效应发生作用，从而促进潜在经济增长。[①] 因此，城镇化驱动潜在经济增长的理论模型通过劳动力的流动，作用于城镇—农村两部门，释放出潜在经济增长功效作用，在这个过程中，上述由劳动力带来的累积及综合效应越明显，则潜在经济增长的作用越显著。潜在经济增长得以释放主要依赖于劳动力、资本、土地等基本增长要素的充分作用和有效配置，以及在此基础上技术进步、技术效率等全要素提升的共同作用效果。其中城镇化带来的劳动力的转移，使城镇部门的劳动力数量增加，资本、土地的集中与集聚，从而形成累积效应[②]，而随着累积效应的实现，转移出来的劳动力在城镇体系下，自愿接受工作技能培训学习等，会带来劳动力质量的提高，自愿融入城镇消费体系，会带来消费结构以及产业结构、投资结构等较大调整和变动，由此产生具有随机性的综合效应，进而影响潜在经济增长。

根据生产要素配置要求，结合中国城镇化历程，城镇化推进必然带来地域性的农村剩余劳动力转移到城镇部门，产业从第一产业转移到第二、三产业。随着人口数量和人口结构调整、城镇部门人口增加，通过城镇部门劳动力供给的增加，改变城镇部门劳动率配置效率，从而影响潜在经济

① 蔺雪芹、王岱等：《中国城镇化对经济发展的作用机制》，《地理研究》2013 年第 4 期。

② 本书的累积效应主要指数量或规模上的集聚，相对而言的综合效应主要强调一个质量、结构及各方面叠加的总体反应。

增长趋势；城镇部门大量人口的涌入，使得城镇数量增加及规模扩大，城镇基础设施建设投资得以增加；城镇部门固定资产投资增加，城镇部门资本存量上升，改变资本配置效率，从而影响潜在经济增长趋势。与此同时，所产生的城镇化下的人口密度改变和产业结构调整、专业分工等通过影响全要素生产率，从而影响潜在经济增长的能力；城镇化下的公共政策等则通过协调城镇化相关的多个变量而施加综合影响。同时，农村部门劳动力流入到城镇部门，会使得由于留在农村部门的农户减少而带来的对其自身经营农业增值活动的预期成本上升，促使农户倾向增加从市场上购买农业增值服务并减少自己经营农业活动的范围和规模，从而对农业增值服务市场的扩大、农业现代化及农业产业化的拉动作用显著，这些作用将带来农业生产率的提高。农业生产率的进一步提高，将推动农业部门劳动力、土地等主要生产要素向城镇部门转移，进而促进城镇化发展。由此可见，不管是城镇部门，还是农村部门，通过有序的城镇化进程都会促使潜在经济增长，从而完成城镇化驱动经济增长的模式。

由此，研究城镇化对潜在经济增长的作用机理主要考虑以下几个方面：第一，确定潜在经济增长的投入要素模型，考虑影响潜在经济增长的主要因素，即劳动力要素及由劳动力要素对其他要素影响下的累积效应及其综合效应；第二，研究城镇化与劳动力要素之间的相互作用模型，包括城镇化中的劳动力迁入驱动城镇部门模型和城镇化中的劳动力迁入驱动农村部门模型，考查城镇化对潜在经济增长要素影响的作用途径；第三，综合第一、二得到城镇化对潜在经济增长影响的相关模型。

接下来需要较为详尽地剖析核心要素劳动力迁移如何通过城镇—农村两部门驱动潜在经济增长的实现机理。

讨论 21 世纪中国城镇化问题要从其高端要素集聚功能上下功夫，即城镇部门对高端要素的集聚化而非传统意义上的“摊大饼”和简单数量扩张，否则会导致进入城镇化陷阱。同时，我们在城镇化对潜在经济增长影响的作用机理分析中，要关注城镇化与潜在经济增长两者之间的相互作用及方式，对城镇化带来的要素集聚、结构调整进而对潜在经济增长产生作用做出解释，既要考虑经济增长对城镇化发展模式的影响，更要关注城镇化如何通过两部门作用去拉动潜在经济增长。①

二　城镇化带来的要素影响驱动潜在经济增长

城镇化对潜在经济增长的要素影响，在上面做了详尽论述，随之而来的问题是要素如何去驱动潜在经济增长呢？下面以城镇化带来的劳动力要素变化为基础，从城镇部门与农村部门两个方面的变化来深入探究。

根据经济学理论知识，假定：（1）中国农村剩余劳动力供给无限；（2）劳动力要素按照生产要素配置规律流动，其理论体系具体可归纳为图3－2和图3－3。

（一）图3－2是城镇化中的劳动力迁入城镇部门驱动城镇部门模型

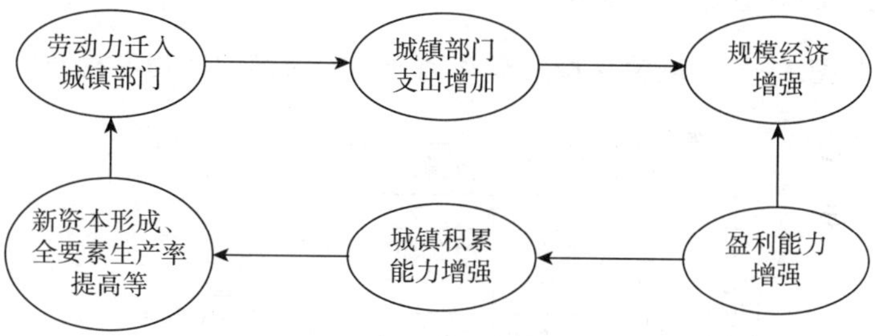

图3－2　城镇化中的劳动力迁入城镇部门驱动城镇部门模型

图3－2表明了城镇化的表现形式为人口、土地、资本等要素从农村部门向城镇部门的聚集，随着农村剩余劳动力迁入城镇部门，城镇化推进必然带来地域性的农村部门剩余劳动力转移到城镇部门，这也是从第一产业

① 现有研究表明，改革开放以来，中国城镇化更多是经济发展的一种结果和现象，城镇化本身作为经济发展的直接动力源特征并不明显。但是通过城镇化确实可以使影响潜在增长的主要要素在农村部门和城镇部门中得到很好的集聚，从而对经济发展产生良好的传导效果，进而促进潜在增长。中国城镇化主要是通过人力资本、物质资本在城镇部门的集聚推动经济发展，对知识资本、现代服务业等高端生产要素的集聚作用还不强，同时与农村部门的土地集约、农业现代化的实现等距离尚远。

转移到第二、三产业的过程。人口大量涌入城镇，必然带来城镇数量的增加及规模的扩大，以及城市部门劳动力和资本存量的增长，最终导致劳动力和资本两要素在产业之间和产业内部的重新配置，表现为专业化的分工、人力资本的提升、投资规模扩张、产业集聚、产业结构的优化、企业的优胜劣汰等。①

以上是从劳动力迁入城镇部门，由城镇人口增加、城镇数量的增加及规模的扩大、城镇部门资本存量上升等引致城镇部门要素积累能力提高的累积效应，以及新资本的形成、劳动力质量的提高、劳动力结构改善及全要素增长率的提高和城镇部门产业结构、社会生活调整和完善等综合效应，从而吸引更多的劳动力迁入。如此反复，劳动力由农村部门向城镇部门的迁入，通过劳动力要素转移，去驱动经济的其他要素的累积性发展而增加城镇部门支出，提升城镇部门规模经济形成能力，促使城镇部门产业结构、社会生活等的调适等综合效应。

（二）图3－3是城镇化中的劳动力迁出农村部门驱动农村部门模型

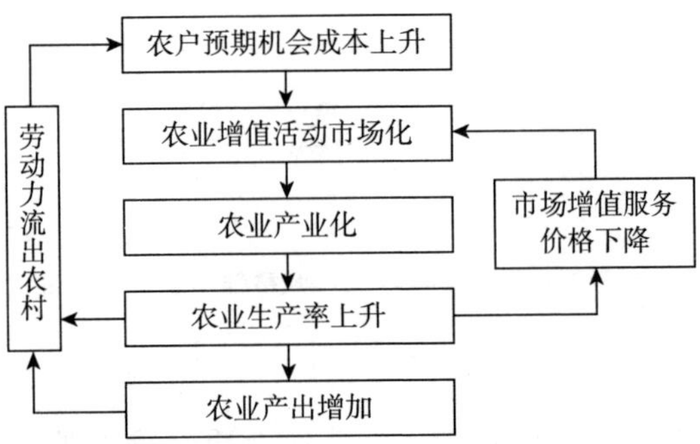

图3－3　城镇化中的劳动力迁出农村部门驱动农村部门模型

农村部门劳动力流入城镇部门，会使得由于留在农村部门的农村居民减少而带来的对其自身经营农业增值活动的预期成本的上升，促使农户倾向从市场上购买农业增值服务并缩小自己经营农业活动的范围和规模，从

① 张景华：《城市化驱动经济增长的机制与实证分析》，《财经科学》2007年第5期。

而对农业增值服务市场的扩大、农业现代化及农业产业化的拉动作用显著，这些作用将带来农业生产率的提高、农民收入增加以及农村消费市场的扩大，从而较好地保障和支持城镇部门的劳动力迁入驱动潜在经济增长的实现。农村部门农业产业化和农业现代化进程的不断推进，农业生产率的进一步提高，将推动新一轮的农村部门劳动力、土地等主要生产要素向城镇部门转移，进而促进城镇化发展，如此循环作用，实现劳动力转移下的累积效应和综合效应，从而驱动潜在经济增长。

这里的累积效应主要在于农村居民减少、土地的集约及农民的增收，而综合效应主要在于累积效应后的农业增值服务市场的扩大、农业产业化及农业现代化和消费市场的扩大。由此可见，从农村部门来看，劳动力从农村流入城镇也能驱动经济累积性及综合性效应的发展。但是，就前一阶段的中国农村部门而言，受农村土地使用政策等客观条件影响累积效应及综合效应对潜在经济增长的作用效果不如城镇部门显著。因此，论题的后续讨论中是以城镇部门为主加上反映农村土地经营及城乡发展差距的指标来进行城镇化中的劳动力迁出农村部门驱动农村部门模型的反映。

综上所述，不管是城镇部门，还是农村部门，完成城镇化驱动潜在经济增长的关键因素是劳动力在两部门之间的有序流动。农村部门能够迁出过剩劳动力，而城镇部门能够留住迁入的劳动力，城镇化发展水平的提高需要可持续劳动力的流动作为保障。如此有序推进城镇化发展进程，将会促进潜在经济增长，从而完成城镇化驱动潜在经济增长的模式。

三 城镇化驱动中国潜在经济增长的理论模型构建

在前面研究的潜在经济增长中最主要投入要素劳动力流动驱动城镇—农村部门模型的基础上，结合图 3 - 1 城镇化对潜在经济增长要素影响的作用机理，本小节抽象性地综合出了城镇化对潜在经济增长影响的基础模型。

（一）基础模型

第一，确定潜在经济增长的投入要素模型，考虑影响潜在经济增长的主要因素：

$$F_q = f(x_1, x_2, \cdots, x_k); k = 1,2,\cdots,n; \qquad (模型 1)$$

其中，F_q 称为潜在经济增长（或潜在产出），x_1，x_2，…，x_k 为影响潜在经济增长（或潜在产出）的主要因素。

第二，研究城镇化与每一个投入要素之间的相互作用模型，考虑城镇化对潜在经济增长的作用途径：

$$x_1 = f_1(U_1, U_2, \cdots, U_i), i = 1,2,\cdots,n; \qquad (模型 2)$$

$$x_2 = f_2(U_1, U_2, \cdots, U_i), i = 1,2\cdots,n; \qquad (模型 3)$$

以此类推至

$$x_n = f_n(U_1, U_2, \cdots, U_i), i = 1,2\cdots,n \qquad (模型 N+1)$$

其中，U_i 为城镇化水平测度指标值。

第三，综合第一、二得到城镇化对潜在经济增长影响的相关模型。

$$\{U_1, U_2, \cdots, U_i\} \rightarrow \{x_1, x_2, \cdots, x_n\} \rightarrow F_q$$

根据前面所述，同时结合本文对中国潜在经济增长长期实践的理论和实证分析，本书把城镇化带来的劳动力变动作为最主要因素，其他的如物质资本、土地资源及全要素生产率等因素看作由劳动力变动而引致的次要因素①，并作用于农村—城镇两部门，得出城镇化驱动中国潜在经济增长的理论模型。

（二）城镇化驱动中国潜在经济增长理论模型

第一，研究城镇化与劳动力投入要素之间的相互作用模型，考虑城镇化对潜在经济增长的作用途径：

$$l_k = F(U_k), k = 1,2,\cdots n \qquad (模型 4)$$

① 为了简化问题，本书抓住城镇化的根本，即劳动力从农村转移到城镇这一基点，突出主要问题，把其他因素看作派生性的。

其中，U_k 为城镇化水平测度指标值。l_k 为影响潜在经济增长的最主要因素。

第二，确定潜在经济增长的投入要素模型，考虑影响潜在经济增长的主要因素：

$$F_q = f(l_k);k = 1,2,\cdots n; \quad \text{（模型 5）}$$

其中，F_q 称为潜在经济增长（或潜在产出），l_k 为影响潜在经济增长（或潜在产出）的劳动力因素。l_k 除了通过劳动力迁移驱动城镇—农村两部门模型外，还引致其他相应因素，如物资资本、土地资源及全要素生产率等潜在经济增长因素的累积效应，并使得消费结构、投资结构及产业结构等经济结构得以优化调整的综合效应发生作用，从而使得城镇化驱动潜在经济增长得以实现。

第三，综合第一、二得到城镇化对潜在经济增长影响的相关模型。

$$(U_k) \rightarrow (l_k) \rightarrow F_q$$

城镇化驱动潜在经济增长理论模型的意义在于，以供给侧的核心潜在经济增长为主线，通过内生性需求的城镇化发展，并作用于城镇—农村两部门，实现图 3 - 2 和图 3 - 3 的劳动力迁移驱动两部门过程。在实现城镇化驱动潜在经济增长目标的同时，实现结构调整，促进供需平衡以及两大部门的有序、均衡流动。

第四章

城镇化发展水平测度的指标体系构建及量化评价

基于潜在产出（或潜在经济增长率）视角下的城镇化发展水平测度以影响增长的劳动力要素为主线，围绕增长要素的累积效应、综合效应及城镇—农村两部门的作用途径展开，得出城镇化驱动潜在经济增长理论模型。然而，以劳动力流动为核心的城镇—农村部门的累积效应和综合效应的中国城镇化过程如何去刻画呢？可以通过构建城镇化发展水平的指标体系，把累积效应与综合效应内生于这一指标体系中。因此，中国城镇化发展水平的指标体系设计要以城镇化驱动中国潜在经济增长的理论模型为指导，不仅要体现出中国城镇化背景下劳动力迁移带来的人口数量和人口质量的变化，还要体现出劳动力迁移带来的其他要素的变化，并刻画出劳动力要素与其他要素共同作用下的累积效应和综合效应。选择合理的城镇化发展水平测度指标体系，能更好地体现出劳动力迁移带来的我国地域空间转变、产业结构演变、居民生活环境、居民生活质量以及民众意识与文化素质等的转变，充分展示城镇化驱动潜在经济增长的作用机理，有效体现城镇—农村两部门的有序、均衡流动。本章将围绕上述问题展开，并以全国各阶段、东中西各区域及各省份不同时段的城镇化水平测度为研究对象，应用主成分分析法分别进行实证研究。本章的数据结果将为后面进行“城镇化对中国潜在经济增长率影响的实证研究”奠定数据基础。

第一节　理论模型指导下对城镇化发展水平测度提出的要求

一　指标体系构建要求

目前，国内学者衡量城镇化主要采用两种方式。一是采用单一指标法，其中，通常采用城镇人口数量占总人口的比重来衡量城镇化发展水平。城镇人口比重越大，城镇化率越高。这种单一指标法虽然能够抓住城镇化的本质（农村人口向城镇转移），但因其明显的弊端而受到质疑，从前面相关文献综述可知，城镇化复杂性、全面性转变的动态过程用单一指标法来刻画它无疑具有缺陷。二是采用多指标统计方法来测度城镇化的综合水平。多指标的选择与权重确定可采用多元统计方法，如层次分析法、主成分分析法、聚类分析法、熵值法等，能够较客观地测度出城镇化的综合水平。因此，城镇化的内涵及城镇化驱动潜在经济增长的理论模型决定了其不是单一的人口数量和结构的转化，城镇化发展的标志是人口结构的转型、经济结构的转型、地域空间的转型以及生活方式的转型。它强调的是由人口转移而带来的城市土地空间、产业、社会结构及生活方式的一种全新重组。我们应该从多方面进行考虑，协同人口、产业结构、土地利用等多因素，将外化于指标的城镇化转变为内在城镇化水平，从而把城镇化发展内生于潜在经济增长理论体系中，更好地阐释城镇化驱动潜在经济增长的理论模型及意义。

本章城镇化发展水平测度指标体系构建以城镇化驱动中国潜在经济增长的理论模型为指导，以劳动力要素为主要因素，以城镇—农村两部门为作用对象，强调劳动力迁入城镇后的要素累积效应和综合效应。由此而来，城镇化发展水平指标体系构建及测度可视为更好地推动潜在经济增长实现下的各要素与城镇化之间作用关系的反映，其中，以劳动力要素为主题，包含城镇化下的劳动力的数量、质量及劳动力结构的改变，和由此带来的土地数量、土地结构的变化①及资本数量、结构等变化下的产业结构、社会结构和城乡统筹等的累积效应及综合反应能力等的具体体现。因为潜在产出（或潜在经济增长）是经济型指标，故在城镇化的发展水平指标体系构建研究中没有专门考虑经济数量的改变，而是以产业城镇化维度来体现。因此，所构建的城镇化发展水平测度体系主要包含人口、土地、产业、社会、城乡统筹五个主要方面。不仅考虑数量型指标，更要考虑质量型指标；② 不仅要关注一般意义上的"人口城镇化"带来的"土地城镇化"，更要关注相应的产业支撑、人力资本提升及城乡统筹等维度。因此，本书对城镇化发展水平测度体系构建提出以下要求。

1. 全面性

城镇化是全方位、综合动态演进的过程。城镇化驱动潜在经济增长的理论模型较好地说明了构建城镇化发展水平测度的指标体系必须具有全面性，具体体现为劳动力在农村—城镇部门流动下的要素累积效应及综合效应的刻画，也即是人口结构、土地结构、经济产业结构、社会生活结构和城乡发展差距转化等主要变迁的全面动态考察。在城镇化发展水平测度指标中要使指标体系具有层次性和非重复性，因此需要对二级、三级指标之间的关系进行系统描述，综合考虑其关联性，从而通过它们较为全面地反映城镇化发展的各个方面。课题指标体系要为后面第六章研究城镇化如何

---

① 传统经济学中土地要素作为一定时期内的不变因素，往往未加以考虑。本书重点考察的是以劳动力要素为核心的，及其引致下的其他要素等对潜在增长的累积效应及综合效应，这里的其他要素就包括了土地资源要素。本章结合中国城镇化近三十年的实践，把土地要素作为城镇化下的重要表象，辅以土地空间利用结构的改变，以期能够较为全面地评价城镇化发展水平。

② 一般来说，城镇化数量主要表现在城镇人口比重的变化、城镇数量的增加、城镇规模的扩大以及城市经济的规模性增长等，其核心内容是农村人口向城镇的集聚，即地域转移；而质量则涉及整个区域的经济发展、社会进步、人们生活方式的改变、人口素质的提高、基础设施的完善、人居环境的改善以及城乡的统筹协调发展等。

推动潜在经济增长的实证奠定分析基础，能较为全面地反映城镇化发展综合水平。

2. 科学性

主要是指标体系的设计能够客观、真实地反映出实现目标与指标之间的关系，科学地对二级、三级指标设计出不同层次下指标的个数及明确合理的指标名称，不出现信息遗漏或信息重复，依次做到界定清晰、定义准确、来源可靠、数据客观等。除此之外，指标体系的确定要有理论依据，指标使用目的明确，能真实、客观地反映出城镇化如何通过劳动力促进其他生产要素的合理流动和有效集聚，优化要素配置，较为充分地展示城镇化驱动潜在经济增长理论模型的作用机理，能经过专家论证，并在第六章的实证研究中应用。①

3. 精简性

指标时间跨度大，指标数量较多，有些指标数据要么不易获取要么统计口径前后不一致。这里我们选取一些具有代表性的指标来构建评价体系，简化指标体系，便于分析比较和预测。②

4. 可比性

本书主要围绕全国、东中西区域及各省三大层面分别进行时间序列数据或面板数据研究，可比性要保证三大层面的各部分之间的横向、纵向对比以及目标与现状之间的对比。③

5. 层次性

反映城镇化的某一方面水平的状态指标之间有着密切的内在联系，因

---

① 对权重的确定通常有以德尔菲法为代表的主观赋权法和以主成分分析法等为主的客观赋权法。本书将主观赋权法的思路运用到客观赋权法之上，用主成分分析法更合理、更科学也更符合人们对事物分析的思考方式。

② 指标体系包括不同类型的指标，不同的指标获取的难易程度不同，有时设计良好，在理论上也有很好解释力的指标，在现实中却很难获得数据，因而不能达到目标。这就要求所选取的各项评估指标必须含义明确，计算和计量范围口径一致，同时，要尽可能利用已有的信息资源、数据，保证数据的采集和实施，利于进行度量和测定，便于量化。

③ 尽管理论上有些指标很好，然而如果指标在统计口径上不统一或时有变化不稳定，则不选取，本书主要选取近些年我国统计部门稳定使用的指标。

此，层次性是指表征城镇化水平的指标体系中任何指标要合理确定其在指标体系中的层次与位置，并能从中考察和判定上下级指标体系之间是否协调。

二 数据处理原则

本书运用层次分析结合主成分分析的方法构建城镇化发展水平综合指标体系，并对三大层面的城镇化发展水平进行客观评估，考虑到指标的差异性及可比性，课题对所选择的第四及第五章的指标进行综合处理。一方面由于所构建的指标体系中各层次指标的含义和统计单位不一致，有些具有不同的量纲或量级，且指标之间不可能是完全不相关的，会面临一个指标之间携带重复信息，因此，无法进行直接提取使用，需要将它们转化为标准数据，便于进一步合理计量。另一方面统计数据在以东中西区域为对象考察时，衡量这三大区域的城镇化发展水平及潜在经济增长时需按照东中西区域所包含省份进行各区域数据整合，得到各区域数据，才能进行区域间的差异比较。为了发挥多指标测度方法的优越性，从源头入手来尽量减少、消除指标间的各种问题，反映各层次指标的数据必须遵循以下数据处理原则。

（一）扣除价格因素

由于各年份价格因素变动的影响，对于经济指标时序数据在不同年份之间进行对比时，不扣除价格因素就不能确切反映实物量的增加变化。因此，在对第四、第五章的有关经济时序数据进行分析之前，需要对其扣除价格因素。①

（二）数据标准化

由于各个指标之间的量纲不同，若不对数据进行标准化处理，会导致

---

① 本书所涉及指标既有经济指标也有非经济指标，故采用价格指数的方法进行扣除价格因素，具体根据指标的需要而进行，在第五章中尤为突出，有不同定基水平的处理。

评价的差异性，影响评价结果。因此，在进行评价之前应首先对数据进行标准化处理。指标属性通常可以分为正指标、逆指标和适度指标三种。[①] 课题主要利用 Z-Score 法，即 Z-Score 标准化的公式：标准化值 = （样本值 - 样本均值）/样本标准差对原始数据进行标准化。

三　东中西区域划分

本书按照我国东中西区域划分法，选取各区域所辖省份城市为观察对象，获取相关数据，以便于后续部分的横向比较。目前，国家根据地理位置、经济建设条件及其现实的经济技术发展水平等所存在的地区差异等，将全国划分为东中西三大经济区域。[②]

由于中国的东中西部区域经济发展速度不同，即一方面不同区域经济发展水平存在较大差距，城镇化发展水平也存在很大差异，另一方面同一区域不同省份同样存在城镇化水平与经济发展的地区差异性。因此，对三

① 其中正指标是指指标值与城镇化指数值正相关，指标值越高表明城镇化水平越高；逆指标是指指标值越高反而城镇化水平越低；适度指标是指指标值与城镇化水平没有明确的相关关系。

② 目前，对经济区域划分有一些新标准，本书对东中西区域划分参考标准为《中国区域经济统计年鉴 2012》。其中东部包括东部 10 省及东北部辽、吉、黑 3 省，共 13 省；东部沿海地带包括黑龙江、吉林、辽宁、河北、天津、北京、山东、江苏、上海、浙江、福建、广东、海南 13 个省（区、市）；中部地带包括山西、安徽、江西、河南、湖北、湖南 6 个省（区）；西部地带包括陕西、甘肃、宁夏、青海、新疆、四川、云南、贵州、西藏、广西、重庆、内蒙古。本区域处于我国内陆腹地，位于东部沿海经济带和西部经济带之间，在全国生产力布局“东靠西移”中处于“承东启西”的战略地位。因此，本区域最大的特点是过渡型的经济带。从总的方面来看比西部区域基础好，但不如东部沿海地带。其经济基础比较雄厚，交通运输比较发达，科技力量比较强，历史开发比较早，传递信息比较快。该区域人口密集，交通方便，历史开发较早，城市化水平较高，科技力量雄厚，技术条件较好，经济国际化程度高，宜于工农业生产的发展，是我国最发达的经济带。东部地带也是我国社会主义现代化建设的重点地区。本区域处于我国的西部边远地区，深入内陆，地势较高，地域辽阔，人口较少。从总的方面看，自然资源最丰富，而经济基础、科技力量、交通运输等条件都不如东部和中部区域。这一地带除四川盆地、陕西关中、甘肃兰州附近等少数地区以外，工农业基础比较薄弱，交通不便，人口和城市较少，科技和文化教育都不够发达，给当地的发展带来了一定的制约。经济地带又称超级经济区，是经济区划的最高层地域单元。应当根据国民经济发展需要和全国经济开发程度、经济技术发展总体水平以及自然和社会经济条件的地域差异大势，对全国地域进行战略性、长远性的概略划分。

大区域城镇化水平的量化评价及相应的各区域省份城镇化水平进行比较研究，能直接客观地反映出各区域真实的城镇化发展质量和存在的问题，为研究各区域城镇化与潜在经济增长之间的关系提供切实可行的针对性建议。对东中西三大区域省份的城镇化水平量化时，力争做到对三大区域之间及区域内部的城镇化水平真实客观的测度，并为下一步研究各区域城镇化与潜在经济增长之间的关系提供数据。

第二节　城镇化发展水平测度的指标体系构建

根据城镇化驱动潜在经济增长理论模型要求，通过全面系统的分析，本书认为用综合指标统计方法来测度城镇化发展水平时，要以潜在经济增长最核心的劳动力要素变动的反映为主线，与之相应的能够真实地反映出一个国家（或地区）的劳动力迁入驱动下的城镇—农村的人口、土地、产业、社会生活和城乡发展差距等方面的发展和变化，从而刻画出劳动力要素变动及劳动力要素引致其他要素下的累积效应和综合效应。这些以劳动力为核心的累积效应及综合效应应该内生于城镇化发展水平指标体系中，具体可以通过人口、土地、产业、社会、城乡发展差距五个方面体现出来。因此，基于上述指标体系构建原则，结合中国现阶段城镇化发展的实际情况，并综合考虑当前新型城镇化的本质、特征，再加之考虑到各指标数据的可收集性。本书将从人口城镇化、土地城镇化、产业城镇化、社会生活城镇化和城乡发展差距城镇化五个主要方面来构建城镇化发展水平综合测度指标体系，这五个方面将是确定城镇化发展水平测度体系的主要构成要素，也是累积效应和综合效应的对应体现。

一　人口城镇化

人口城镇化（亦称人口城市化）通常是城镇化过程中，劳动力的迁移而带来的农村部门人口转变为城镇部门人口的过程，其主要特征是城镇人口比重不断上升。[①] 人口作为城镇化的主体，是城镇化的出发点和落脚点，是城镇化其他四个方面的基点和指标确定的核心出发点。人口城镇化是城镇化驱动潜在经济增长模型中最关键的方面，人口是衡量城镇化规模的主要因素，其中的劳动力人口从农村迁入城镇，引起的城镇—农村两部门人口数量、质量及结构的调整是人口城镇化及相应四方面城镇化刻画的关键。在人口城镇化这一维度中，我们针对的除了劳动力数量规模变化的刻画，同时对劳动力人口质量及结构的变化也用相应的指标来体现。[②] 具体来说，随着劳动力人口从农村迁入城镇，劳动力变化的体现，即劳动力数量、质量的变化是什么需要有相应的交代。它们是城镇化驱动潜在经济增长中的关键因素。

基于以上分析，作为城镇化核心的人口城镇化，是潜在经济增长最核心的要素劳动力变动的反映，也是经济增长的直接结果，一般表现为人口向城镇区域聚集时的城镇人口比重不断上升的所谓城镇化率。除此之外，根据潜在经济增长可持续性的关键在于劳动力供给与劳动力需求是否相匹配的理论依据，在人口向城镇转移过程中，还得考虑反映其匹配性的数量指标，如劳动参与率等。同时，可以选取如非农产业从业人员比重来表示劳动力就业结构，每万人拥有大学生数表征人口质量素质的提升。[③] 为此，我们选择的指标包括城镇人口比重、劳动参与率、非农产业从业人员比重、每万人拥有大学生数等。

其中，第一，城镇人口比重（即城镇化率）是指城市人口数占地区总人口数的比重，用以反映人口的空间和结构变化。[④] 城市人口比重是城镇化水平最直接的体现，是衡量人口城镇化的主要指标之一。

第二，非农产业从业人员比重是指从事除去农业产业以外的其他就业

---

① 也含静态意义，表示城镇人口比重达到或接近饱和，城市生活方式全面普及的一种状态。

② 这里的劳动力数量变化指标可以视为影响潜在的累积效应，而劳动力质量的变化指标视为影响潜在的综合效应。

③ 一段时间内的城镇现有劳动力数量变化较小，因而农村劳动力转移出来的数量很大程度上决定劳动力供给的数量。

④ 城市人口实际包括非农业人口、居住城市的农业人口和流动人口。

人员在全部就业人员中的比重，主要功能是反映劳动力结构变化。

第三，劳动参与率，是经济活动人口（包括就业者和失业者）占劳动年龄人口[①]的比例，是用来衡量人们参与经济活动状况的指标。

第四，每万人拥有大学生数。用《中国统计年鉴》中每十万人高等教育在校生数进行测算。

二 土地城镇化

土地城镇化是指城镇化中随着人口迁移流动等带来的农村以及城镇部门的土地利用规模变化情况，是城镇化过程中的一个自然而然的表现。既有的经济增长理论对土地这一生产要素考虑较少或者将其看成一定时期的不变因素未加考虑，但是，就中国现阶段的城镇化实践而言，不得不对土地城镇化加以考虑。城镇面积的简单扩张和“造城运动”是前一阶段中国城镇化的一大写照。[②] 就目前来看，除了第一章所述的农村土地的不集约及土地产出低等情况外，还有全国范围内的区域间土地的不集中性导致的一定程度的土地资源利用的分散和浪费，具体体现为，城镇土地利用粗放，使用效率低下。[③] 众多类型的开发区占用了大量土地，以开发区形式出现的土地城镇化，由于同质化、盲目化等，难以形成一定的产业集聚，使得对土地的利用效率低，且经济产出不高。随着城镇面积的快速扩张，大量农村土地被征用，不少农民被迫“上楼”，出现拆迁补偿中的利益纠纷和种种不公平都会一定程度阻碍城镇化发展的速度。[④]

---

① 这里所说的劳动年龄人口指的是法律规定的成年人口减去法定退休年龄的人员以后的人口总数，在我国规定男子16~60周岁，女子16~55周岁，这部分人口被视为劳动年龄人口。

② 国际公认标准的城镇用地增长弹性系数，合理阈值在1~1.12，中国明显超出了这一区间。

③ 据统计，我国内地大中城市人均综合用地已超过120平方米，而东京仅70多平方米，香港不足40平方米。

④ 在征地过程中还产生了大量的失地农民或“城镇化人口”，强化了土地和人口城镇化在全国范围内的分散性。一些地方以推进城镇化为由大搞“造城运动”，但户籍改革、产业支撑等相关配套跟不上，使得土地城镇化远快于人口城镇化，甚至建成的房子无人居住，形成了空城、“鬼城”。

城镇化的加快推进，势必会给土地城镇化带来较大的量空间①，同时也扩大了城市建设的投资需求。但城镇化的本质是人的生产方式和生活方式的根本转变，不是城镇面积的简单扩张和“造城运动”的扩展行为。结合第三章城镇化驱动潜在经济增长理论模型，随着劳动力迁入城镇—农村部门，农村部门可向农业现代化方向发展，实现土地的集约化、规模化及机械化等。农村部门的土地集约化、农业现代化是城镇化作用于两部门通过农村部门驱动潜在经济增长的关键。因此，土地城镇化是城镇—农村两部门有序、均衡流动得以实现的重要方面。本书在土地城镇化层面选取指标应能综合反映农村及城镇部门土地利用规模、土地利用方式及效率的指标，主要包括城市人口密度、建成区面积、农村居民家庭经营耕地面积、农村土地机械化动力使用情况。

第一，城市人口密度。指生活在城市范围内的人口稀密的程度，是城镇化进程中衡量人口集约性的重要指标。

第二，农村居民家庭经营耕地面积。指农业生产经营者在年度内收获农作物在全部土地（耕地或非耕地）上的人均播种或移植面积。该指标能直接反映农村居民的生产活动空间。

第三，农村土地机械化动力使用情况。农业化和科技的发展，对现代农业的要求越来越高，农业机械化作为现代农业发展的重要内容，是促进农业现代化改革的重要方式，也是大势所趋。本书用千公顷的动力来刻画农村土地机械化耕作情况。

第四，建成区面积。指城市建成区的面积，反映城市建设面积的大小，该指标反映城镇实际建设发展起来的非农业生产建设用地的增长速度。

三　产业城镇化

城镇化带来的要素累积效应下的综合效应之一就是产业化中的结构调

① 在此过程中同样伴随着产业转移、人口流动和财富增长等。

整。城镇化发展为产业发展聚集要素，为产业加快发展开辟更加广阔的空间，同时，产业发展可以为城镇化发展提供支撑和动力，是城镇化发展的动力因素。只有产业的积聚才能推动城镇化的加速，“没有产业做支撑，城市犹如一座空城或鬼城”。在城镇化驱动潜在经济增长理论模型中，劳动力要素引致资本要素等的累积效应和综合效应的具体反映之一即是产业城镇化。同时，产业城镇化是实现供需平衡的主要工具，是经济结构调整的核心。经济增长理论模型说明，城镇部门能否留住转移出来的劳动力是循环流动能否实现的关键。而这一关键问题的解决主要在于城镇部门有没有产业支撑这些转移出来的劳动力，而农村部门能否实现农业产业化支持农村剩余劳动力的转移。因此，产业城镇化必不可少。随着城镇化进程的深入和城镇规模的扩大，劳动力、资本及技术创新等在不同产业间应有合理的分布。因此，产业城镇化的测度指标应包括能够反映出人口结构、土地配置等深化带来的产业转型变化过程的指标。

产业城镇化是城镇化带来的农业产业向非农产业的转换，也是第一产业向第二、三产业的转换过程。产业城镇化离不开工业化的发展，工业化使得非农产业不断向城镇集聚，从而农村人口不断向非农产业转移，产业城镇化的过程就是第二和第三产业集聚行为所进行的过程。如前面第三章所述，工业化是城镇化的基本动力，城镇化是由工业化所产生的劳动力分工在空间上的反映。第三产业又是城镇化的后续动力，为城镇化的顺利推进提供更多便利及创造更多就业机会。

因此，产业化城镇化是城镇化得以可持续发展的基础，是结构调整的关键，是实现供需平衡的主要手段。通过推进产业城镇化可以更好地实现产业结构调整、转型升级，能够增强城镇的就业能力，进一步挖掘内需增长潜力。产业城镇化中要注重合理发展吸纳就业能力较强的部分制造业和现代服务业；产业城镇化要能够体现产业的产出效率，如全员劳动生产率；产业城镇化要能够体现出物资资本投入产业中的效率高低情况，如资本形成率。结合上述研究及数据可获取性的需要，本书主要为反映产业结构变化方面的情况，研究中没有专门考虑经济发展的指标，而是以产业城镇化指标来作替代性体现。故我们选取的产业城镇化指标有 3 个：第二、三产业增加值比重、全员劳动生产率、资本形成率。

第一，第二、三产业产值比重。该指标可以用来分析非农产业对 GDP 的贡献情况，反映我国的产业结构状况。城市一般主要集中资源发展二、三产业，所以，一般情况下，二、三产业比重越大，城镇化程度越高。

第二，全员劳动生产率。全员劳动生产率指根据产品的价值量指标计算的平均每一个从业人员在单位时间内的产品生产量。[①] 目前我国的全员劳动生产率由全社会劳动生产率和以工业产业为主体的将工业企业的工业增加值（或产值）除以同一时期全部从业人员的平均人数来计算的。本书在中国各阶段城镇化发展水平测度中用前者，即全社会劳动生产率；在东中西区域及相应各省份城镇化水平测度中用后者。

第三，资本形成率，也称投资率，是指国家或地区在一定时期内资本形成的总额占国内（或地区）生产总值的比重。其中的资本形成总额包括存货增加和固定资本形成总额。在区域经济竞争中，合理的宏观资本结构是能有效地将货币资源分配到最有利于提高资本形成率、提高产业的技术含量、培育新兴企业和具有抗风险能力的一种结构。

四 社会生活城镇化

城市的本质要求城镇化最终要以人为本，以人为中心。在城镇化驱动潜在经济增长理论模型中，劳动力要素引致资本要素等的累积效应和综合效应的具体反映除了产业城镇化以外，还有社会生活城镇化过程。随着劳动力在不同地域及产业间的分布，相应的社会生活城镇化的测度指标应包括能反映人居环境改善、城市公共服务体系准备完善等过程的

---

① 考核企业经济活动的重要指标，是企业生产技术水平、经营管理水平、职工技术熟练程度和劳动积极性的综合表现。

指标。[①]

在城镇化水平测度的指标体系构建中，为了充分考虑上述内涵，社会生活城镇化指标不仅考虑外延型城镇物质空间扩展，还要考虑内涵式的城镇社会功能性的增强、社会服务水平提高及生态环境的改善等。因此，结合上述研究及数据可获取性的需要，本书社会生活城镇化指标主要包含建成区绿化覆盖率、人均城市道路、每万人拥有公共交通车辆、卫生技术人员数等。

第一，建成区绿化覆盖率是评价城市环境质量的一个重要且较为全面的指标，指在城市建成区的绿化覆盖率面积占建成区总面积的比例，反映国家（或地区）的城市绿化水平，建成区绿化覆盖率越高，相应的城市生态环境会越好，城镇化发展水平就越高。

第二，人均城市道路反映该地区的道路水平，指标值越大，表示该地区的道路情况越好。

第三，每万人拥有公共交通车辆是城市交通基础设施投资，满足公众交通需求的基本指标，反映城市交通建设水平。

第四，卫生技术人员数反映了该地区的医疗水平，指标值越大，表示该地区的医疗水平越高。

五　城乡发展差距城镇化

在城镇化驱动潜在经济增长的理论模型中，劳动力迁入驱动城镇—农村两部门模型的主旨之一在于城乡统筹及其城乡一体化的实现，共同推进潜在产出边界的向外平移。[②] 结合新型城镇化注重城乡统筹发展及李克强总理强调“缩小城乡差距，要靠城镇化，发展现代农业，推进城乡一体化”

---

① 城镇化的核心是农村人口转移到城镇，完成农民到市民的转变，提高人口素质，加快人的价值观念和生活方式的转换。需要对以城市文化、城市环境、城市公共服务及城市社会保障等内涵为中心的社会生活城镇化进行评价，使城镇真正成为具有较高品质的适宜人居之所。

② 十六届三中全会正式提出了包括统筹城乡发展在内的“五个统筹”的发展观。

等，城乡发展差距城镇化在城镇化发展水平的指标体系中不可缺少。[①]

城镇化过程不是农业人口向非农人口的简单转移，需要在将农业人口转移到城镇的基础上，实现资源的最优配置，使城镇—农村两部门循环流动，实现均衡发展。城乡发展差距城镇化强调城镇化过程不仅要促进城市多方面的协调发展，也要让农村居民生活水平得到提高，生存环境得到改善，使得经济增长的成果能够惠及农村居民，真正实现城乡协调发展。城乡统筹是新型城镇化的核心内容，其主旨在于统筹城乡发展，使城镇—农村两部门发展处于正常的状态，缩小城乡居民生活、消费差距，让农村居民享受平等、公平的社会保障和公共服务，最终实现城乡一体化目标的过程。因此，本书在城乡统筹层面要选取能够反映城乡居民生活水平差距、社会保障及公共服务覆盖率的指标，由于社会保障及公共服务覆盖率指标仅在近几年才有相应的统计数据，考虑到数据的连续性及全面性，我们选取 2 个指标，分别是城乡居民人均收入差距、城乡居民人均消费差距，以此来反映城乡发展差距城镇化。

第一，城乡居民人均收入差距。它用来测算城乡居民收入差距，是反映城乡收入差距的重要指标。计算公式为：农村和城镇居民人均可支配收入比 = 农村居民人均纯收入/城镇居民人均可支配收入（或城镇和农村居民人均可支配收入比 = 城镇居民人均可支配收入/农村居民人均纯收入）。[②]

第二，城乡居民人均消费差距。指农村居民人均消费性支出与城镇居民人均消费性支出的比值（或城镇居民人均消费性支出与农村居民人均消费性支出的比值）。

六　城镇化发展水平测度的指标体系

基于指标选择所遵从的原则，结合数据获取情况及满足对全国各时段、

① 把推进城镇化和工业化、农业现代化紧密结合，以工促农、以城带乡，实现城乡经济一体化发展是城镇化指标体系中的重要维度。

② 一般情况下，农村和城镇居民人均可支配收入比为 67% 左右。数值低，说明城乡差距较大，城乡矛盾较为突出。

东中西区域及相应省份各时段研究的需要，本书在先定性分析思路指导下，结合能够定量的原则，最终选取17个比较具有代表性，并能较好反映城镇化发展水平的指标来构建三维指标体系，可整理、归纳出中国城镇化发展水平测度指标体系的初始框架。

第三节　城镇化发展水平测度的实证研究

本节将以全国各阶段、东中西各区域及各区域所辖相应省份不同时段的城镇化水平测度为研究对象，在表4－1对城镇化测度的指标体系研究成果的基础上，应用主成分分析法分别对研究对象进行测度量化及其评价的实证研究。

表4－1　城镇化发展水平测度指标体系

一级指标	二级指标	三级指标
城镇化发展水平	人口城镇化	城镇人口比重（X1）
		非农产业从业人员比重（X2）
		劳动参与率（X3）
		每万人大学生数（X4）
	土地城镇化	城市人口密度（X5）
		农村居民家庭经营耕地面积（X6）
		农村土地机械化耕种动力使用（X7）
		城市建成区面积（X8）
	产业城镇化	第二、三产业产值比重（X9）
		全员劳动生产率（X10）
		资本形成率（X11）
	社会生活城镇化	建成区绿化覆盖率（X12）
		人均城市道路（X13）
		每万人拥有公共交通车辆（X14）
		卫生技术人员数（X15）

续表

一级指标	二级指标	三级指标
城镇化发展水平	城乡发展差距城镇化	城乡居民人均收入差距（X16）
		城乡居民人均消费差距（X17）

注：上述所选择指标的过程，除了以相关参考文献为理论依据外，结合城镇化驱动潜在增长理论模型，按人口城镇化、土地城镇化、产业城镇化、社会生活城镇化以及城乡发展差距城镇化五个维度的二级指标来分别展开构建三级指标。三级指标的最终确定是建立各年的各类年鉴，如《中国统计年鉴》《区域统计年鉴》《人口就业统计年鉴》《城市统计年鉴》《中国工业统计年鉴》等官方数据基础上，因为所研究的课题，不论城镇化还是潜在增长都是一个长期动态过程，考虑到研究对象的复杂性、统计口径的一致性及数据获取的连续性，在指标选取的全面性、科学性、可比性等原则的指导下，最终通过举行两次专家讨论会进行确定。选定 5 个二级指标 17 个三级指标。

一 城镇化发展水平测度准备

（一）测度方法

如前所述，城镇化的内涵已经不仅是单一的人口数量和结构的转化，城镇化发展的标志是人口结构的转型、产业结构的转型、地域空间的转型以及社会生活方式的转型。在知识经济社会，它强调的是产业、社会结构和城市空间等的一种重组。因此，我们应该从多角度，用多指标选择的处理方法进行多元统计分析，确保指标选择及其评价的科学性。多指标的选择及评价可采用多元统计方法，如因子分析法、主成分分析法、熵值法、聚类分析法等，能够较客观地测度城镇化的综合水平。[①]

本文所构建的指标体系中所包含的指标数量较多，需要采用多元统计分析方法进行计算量化。[②] 通过比较各方法的优缺点，本书采用主成分分析法来对我国各阶段及各区域的城镇化发展水平进行量化。[③]

---

① 区别于单一指标法，本书进行综合性考虑，协同人口、产业结构、土地利用等诸多因素，将外化于指标的城镇化率转化为内在城镇化水平。

② 根据指标权重确定方法的不同，可以将多指标综合评价方法分为主观赋值法（相对指数法、专家打分法），客观赋值法（熵值法、因子分析法），主客观相结合的方法（层次分析法、网络层次分析法），等等。

③ 胡碧涵：《中国城乡发展一体化评价指标体系构建及水平测度》，博士学位论文，西北大学，2014。

1. 主成分分析法简介

主成分分析法也被称为主分量分析法，主要是利用降维的思想，把多项观测指标转化为少数几个综合指标的一种方法。它是一种客观赋值法，其完全依赖各项指标客观数据来确定指标权重并得到综合分数，保证了确定权重时的客观性。主成分分析法的目的是希望通过将许多相关性较高的指标转化成相互独立或不相关的指标，通过较少的指标去解释原来系统中的大部分指标。通常是选出比原始指标个数少，能解释大部分系统中指标的几个新指标，即所谓主成分，并用以解释系统的综合性指标。

主成分分析法的基本原理是将原数目较多具有一定相关性的指标 x_1，x_2，$\cdots x_p$（p 个指标），重新组合成一组较少数目而且互不相关的综合指标 F_m 来替代原有的基础性指标。我们假设 F_1 表示原变量的第一个线性组合，可以表示为：$F_1 = a_{11}X_1 + a_{21}X_2 + \cdots + a_{p1}X_p$，用 Var（$F_1$）表示其方差，因为每一个主成分所提取的信息量可用其方差来度量，其方差 Var（F_1）越大，意味着 F_1 所包含的信息越多。通常 F_1 的方差最大，包含的信息也最多，故称它为第一主成分。如果第一主成分包含的信息不足以代表原来 p 个指标变量所包含的信息时，则考虑选取第二个主成分指标 F_2，为能有效反映原信息，避免主成分之间涵盖重复信息，F_1 已有的信息就不再出现在 F_2 中，即 F_2 与 F_1 保持独立不相关。依此类推选取出 m 个主成分，到主成分累计的信息量能够代表原始指标变量。构造出的 F_1，F_2，…，F_m 为原指标变量 X_1，X_2，…，X_p 的第一、第二……第 m 个主成分。其模型可以表示为：

$$\begin{cases} F_1 = a_{11}X_1 + a_{21}X_2 + \cdots + a_{1p}X_p \\ F_2 = a_{21}X_1 + a_{22}X_2 + \cdots + a_{2p}X_p \\ \quad\cdots\cdots \\ F_m = a_{m1}X_1 + a_{m2}X_2 + \cdots + a_{mp}X_p \end{cases} \qquad \text{式 4.1}$$

其中，a_{1i}，a_{2i}，$\cdots a_{pi}$，$i = 1, 2, \cdots n$ 为原始指标变量协方差矩阵特征值对应的特征向量，X_1，X_2，…，X_p 为原始指标数据标准化处理的数值。

2. 主成分分析法操作步骤：

第一对指标之间的相关性进行判定，计算相关系数矩阵

$$R=\begin{pmatrix} r_{11} & \cdots & r_{1p} \\ \vdots & \ddots & \vdots \\ r_{p1} & \cdots & r_{pp} \end{pmatrix} \quad 式 4.2$$

在式 4.2 中，r_{ij}（i，j=1，2，…，p）为原指标变量的 x_i 与 x_j 之间的相关系数，其计算公式为：

$$r_{ij} = \frac{\sum_{k=1}^{n}(x_{ki}-\bar{x}_i)(x_{kj}-\bar{x}_j)}{\sqrt{\sum_{k=1}^{n}(x_{ki}-\bar{x}_i)^2\sum_{k=1}^{n}(x_{kj}-\bar{x}_j)^2}} \quad 式 4.3$$

其中，R 是实对称矩阵，我们只需要计算上三角元素或下三角元素即可。

第二计算特征值与特征向量

解特征方程 $|\lambda I-R|=0$，一般用雅可比法（Jacobi）求出特征值 λ_i，（i=1，2，…，p），并把它按从大到小的顺序排列，即 $\lambda_1\geqslant\lambda_2\geqslant\cdots\geqslant\lambda_p\geqslant 0$；其次分别求出对应于 λ_i 特征值的特征向量 e_i（i=1，2，…，p）。这里要求 $\|e_i\|=1$，即 $\sum_{j=1}^{p}e_{ij}^2=1$，其中 e_{ij}表示向量 e_i 的第 j 个分量。

第三是计算主成分贡献率及累计贡献率，确定主成分个数 m。

其中主成分 z_i 的贡献率和累计贡献率为：

$$\frac{\lambda_i}{\sum_{k=1}^{p}\lambda_k}(i=1,2,\cdots,p) \quad 式 4.4$$

$$\frac{\sum_{k=1}^{i}\lambda_k}{\sum_{k=1}^{p}\lambda_k}(i=1,2,\cdots,p) \quad 式 4.5$$

通常选取累计贡献率达到 85% 以上的特征值 λ_1，λ_2，…，λ_m 所对应的第一、第二，……，第 m（m≤p）个主成分。

第四是计算主成分载荷，它是各项基础指标在该主成分中的系数权重。它的计算公式为：

$$l_{ij} = p(z_i, x_j) = \sqrt{\lambda_i} e_{ij} (i,j = 1,2,\cdots,p) \quad \text{式 4.6}$$

第五是得到各主成分的载荷以后，我们进一步计算各主成分的得分，即权重与各指标乘积之和，也就是指标的指数。

$$Z=\begin{bmatrix} z_{11} & \cdots & z_{1m} \\ \vdots & \ddots & \vdots \\ z_{n1} & \cdots & z_{nm} \end{bmatrix} \quad \text{式 4.7}$$

（二）测度内容及步骤

在前面对城镇化水平测度指标体系，即对表 4－1 新型城镇化发展测度指标体系的三级指标作出了界定，并确定了使用主成分分析法来进行测算之后，即可开始围绕全国、东中西区域及相应省份城镇化发展水平测算进行研究。本书将从测算步骤设计开始，依次进行数据准备和数据处理，先测算出全国不同时段的城镇化发展水平，然后以东中西部区域为对象进行不同时段的城镇化发展水平测算，最后再选取东中西相应省份，测算出各省份不同时段的城镇化发展水平状况，为第六章即城镇化对潜在经济增长率影响的实证研究提供数据支持。

1. 测算内容

在使用主成分分析法研究具体的问题时，需要以主成分分析法的一般测算步骤为基础，针对不同的测算目标设计出相应的测算步骤。针对课题需要，本文涉及三个层面的城镇化发展水平测度，即①对于全国各阶段城镇化发展水平测度考虑到潜在经济增长率是一个长期的指标，为了与其对应，适应潜在经济增长率测算周期的要求，我们选择了 1981～2010 年，跨度为三十年的数据，以五年为周期测度每个周期的中国城镇化发展水平，再加上 2011～2014 年的中国城镇化发展水平测度，总计 7 个时段的测算，期望客观地反映出中国城镇化发展水平的变化情况。本书基于表 4－1 的新型城镇化发展测度指标体系的 17 个三级指标，以五年每个指标的平均值为基数进行主成分分析，将 17 个三级指标通过主成分降维后，得出全国 7 个时段的城镇化水平综合测度情况及其排序。②东中西区域城镇化发展水平测度以前面东中西区域所辖省份为考察对象，对应第五章中东西区域潜在经济增长率测算周期要求，对东中西区域所涉及的各省份指标进行简单平均，分别查出1991~2010年，加上2011~2014年，以五年（或四年）为周期测度出5个时段下的东中西区域相应城镇化发展综合水平。[①] 具体操作方法同①。③东中西区域相应省份城镇化发展水平测度考虑到与第五章中东西区域相应省份的对应，分别查出1991~2010年，加上2011~2014年对应省份的17个指标数据，对其进行数据处理后进行主成分分析法测度，步骤同上，得出各相应省份5个时段的城镇化水平综合测度水平及其排序。

2. 测算步骤

根据上述测算内容，分为全国各阶段城镇化发展水平测度及评价，东中西（东）区域城镇化发展水平测度及评价，东中西区域相应省份城镇化发展水平测度及评价3个部分，分别进行以主成分分析法为主的测度，具体步骤如下。

第一，数据准备及数据处理：根据表4－1及主成分分析法对数据的要求，结合测算内容，收集、整理数据并做出相应的数据处理，得出用于第二个步骤的最终数据表。

第二，测算过程：应用主成分分析法对上述最终数据进行计算，需要用到MATLAB软件，在软件中编写对应的程序后计算（根据主成分分析法的基本步骤，编写相应程序，见附件部分）。考虑到测算过程的复杂性，正文部分仅针对主要结果进行说明展示。

第三，测算结果：整理第二个步骤，以表格形式汇总出最终所需要的测度分数及其排序，详见第二节至第四节的结果部分。

第四，评价分析：就测算过程及测算结果进行系统性的评价分析，以便从动态、全面、系统的视角评判中国城镇化发展水平状况。

---

① 考虑到各省城镇化发展水平指标体系的17个指标的可获取性及连续性，仅选择了1991~2014年东中西区域的城镇化发展水平为考察时段。

二 全国各阶段城镇化发展水平测度结果及评价

本书以 1981～2010 年每 5 年为一个周期，整理并计算出 1981～1985 年，1986～1990 年，1991～1995 年，1996～2000 年，2001～2005 年，2006～2010 年，加上 2011～2014 年的表 4－1 中的 17 个指标值，具体见表 4－2。

（一）数据准备

表 4－2 全国城镇化发展水平各阶段指标值

时段	X1（%）	X2（%）	X3（%）	X4（人/万人）	X5（人/平方公里）	X6（亩/人）	X7（万千瓦/千公顷）	X8（平方公里）
2011～2014	53.09	67.67	78.82	2373.47	2328.50	2.35	62.78	46792.27
2006～2010	47.10	60.44	79.60	2019.67	2155.63	2.20	52.62	36718.00
2001～2005	40.41	51.84	81.92	1281.64	784.84	2.01	39.64	28246.98
1996～2000	33.35	49.94	84.78	554.60	434.00	2.10	29.32	21269.77
1991～1995	27.99	43.78	85.47	376.60	304.31	2.15	21.68	16494.06
1986～1990	25.66	39.91	76.37	210.20	272.11	2.08	17.98	11380.82
1981～1985	21.93	34.04	72.08	130.80	251.52	1.30	12.57	8170.90

时段	X9	X10（亿元/万人）	X11（%）	X12（%）	X13（平方米/人）	X14（辆/万人）	X15（人/万人）	X16	X17
2011～2014	1.04	7.29	72.74	39.58	14.59	12.54	691.99	3.05	3.13
2006～2010	0.93	4.12	56.57	36.92	12.14	10.55	524.54	3.30	3.56
2001～2005	0.92	1.93	40.40	32.82	10.02	8.30	444.17	3.13	3.71
1996～2000	0.80	1.20	32.59	28.72	8.31	8.73	441.66	2.59	3.52
1991～1995	0.78	0.58	32.02	24.62	4.97	14.25	412.64	2.67	3.49
1986～1990	0.74	0.26	28.59	20.52	3.82	12.29	370.92	2.19	2.55
1981～1985	0.56	0.14	24.02	16.42	2.94	10.60	323.23	1.95	2.31

（二）数据处理

根据表 4－2 的数据，按照主成分分析法步骤，用 MATLAB 软件进行计算。先进行标准化，然后计算出标准化后的相关系数矩阵（详细结果见附件），从中看出指标之间的相关性很高，如 X1（城镇人口比重）这个指标与 X2（非农业产业从业人员比重）、X4（每万人大学生数）、X5（城市人口密度）、X7（农村土地机械化耕种动力使用）、X8（城市建成区面积）、X9（第二、三产业产值比重）、X10（全员劳动生产率）、X11（资本形成率）、X12（建成区绿化覆盖率）、X13（人均城市道路）及 X15（卫生技术人员数）相关系数达到 0.9 以上，说明用主成分分析法能够较好地进行降维。特征值、贡献率和累积贡献率的结果如表 4－3 所示。

表 4－3　主成分累计贡献率（中国）

主成分	特征根	方差贡献率	累计贡献率
1	13.1334	0.7726	0.7726
2	2.11927	0.1247	0.8973

通过分析得出特征根大于 1 的有 2 个主成分，它们的方差贡献率分别为 0.7726、0.1247，累计贡献率达到 0.7726、0.8973，主成分能够解释原有指标所包含的信息，可以利用这 2 个主成分把原来的 17 个三级指标进行降维，从而得出相应的中国城镇化发展水平各阶段测算分析结果。同时，由附件结果可知主成分载荷矩阵，如表 4－4 所示。

表 4－4　主成分载荷矩阵（中国）

指标	第一主成分	第二主成分
城镇人口比重（X1）	0.9921	－0.0729
非农产业从业人员比重（X2）	0.9955	－0.0123
劳动参与率（X3）	0.3251	0.8976
万人大学生数（X4）	0.9693	－0.1964
城市人口密度（X5）	0.9178	－0.3367
农村居民家庭经营耕地面积（X6）	0.7474	0.3600
农村土地机械化耕种动力使用（X7）	0.9909	－0.1125

续表

指标	第一主成分	第二主成分
城市建成区面积（X8）	0.9930	-0.0967
第二、三产业产值比重（X9）	0.9655	0.1440
全员劳动生产率（X10）	0.9295	-0.3408
资本形成率（X11）	0.9574	-0.2730
建成区绿化覆盖率（X12）	0.9902	0.1088
人均城市道路（X13）	0.9850	-0.0214
每万人拥有公共交通车辆（X14）	-0.0465	-0.2433
卫生技术人员数（X15）	0.9485	-0.1830
城乡居民人均收入差距（X16）	0.9016	0.3107
城乡居民人均消费差距（X17）	0.6049	0.7692

由表4-4可知，17个指标的相关性很强，因此，得出两个主成分，其中第一主成分贡献率最大，所包含的信息也最多。在第一主成分中指标X1、X2、X4、X5、X7、X8、X9、X10、X11、X12、X13、X15的系数较大，与城镇化水平相关性较强，说明这十三个指标起主要作用，所以我们可以把第一主成分看作由城镇人口比重（X1）、非农产业从业人员比重（X2）、每万人大学生数（X4）、城市人口密度（X5）、农村土地机械化耕种动力使用（X7）直到卫生技术人员数（X15）所反映的城镇化中人口城镇化、土地城镇化、社会生活城镇化的综合指标。其中反映人口城镇化的城镇人口比重（X1）及非农产业从业人员比重（X2）指标在该主成分中的系数权重最大，说明人口城镇化相比于土地城镇化、产业城镇化及社会生活城镇化在城镇化发展水平中的作用最明显。第二主成分中，劳动参与率（X3）、农村居民家庭经营耕地面积（X6）、城乡居民人均收入差距（X16）及城乡居民人均消费差距（X17）的影响较大，可将之看成是反映城乡发展差距城镇化中城乡差距引起的城镇化发展水平变化。

通过上面的结果，我们再来确定各指标的权重。用主成分分析确定指标权重等于以主成分的方差贡献率为权重，对该指标在各主成分线性组合中系数的加权平均的归一化。原有指标基本上可以用所选取主成分来代替，方差贡献率越大则该主成分的重要性越强，所以方差贡献率可以看成不同主成分的权重，对指标在所确定主成分线性组合中的系数做加权平均便得到该指标的权重。利用此方法，通过计算，我们得到各指标权重，见表4-5。

表4-5 各个三级指标权重（中国）

指标名称	权重	指标名称	权重
城镇人口比重（X1）	0.8441	第二、三产业产值比重（X9）	0.8513
非农产业从业人员比重（X2）	0.8554	全员劳动生产率（X10）	0.7529
劳动参与率（X3）	0.4047	资本形成率（X11）	0.7864
每万人大学生数（X4）	0.8073	建成区绿化覆盖率（X12）	0.8677
城市人口密度（X5）	0.7434	人均城市道路（X13）	0.8451
农村居民家庭经营耕地面积（X6）	0.6936	每万人拥有公共交通车辆（X14）	-0.07385
农村土地机械化耕种动力使用（X7）	0.8376	卫生技术人员数（X15）	0.7912
城市建成区面积（X8）	0.8416	城乡居民人均收入差距（X16）	0.8194
城乡居民人均消费差距（X17）	0.6277		

表4-5中显示了各个基础指标在指标体系中的权重，其中权重较高的基础指标有X1、X2、X8、X9、X12、X13。其中建成区绿化覆盖率（X12）权重达到0.8677，它是中国城镇化过程中的城镇发展水平的综合客观体现。权重最小的两项基础指标为每万人拥有公共交通车辆（X14）和劳动参与率（X3）。1981~2014年，中国城镇化进程中的劳动参与率在享受人口红利时，一直处于较高水平，因而对全国范围进行评价时表现不很显著。

接下来，应用MATLAB软件计算结果，汇总中国各时段城镇化的综合得分，并进行排序，结果如表4-6所示。

表4-6 1981~2014年中国各时段城镇化综合得分与排序

时段	第一主成分	第二主成分	综合得分	排序结果
2011~2014	3.5010	-0.1834	3.3176	1
2006~2010	2.9311	-0.0380	2.8931	2

续表

时段	第一主成分	第二主成分	综合得分	排序结果
2001～2005	2.2011	0.1416	2.3427	3
1996～2000	1.7673	0.2004	1.9676	4
1991～1995	1.4987	0.2198	1.7186	5
1986～1990	1.2589	0.1910	1.4499	6
1981～1985	1.0090	0.1697	1.1787	7

（三）简要评价

由表4－6可知，全国城镇化发展呈现随时间移动的综合水平上升趋势，这与现实情况相符。伴随着以人口城镇化中城镇人口比重、非农产业从业人员比重及万人大学生数为核心的城镇化人口数量及质量提高下的城市人口密度，一直到卫生技术人员数所反映的城镇化中人口城镇化、土地城镇化、社会生活城镇化的综合指标的第一主成分，都对1981～2014年这一阶段的城镇化发展水平评判起着至关重要的作用。由表4－6可知，2011～2014年较1981～1985年其综合得分有近3倍的差距；2011～2014年第一主成分得分为3.5010，较1981～1985年的1.0090而言，也有3倍多的差距，全国的城镇化发展水平在进入21世纪以来取得显著的发展。反映城乡发展差距城镇化中城乡差距引起的城镇化发展水平变化的第二主成分在2006～2014年的得分为负值，且与1981～2005年有一定的差距，这从一定程度上说明城乡的发展差距随时间推移有拉大趋势，1981～2005年城乡发展水平较为平稳，然而2006～2014年近十年的城乡差距较大，因此，近十年的“三农”问题成为中国经济发展的重要制约因素之一。①

三　东中西城镇化发展水平量化及其评价

东部、中部与西部（简称东中西）城镇化发展水平测度所需指标源于

① “三农”问题即农业、农村、农民问题，它是中国长期牺牲农业确保工业，牺牲农村确保城镇发展的结果。“三农”问题的本质就是城镇—农村两部门长期不均衡发展效应的产物。城乡统筹发展是解决“三农”问题的根本。

东中西区域中相应省份的数据整理[①]，综合考虑 17 个指标的各省份数据获取的难度，如 20 世纪 90 年代前的区划问题，各省统计年鉴统计口径的稳定性及连续性等，以及对应第五章各省份潜在经济增长率测算时段为 1991 ~ 2014 年，分别在 1991 ~ 2010 年以 5 年为周期及 2011 ~ 2014 年以 4 年为周期来进行 1991 ~ 2014 年东中西区域城镇化发展水平综合量化及评价。同时，对应表 4 - 1 中的 17 个指标里面的每万人大学生数（X4）[②]、农村土地机械化耕种动力使用（X7）、卫生技术人员数（X15）、全员劳动生产率（X10）[③]、城乡居民人均收入差距（X16）、城乡居民人均消费差距（X17），由于统计年鉴中统计口径及数据收集处理需要所限，在此部分有所改动，如万人大学生数改为在校大学生数（X4），全员劳动生产率在此为工业全员劳动生产率（元/人），城乡居民人均收入差距（X16）与城乡居民人均消费差距（X17）为农村部门和城镇部门比值等，具体见附录。[④] 由于当前对面板数据的主成分分析缺乏较好的共识，本文用均值法把面板数据转化为相应的截面数据，进行主成分分析。

（一）数据准备

以 1991 ~ 2014 年以 5 年（或 4 年）为周期，按东中西依次排列的顺序建立样本对象。

（二）数据处理

按照主成分分析法步骤，用 MATLAB 软件进行计算。通过分析得出因

---

① 总计考察了除了港澳台以外的 31 个省（自治区、直辖市）中的 29 个。其中，东部省份 13 个，中部省份 6 个，西部省份 10 个。西部省份中由于受数据连续性影响，没有纳入新疆与西藏两个自治区。东中西区域各项指标数据采用加权平均法，以各省份人数占其所属地区总人数的比重为权数，对各地区的数据进行汇总。

② 在全国数据指标体系中，衡量人口教育程度的指标为每万人大学生数。在构建各省份指标体系时，因各省份统计年鉴指标有所差异，故选用在校大学生数代替每万人大学生数。

③ 以各省份指标体系中的工业企业全员劳动生产率代替全国指标体系中的全社会劳动生产率，由宏观经济指标走向更为细化的工业产业经济指标，更好地体现各区域城镇化进程中工业化的相互带动作用。

④ 下一节对 29 个省份的城镇化水平测度指标同样作此改动。

子特征根大于 1，且累计贡献率达到 90% 的有 4 个主成分，如表 4 - 7 所示。①

表 4 - 7　主成分累计贡献率（东中西）

主成分	特征根	贡献率	累计贡献率
1	8.90642	0.5239	0.5239
2	3.04545	0.1791	0.7030
3	2.19757	0.1293	0.8323
4	1.23807	0.0728	0.9051

表 4 - 7 说明提取出来的 4 个主成分对原始指标的信息保留度较高，反映了原始 17 项指标所含信息的 90% 以上，计量结果可信，可以利用这 4 个主成分把原来的 17 个三级指标进行降维，从而得出相应的主成分载荷矩阵，如表 4 - 8 所示。

表 4 - 8　主成分载荷矩阵（东中西）

指标	第一主成分	第二主成分	第三主成分	第四主成分
城镇人口比重（X1）	0.8994	-0.1707	0.1974	-0.0835
非农产业从业人员比重（X2）	0.9259	0.3004	0.0393	0.0912
劳动参与率（X3）	0.1488	-0.1566	-0.7198	-0.4468
在校大学生数（X4）	0.9224	-0.3017	-0.2109	0.0023
城市人口密度（X5）	0.6211	0.7165	-0.0738	0.1099
农村居民家庭经营耕地面积（X6）	0.4165	0.0029	0.7771	-0.3074
农村土地机械化耕种动力使用（X7）	0.0452	-0.8940	0.1975	-0.1510
城市建成区面积（X8）	0.9502	0.2364	-0.1087	0.0207
第二、三产业产值比重（X9）	-0.0803	-0.2163	-0.6495	0.4782
全员劳动生产率（X10）	0.9267	0.0240	0.3184	0.0510

① 先进行标准化，然后计算出标准化后的相关系数矩阵，接着计算出特征值及特征向量，并得出主成分贡献率及累计贡献率。

续表

指标	第一主成分	第二主成分	第三主成分	第四主成分
资本形成率（X11）	0.6457	-0.6511	-0.2607	-0.1308
建成区绿化覆盖率（X12）	0.9312	-0.2044	-0.2042	0.1509
人均城市道路（X13）	0.9885	-0.0968	0.0309	0.0386
每万人拥有公共交通车辆（X14）	0.9525	-0.0758	0.0761	0.1805
卫生技术人员数（X15）	0.9185	0.1634	-0.1398	-0.0913
城乡居民人均收入差距（X16）	0.1215	0.9120	-0.0775	-0.0770
城乡居民人均消费差距（X17）	0.1053	0.2352	0.5188	-0.7575

表4-8中第一主成分贡献率最大，所包含的信息也最多。在第一主成分中指标X1、X2、X4、X8、X10、X12、X13、X14、X15的系数较大，与城镇化水平相关性较强，说明这九个指标起主要作用，所以我们可以把第一主成分看作以城镇人口比重（X1）、非农产业从业人员比重（X2）、在校大学生数（X4）为代表的人口城镇化与以X12、X13、X14、X15为代表的社会生活城镇化，再加上城市建成区面积（X8）、全员劳动生产率（X10）的综合指标反映。说明人口城镇化、社会生活城镇化及由人口迁移带来的城市建成区土地及工业劳动生产率为核心的全员劳动生产率的变化在东中西区域城镇化发展过程中的作用最明显。第二主成分中，城市人口密度（X5）及城乡居民人均收入差距（X16）正向影响较大，可将之看成反映人口城镇化带来的土地及城乡发展差距城镇化中城乡人均收入差距引起的东中西区域城镇化发展水平变化。第三主成分中农村居民家庭经营耕地面积（X6）及城乡居民人均消费差距（X17）的正向影响较大，可将之看成反映土地城镇化带来的及城乡居民人均消费差距而引起的东中西区域城镇化发展水平变化。第四主成分中第二、三产业产值比重（X9）相对而言正向影响较大，可将之看成产业城镇化中二、三产业产值比重对东中西区域城镇化发展水平的影响。总之，同1981～2014年全国城镇化发展水平的主成分分析结果类似，人口城镇化及由此带来的社会生活城镇化在东中西区域城

镇化发展中的作用最为显著，其次为人口城镇化带来的土地及城乡发展差距城镇化中的城乡差距引起的东中西区域城镇化发展水平变化，最后为人口城镇化带来的产业城镇化而引起的东中西区域城镇化发展水平变化。较前面中国各阶段城镇化水平量化的主成分结果而言，劳动参与率（X3）、农村土地机械化耕种动力使用（X7）与资本形成率（X11）这三个指标对东中西区域城镇化发展变化的作用影响不显著，且有的为负向影响。

通过上面的结果，我们再来确定各指标的权重。通过计算，我们得到东中西城镇化发展水平各指标的权重，见表4－9。

表4－9　各个三级指标权重（东中西）

指标名称	权重	指标名称	权重
城镇人口比重（X1）	0.5083	第二、三产业产值比重（X9）	－0.1436
非农产业从业人员比重（X2）	0.6083	全员劳动生产率（X10）	0.4868
劳动参与率（X3）	－0.0836	资本形成率（X11）	0.1971
在校大学生数（X4）	0.4443	建成区绿化覆盖率（X12）	0.4815
城市人口密度（X5）	0.4996	人均城市道路（X13）	0.5605
农村居民家庭经营耕地面积（X6）	0.3279	每万人拥有公共交通车辆（X14）	0.5617
农村土地机械化耕种动力使用（X7）	－0.1347	卫生技术人员数（X15）	0.5367
城市建成区面积（X8）	0.5829	城乡居民人均收入差距（X16）	0.2335
城乡居民消费差距（X17）	0.1207		

表4－9中显示了各基础指标在指标体系中的权重，其中权重较高的基础指标有X1、X2、X4、X5、X8、X10、X12、X13、X14、X15。其中非农产业从业人员比重（X2）权重达到0.6083。权重最小的几项基础指标为劳动参与率（X3），农村土地机械化耕种动力使用（X7），第二、三产业产值比重（X9），其权重均为负值。这说明1991～2014年，东中西区域城镇化进程中的人口城镇化及由此带来的相应的社会城镇化发展在其城镇化发展进程中的作用相对显著，有较大的区域差异性。而劳动参与率、农村土地机械化耕种动力使用及第二、三产业产值比重在三大区域动态比较中的作

用相对不显著，有较大的趋同性。

利用各指标的权重得出综合得分及排序（以上数据处理步骤的详细结果见附录），如表 4－10 所示。

表 4－10　1991～2014 年东中西区域各时段城镇化发展水平综合得分与排序

时段	区域	第一主成分	第二主成分	第三主成分	第四主成分	总分	排名
2011～2014	东部	1.3088	0.0220	0.1239	－0.0420	1.4126	1
2011～2014	中部	0.9788	－0.0832	0.0265	－0.0727	0.8493	4
2011～2014	西部	0.8426	－0.2551	0.1047	－0.0949	0.5973	8
2006～2010	东部	1.0695	0.0311	0.0847	－0.0373	1.148	2
2006～2010	中部	0.8166	－0.0008	0.0152	－0.05	0.7811	5
2006～2010	西部	0.6723	－0.1796	0.0833	－0.075	0.5009	11
2001～2005	东部	0.8063	0.0608	0.0722	－0.0414	0.8979	3
2001～2005	中部	0.6163	0.0357	0.0318	－0.0404	0.6434	7
2001～2005	西部	0.505	－0.1021	0.0795	－0.0608	0.4216	13
1996～2000	东部	0.6223	0.0985	0.0682	－0.0563	0.7326	6
1996～2000	中部	0.5013	0.0779	0.0425	－0.0492	0.5724	10
1996～2000	西部	0.4327	－0.0375	0.094	－0.083	0.4063	14
1991～1995	东部	0.4942	0.0969	0.0548	－0.0719	0.5740	9
1991～1995	中部	0.3892	0.0622	0.0423	－0.0601	0.4336	12
1991～1995	西部	0.3831	－0.0033	0.0862	－0.0873	0.3787	15

（三）简要评价

1991～2014 年东中西区域城镇化发展水平主成分分析结果与现实情况吻合。第一，随时间的推移，城镇化发展水平呈现持续上升趋势。主要表现为从 1991～1995 年到 2011～2014 年东中西综合得分随时间推移的不断增长，如表 4－10 所示。1991～1995 年东中西综合得分分别为 0.574、0.4336 及 0.3787，而 2011～2014 年分别上升到 1.4126、0.8493 及 0.5973，其中东部整体上升最快，2011～2014 年较 1991～1995 年综合得分提高了 2 倍多，西部整体上升最慢，2011～2014 年较 1991～1995 年综合得分提高了不到 1

倍。第二，东部城镇化发展水平整体领先于中西部，这主要得益于以人口城镇化及社会生活城镇化为代表的第一主成分的显著影响。如表 4－11（表格过大，故放在附录第一部分）所示：1991～2014 年东部区域第一主成分平均值为 0.86022，远高于中部的 0.66044 及西部的 0.56714。同时，东部区域综合得分在 2011～2014 年、2006～2010 年及 2001～2005 年三段时间中排名分列第 1、2、3 名，综合得分分别为 1.4126、1.148 及 0.8979，其中 2006～2010 年及 2001～2005 年的综合得分高于 2010～2014 年中部及西部的综合得分，这说明东部区域城镇化发展水平快于中西部，且东部区域综合城镇化水平领先中西部 10 年以上。第三，中西部城镇化发展水平差距较大，主要体现在表 4－10 中从 1991～1995 年开始至 2011～2014 年的综合得分数值及排名的比较，以及计算出的 1991～2014 年综合得分平均值分别为 0.65596 及 0.46096。在各阶段排名中，中部区域城镇化综合水平明显领先于西部区域。

四　各省份城镇化发展水平量化及其评价

在 1991～2010 年以 5 年为周期及 2011～2014 年以 4 年为周期来进行以 29 个省份为研究对象的各省份城镇化发展水平量化及评价。选取相应省份的对应 17 个指标，以 2011～2014 年为例进行主成分分析，对 17 个三级指标数据进行 2011～2014 年四年的简单算术平均，并基于 MATLAB 程序（见附录）操作，对 17 项原始指标变量进行相关的标准化处理和主成分分析法处理。所得数据及处理数据结果将作为第六章省份视角下的城镇化驱动潜在产出（或潜在经济增长）的实证分析。

（一）数据准备

考虑到 29 个省份从 1991～2014 年以 5 年或者 4 年为周期的研究对象样本点共计 145 个，放在正文部分太占篇幅，因此数据准备过程请见附录部分。

（二）数据处理

受篇幅所限，且因东中西区域城镇化水平测度中数据处理过程较为详细，此处不作展开，具体结果，如主成分累计方差贡献率、主成分载荷及各指标权重等请见附录部分。从附录中可知：1991～2014 年以 5 年或者 4 年为周期的 29 个省份为研究对象的主成分分析中选取了 8 个主成分，累计方程贡献率达到 86.79%，17 个指标中的每一个指标的贡献率与东中西区域的数据处理结果较为相似。第一主成分中 X1、X2、X4、X7、X8、X10、X12、X13、X14 及 X15 的系数较大，与城镇化水平相关性较强，说明这九个指标起主要作用，所以我们可以把第一主成分看作由城镇人口比重（X1）、非农产业从业人员比重（X2）、在校大学生数（X4）为代表的人口城镇化与以 X12、X13、X14、X15 为代表的社会生活城镇化，再加上土地城镇化中农村土地机械化耕种动力使用（X7）、城市建成区面积（X8）以及产业城镇化中的全员劳动生产率（X10）的综合指标反映。说明人口城镇化、社会生活城镇化及由人口迁移带来的土地城镇化和产业城镇化在各省不同时段的作用最明显。第二主成分中城市人口密度（X5），第二、三产业产值比重（X9）及城乡居民人均收入差距（X16）正向影响较大，可将之看成反映人口城镇化带来的土地城镇化、产业城镇化及城乡发展差距城镇化中城乡人均收入差距引起的各省份不同时段城镇化发展水平变化。第三主成分中卫生技术人员数（X15）及城乡居民人均消费差距（X16）的正向影响较大，可将之看成反映社会生活城镇化以及城乡人均收入差距而引起的各省份不同时段城镇化发展水平变化。其他主成分的方程关系率较小，在 10% 以下，不予论述。

（三）结果汇总

应用 MATLAB 软件计算结果，汇总 29 个省份各时段城镇化发展水平综合得分，并进行排序，结果如表 4－11 所示（表格过大，故放在附录第一部分）。由于表格涉及 145 个样本点的 8 个主成分等排列，表格较为复杂，分为两个表。

（四）简要评价

为了较为清晰地分析 29 个省份不同时段的城镇化发展水平情况，本书按东中西所辖省份先分区域进行排序、比较及评价，然后再汇总小结。

1. 1991～2014 年东部区域相应 13 个省份城镇化发展水平评价

根据附录一中表 4－11 数据，计算出东部区域各省份 5 个时段的平均值，进行各省整体评价，如表 4－12 所示。

表 4－12　1991～2014 年东部区域相应 13 个省份城镇化发展水平

省份	第一主成分	第二主成分	第三主成分	第四主成分	第五主成分	第六主成分	第七主成分	第八主成分	总得分
山东	0.0743	－0.0107	0.0090	－0.0011	0.0049	－0.0067	－0.0033	0.0003	0.0665
辽宁	0.0781	0.0031	0.0055	－0.0103	0.0045	－0.0053	0.0054	0.0040	0.0851
北京	0.0779	0.0205	0.0005	0.0056	0.0058	－0.0077	－0.0062	0.0014	0.0979
海南	0.0414	0.0117	－0.0088	0.0027	0.0044	－0.0072	－0.0077	0.0001	0.0365
江苏	0.0730	－0.0051	0.0090	－0.0012	0.0087	－0.0084	－0.0010	0.0027	0.0777
黑龙江	0.0494	－0.0019	－0.0030	－0.0274	0.0039	－0.0112	－0.0072	0.0034	0.0059
吉林	0.0479	0.0019	－0.0027	－0.0150	0.0063	－0.0080	－0.0066	0.0034	0.0273
天津	0.0633	0.0125	0.0020	－0.0021	0.0113	－0.0022	－0.0098	－0.0006	0.0744
上海	0.0838	0.0272	0.0069	－0.0001	0.0164	0.0020	0.0134	0.0075	0.1570
河北	0.0720	0.0023	0.0067	－0.0023	0.0103	0.0001	0.0009	－0.0001	0.0899
浙江	0.0685	0.0019	0.0052	－0.0006	0.0073	－0.0053	－0.0033	0.0008	0.0744
福建	0.0520	0.0040	－0.0007	－0.0002	0.0072	－0.0064	－0.0053	0.0015	0.0521
广东	0.0967	－0.0030	0.0142	－0.0018	0.0018	－0.0044	0.0021	－0.0024	0.1033
东部	0.0672	0.0051	0.0032	－0.0042	0.0072	－0.0055	－0.0023	0.0017	0.0725
全国	0.0564	0.0025	0.0011	－0.0034	0.0070	－0.0057	－0.0035	0.0020	0.0564

整体而言，东部 13 个省份中上海总体最好，总得分居第一，广东居第二，北京居第三，其次为河北、辽宁、江苏、浙江、天津，最后为山东、福建、海南、吉林、黑龙江。其中上海、广东、北京作为省份得分最高代表，不仅平均分值高，而且各时段均处于领先，特别是上海城镇化发展水平长期领先于其他省份。这些领先省份在城乡二元结构下，自上而下开辟了一条具有区域特色的城镇工业化道路，以广东为例，乡镇企业的工业化促进了同样具有区域特色的城镇化进程。广东的城镇化发展不是土地的城

镇化，而重点在解决好人的问题，通过发展本土乡镇企业，发展外向开放型经济，有效地转移了本地农民，同时也吸纳了各地大量农民就业，使其过上城镇生活，有序地推进农业转移人口市民化的城镇化。人的集聚、产业的集聚进一步形成了庞大的产业支撑，广东的城镇化发展已经是一个顺势而为、水到渠成的发展过程。其次是浙江、江苏等东部沿海经济发达省份，一直以来也以人口城镇化为核心，走符合当地特色的城镇化发展道路。

值得注意的是，在东部13个省份中，东北三省作为率先发展的老工业基地，城镇化基础较好，但在1991～2014年的城镇化发展水平却不如东部地区其他省份。1991～1995年，辽宁省、吉林省和黑龙江省的城镇人口比重、非农产业从业人员比重都属于东部地区较高水平，产业结构中第二产业比重较大，尤其是辽宁省的在校大学生数和卫生技术人员数都处于东部地区领先水平，可以说东北三省的城镇化发展都处于优势地位。然而在这二十多年的发展中，辽宁省城镇化发展水平在东部地区排名中等，吉林省和黑龙江省则排名垫底。

2. 1991～2014年中西部区域相应6+10个省份城镇化发展水平评价

按照附录中的数据结果，计算出中西部区域各省份5个时段的平均值，进行各省整体评价，如表4－13所示。

表4－13　1991～2014年中西部区域相应6+10个省份城镇化发展水平

省份	第一主成分	第二主成分	第三主成分	第四主成分	第五主成分	第六主成分	第七主成分	第八主成分	总得分
河南	0.0644	－0.0058	0.0091	－0.0006	0.0063	－0.0042	0.0005	0.0024	0.0720
湖北	0.0570	－0.0046	0.0021	－0.0006	0.0047	－0.0066	－0.0042	0.0037	0.0514
山西	0.0467	－0.0009	0.0002	－0.0038	0.0067	－0.0054	－0.0067	0.0014	0.0382
安徽	0.0513	－0.0027	0.0038	－0.0017	0.0065	－0.0057	－0.0060	0.0017	0.0474
湖南	0.0552	－0.0011	0.0023	0.0004	0.0049	－0.0075	－0.0047	0.0039	0.0535
江西	0.0481	0.0015	0.0009	－0.0012	0.0077	－0.0064	－0.0055	0.0015	0.0466
中部平均	0.0539	－0.0024	0.0031	－0.0012	0.0061	－0.0059	－0.0044	0.0025	0.0517
甘肃	0.03444	－0.0006	－0.0041	－0.0035	0.0055	－0.0058	0.00768	0.0011	0.01834

续表

省份	第一主成分	第二主成分	第三主成分	第四主成分	第五主成分	第六主成分	第七主成分	第八主成分	总得分
宁夏	0.0400	0.0043	-0.0097	-0.0098	0.0080	-0.0058	-0.0097	0.0004	0.0178
贵州	0.0336	0.0043	-0.0030	0.0011	0.0061	-0.0037	-0.0032	0.0017	0.0368
青海	0.0446	0.0159	-0.0034	0.0000	0.0145	0.0016	-0.0038	0.0006	0.0702
四川	0.0509	-0.0053	0.0047	0.0011	0.0049	-0.0063	-0.0026	0.0036	0.0510
陕西	0.0478	-0.0009	-0.0023	-0.0025	0.0049	-0.0052	-0.0046	0.0037	0.0408
重庆	0.0488	-0.0014	-0.0013	0.0013	0.0063	-0.0033	-0.0027	0.0056	0.0532
云南	0.0397	0.0019	-0.0039	-0.0007	0.0132	-0.0146	-0.0030	-0.0003	0.0323
内蒙古	0.0475	0.0021	-0.0069	-0.0230	0.0058	-0.0086	-0.0045	0.0022	0.0146
广西	0.0469	0.0004	0.0009	-0.0015	0.0033	-0.0066	-0.0033	0.0038	0.0439
西部平均	0.0434	0.0021	-0.0030	-0.0039	0.0073	-0.0058	-0.0045	0.0022	0.0378
全国	0.0564	0.0025	0.0011	-0.0034	0.0070	-0.0057	-0.0035	0.0020	0.0564

整体而言，中部6省的总得分情况好于西部，且中部6省的差异性不大，而西部10个省份的差异性较大；中部得分平均值为0.0517，西部得分平均值为0.0378，都低于全国平均水平。中西部16省份中按综合得分平均值较高的（即总得分依次排序）为河南、青海、湖南、重庆、湖北、四川；其次为安徽、江西、广西、陕西；再次为山西、贵州、云南；最后为甘肃、宁夏、内蒙古。其中排序在前面的河南总得分是内蒙古的5倍，居倒数后5位的均为西部省份。

3. 小结

目前的29个省份地域上呈现明显的“东密西疏”阶梯状分布。而从各省份主成分分析结果可以看出，城镇化综合水平整体也呈现东中西部各省阶梯状分布，东部沿海省份较高，中部省份次之，西部省份整体较低，大致符合各省城镇化与经济发展水平的现实。城镇化综合水平的特征主要表现在第一主成分越高，即人口城镇化与社会生活城镇化情况越好，往往集聚更多的资源，从而在整合土地城镇化、产业城镇化等方面能力越强，城市建设、经济社会发展、产业结构等方面对城镇化综合水平提升的贡献较大。从城镇化综合水平来看，排在前5位的上海、广东、北京、江苏、浙江第一主成分分值较高，说明以上省份以人口城镇化和社会生活城镇化为代表的第一主成分对其城镇化发展水平贡献最大。而像内蒙古、甘肃、宁夏、云南、贵州等西部不发达省份，以人口城镇化及社会生活城镇化为代表的第一主成分相对很低，同时其他的主成分出现负载荷，说明这些省份不仅本身核心基础如人口城镇化很差，且在人口城镇化带动下的产业城镇化或土地城镇化对城镇化发展综合贡献率较差，这些省份城镇化发展存在较大程度的滞后，在未来城镇化的推进过程中应当更加重视人口城镇化的提升，并且以人口城镇化为核心整合其他城镇化发展。以城镇人口比重（城镇化率）X1 指标为据分析，对于城镇化率处于后 5 位的省份，其人口城镇化率低于全国城镇化率平均水平，尚未进入或刚好进入城镇化加速推进时期，甘肃、宁夏、云南、贵州等西部不发达省份落后于全国平均水平 10 个百分点以上。因此，未来可以通过着力提高城镇人口比重，用人口城镇化整合、带动各省城镇化综合水平的提高。而其他省份的城镇化率和城镇化综合水平都处于中等水平，未来应坚持速度与质量并重，着力提高城镇化水平和质量。

第五章

中国潜在经济增长率变化的实证研究

在第二章相关文献综述部分，已对以往学者关于潜在经济增长率及DEA法的研究进行了大致整理和分析。结合第三章理论模型的要求，需要对中国潜在经济增长率的变化做出实证研究，获取自改革开放以来各阶段的全国潜在产出（或潜在经济增长率）数据、东中西部潜在产出（或潜在经济增长率）数据及相应省份潜在产出（或潜在经济增长率）数据，并进行科学分析，为第六章“城镇化发展对中国潜在经济增长率影响的实证分析”奠定实证数据基础。本章将进行潜在产出（或潜在经济增长率）相关研究分析，据此对潜在产出（或潜在经济增长率）进一步界定，之后制定相应的测算方法并作出对应的分析，以实现本章各时期、各层面的实证研究。本章将以这样的思路为基础，用非参数估计方法DEA法进行相应的潜在产出（或潜在经济增长率）测算，以期获取科学、合理的数据。

第一节　潜在经济增长率测算的理论基础准备

一　潜在经济增长率理论

本书主要研究的是潜在经济增长率，但研究潜在经济增长率的最终目的还是分析实际的经济发展情况，脱离一般意义的经济增长去研究潜在经济增长率变化是没有意义的。一般意义的经济增长也即实际增长，可以理解为一个经济体在一定时期内实际人均产出水平的提高，所使用的指标主要包括一定时期内国内生产总值、国民生产总值或国民收入，其中 GDP 增长率或人均 GDP 增长率一般作为评价经济增长的最常用指标。从实际增长与潜在经济增长的概念及内涵可以得出：实际增长可以看作潜在经济增长的实现部分加上随机部分构成。而根据正常潜在和最大潜在的内涵可知，潜在经济增长的实现部分又可以分为充分利用下的正常实现部分和最大限度利用下的最大实现部分。

通常学者衡量经济增长时，往往考虑三个因素，即价格因素、人口因素和生产能力的利用程度。对经济增长决定因素方面主要以肯德里克为代表，他认为经济的增长源包括全部生产要素投入量的增长和全部要素生产率的提高；丹尼森把经济增长因素分为生产要素投入量和生产要素生产率两类，其中生产要素生产率决定着单位生产要素的使用效率；库兹涅茨运用统计方法对经济增长因素进行分析，提出的经济增长的因素有：知识存量的增加、劳动生产率的提高和经济结构方面的变化。

以上各个经济学家尽管对经济增长因素的说法并不相同，但他们都认为生产效率是一个决定性的因素，可以说，生产效率的高低对经济增长快慢有着极其重要的影响。

（一）潜在经济增长理论的进一步剖析

对应于一般意义的经济增长（或实际经济增长），参照第二、三章对潜在产出的概念界定及内涵分析，潜在产出（或潜在经济增长）是一个容易描述但难以测算和把握的变量。对于潜在产出的理解，出发点都是“达到某种条件时能得到的产出”，它是一种理想的产出而非现实产出。而对于这种理想条件的具体定义，或者是否加上以及加上怎样的限制条件，就是潜在产出（或潜在经济增长率）的界定产生分歧的地方。总结这些对潜在产出界定和理解的文献，大致可以归纳为：“凯恩斯主义传统的界定”和“新古典宏观学派的界定”两类。凯恩斯主义以奥肯对潜在产出的定义为基础进行了研究和发展，他们对潜在产出的界定可以归纳为：潜在产出是在非加速通货膨胀水平下，即预期通货膨胀率和实际通货膨胀率一致时，某一经济体可达到的最大产出，也可以理解为在充分就业水平下，使用最佳可利用的技术、最低成本的组合可以得到的产出。而新古典宏观学派对潜在产出的理解则源于其对市场的基本假设，他们将潜在产出定义为资源正常使用时的产出，即“经济体在没有任何非预期的财政和货币政策冲击下的产出水平”①。

对于潜在产出的不同理解，特别是正常潜在与最大潜在的差别认识，会导致潜在产出及潜在经济增长率的意义和计算结果都出现差异。例如，在凯恩斯学派很多学者的界定下，潜在产出是一种最大潜在的内涵，其必然大于实际产出，然而在新古典宏观学派的界定下潜在产出更像正常潜在的内涵，其与实际产出仅有微小差别且二者之差可正可负。因此，我们在研究潜在产出和潜在经济增长率时，要先了解自己研究的目的，根据研究目的去分析应该如何界定潜在经济增长率，之后测算出的潜在经济增长率才是符合自己研究需要、具有研究意义的。

（二）潜在经济增长率再认识

在前面部分对应于相关文献以及理论模型构建的需要，对潜在经济增长率已作出相应的界定。本章结合自己的研究目的，针对不同的学派或者学者给出了潜在经济增长率不同的界定，针对不同界定计算出的潜在经济增长率的具体数值有着巨大差异这一现象，结合自己要研究的内容，对前面潜在经济增长率界定进行审视和进一步的理解。

我们知道，城镇化发展与潜在经济增长是一个长期概念，其中的城镇化发展水平已在第四章按照五年一个时段进行了长期测度，而对应于实际

① 颜双波、张连城：《潜在产出与产出缺口的界定与测算方法》，《首都经济贸易大学学报》2007 年第 1 期。

增长而言的潜在经济增长区别于短期看市场需求的实际增长，是一个长期测度。在本章要综合研究全国、东中西区域及不同省份的潜在经济增长率，研究的是潜在产出和潜在经济增长率的长期变化，也就是研究要素供给和技术进步等的不同对全国和各区域省市相应潜在经济增长率的影响，以及下一步的城镇化对全国和各区域省份相应潜在经济增长率的影响。想比较于新古典宏观学派，在凯恩斯学派中的较多学者对潜在产出或潜在经济增长率的界定与生产效率密切相关，本书以凯恩斯学派美国经济学家希勒对潜在产出的界定“通过所有可用的资源和最好的技术可以达到的产出”① 为基础，并强调其中效率的作用，将潜在产出界定为“一个经济体中各种投入要素被可能的最高效率使用时所能达到的产出”。考虑到技术的提升一般可以反映为生产效率的提升，我们在这里把潜在经济增长和一般经济增长（或实际增长）结合起来，以生产效率作为我们研究的核心内容，通过潜在经济增长率的测算来对各地区生产效率进行研究，借用 DEA 数据包络模型判断各个地区的经济生产效率与最高效率之间的差距，从而对现在的经济情况进行分析，并对之后的经济增长情况进行预测。

二　潜在经济增长率的测算方法介绍

（一）常规潜在经济增长率测算方法介绍

对于潜在经济增长率的测算方法，由第二章文献综述知道“目前潜在经济增长率的测算没有一个定论，从测算方法上看主要有从总量上进行的消除趋势法和增长率推算法，以及从结构进行的生产函数法两大类测算方法。其中如国外对潜在产出的测算实践，更多地集中在一些官方组织如 CBO、IMF、OECD 等，通过生产函数法预测潜在产出、潜在 GDP，从而计算出潜在经济增长率这种结构类的测算。但综观世界范围内关于潜在经济增长率测算方法的研究，可以发现滤波法和生产函数法这两种方法是作为

① M. Levy, *Fiscal Policy*, *Cycles and Growth*, National Industrial Conference Board, 1963.

基础方法被各国学者使用的”。发达国家的学者认为这两种方法虽然并不能完美测算潜在产出和潜在经济增长率，但也属于比较完善的方法，他们所做的研究大多是直接使用这两种测算方法进行潜在经济增长率测算，或者是以这两种测算方法为基础，结合自己的研究对象的性质对这两种方法进行适应性的修改后使用。而在我国的研究中，尽管很多学者提出了滤波法和生产函数法并不适合我国潜在经济增长率的测算，但实际上，在关于我国潜在产出和潜在经济增长率测算的研究中，滤波法、生产函数法和其衍生方法仍然被频繁使用，而尽管很多学者提出了创新的测算方法，但这些新方法都并未被广泛使用和接受。因此，我们认为，常规潜在经济增长率的测算方法包括滤波法和生产函数法这两种。

时间序列的谱分析方法是滤波法的理论基础，它把时间序列看作不同频率成分的叠加，其中的高通滤波就是要在不同频率成分中去掉较低的成分，分离出较高的频率成分，即去掉长期趋势项，主要对短期随机波动项进行度量。将其套用在经济增长的分析中即可进行潜在产出和潜在经济增长率测算，具体来说是：一个产出序列中，包含长期趋势成分和短期波动成分，滤波法就是从产出序列中将长期趋势成分分离出来，其思想是从时间序列中得到一个平滑的序列，即潜在产出。滤波法中，常用于潜在产出和潜在经济增长率测算的 HP 滤波法的关键在于平滑参数的取值，不同的平滑参数代表着不同的滤波器，所得到的结果也是截然不同的。而生产函数方法往往以科布 - 道格拉斯生产函数模型为基础（其中的因变量是实际产出，自变量是实际就业的劳动力数量、实际利用的资本存量），先用参数估计法去估计模型，再用充分就业的劳动力数量与全部可用的资本存量作为自变量代入上面已估计的模型，得出潜在产出及产出缺口。[①]

选择滤波法和生产函数法来进行潜在经济增长率测算的优势在于：前者简单易行，主要通过软件操作实现，而后者的优点在于估算潜在产出时，

① 谢冰、蔡洋萍：《基于 HP 滤波—生产函数方法的我国潜在产出估计》，《湖南大学学报》（社会科学版）2012 年第 2 期。

充分体现了潜在产出的供给性特征，参数估计值有较好的经济意义，能解释生产要素利用率和技术进步的影响。但是，上述两种方法在我国潜在经济增长率测算实证中，因为存在一定缺陷，也受到了较大质疑。HP 滤波法中选取的平滑参数或初始值是根据主观经验判断获取的，对于应用在潜在经济增长率测算中平滑参数的取值也并没有一个统一的观点或方法，这直接使得测算结果与主观意识挂钩，得出的结果缺乏科学性。而生产函数法的最大问题在于，对于我国经济来说，并不存在一个确定的生产函数，建立生产函数模型本身就是非常困难的，直接套用 C－D 生产函数模型或者用随机前沿生产函数（SFA）也并不适用于我国实际情况，其中 SFA 法也需要通过假定投入与产出之间的生产函数关系，然后对未知参数进行估计。[①] 我国学者在套用这两种常规潜在经济增长率测算方法的同时，也在结合我国经济的实际情况针对这两种方法的缺点和不足之处进行改进和创新，但至今依然没有一个完善的方法，所以可以认为，从目前的研究情况看来，我国潜在经济增长率的最佳测算方法是否就是常规的两种测算方法还值得商榷。

（二）DEA 法及其 BCC 模型介绍

数据包络分析法，即 DEA 法，是在效率评估领域应用的非参数方法。DEA 方法的诞生源于人们对于经济效率的研究，其原理主要是通过保持决策单元的输入或者输出不变，借助于数学规划和统计数据确定相对有效的生产前沿面，将各个决策单元投影到 DEA 的生产前沿面上，并通过比较决策单元偏离 DEA 前沿面的程度来评价它们的相对有效性。[②] 具体来说，DEA 是使用数学规划模型比较决策单元之间的相对效率，对决策单元做出效率评价。DEA 方法为解决多投入多产出的效率评价问题提供了一种科学且客

---

① SFA 法考虑生产前沿的随机性，可将随机干扰项与非效率性有效分开，但其缺陷在于容易出现函数设定偏误，导致测度失效。

② 杨顺元：《经济增长中效率测度的参数与非参数方法比较研究》，博士学位论文，天津大学，2008。

观的方法。

DEA 方法的基本思路和步骤是把每一个被评价单位作为一个决策单元（即 DMU），然后再将众多 DMU 构成被评价群体，通过对各 DMU 投入和产出数据的综合分析，找出有效的 DMU 确定前沿面。进而根据各决策单元与该前沿面的距离，确定各 DMU 是否 DEA 有效，并用投影的方法指出非 DEA 有效或弱 DEA 有效 DMU 的原因及应改进的方向和程度，从而达到评估各单元效率的作用。

在 DEA 法的模型方面，最为常用的模型是 C^2R 模型和 BCC 模型。C^2R 模型研究的是规模报酬不变的情况下企业的生产效率，但是，规模报酬不变的假设在很多情况下是不能满足的，规模报酬的变化也是企业生产无效率的重要因素之一。BCC 模型就是在 C^2R 模型上加以改进，以考虑规模报酬可变情况下企业的生产效率。①

假设有 n 个决策单元，每个决策单元都有 m 种类型的“输入”以及 s 种类型的“输出”，X_{ij}为第 j 个决策单元对第 i 种类型输入的投入量；Y_{ij}为第 j 个决策单元对第 r 种类型输出的产出量；V_i 为对第 i 种类型输入的一种度量（“权”）；U_r 为对第 r 种类型输出的一种度量（“权”）；而且 $X_{ij}>0$，$Y_{ij}>0$，$V_i \geqslant 0$，$U_r \geqslant 0$；（$i=1$，2，…，m；r=1，2，…，s；j=1，2，…，n）。

令 $X_j=(X_{1j},\cdots,X_{mj})^T$，$Y_j=(Y_{1j},\cdots,Y_{sj})^T$，（j=1，2，…，n），对应于权系数 λ_j，对第 j_0 个决策单元进行效率评价简记 DMU_{j0} 为 DMU_0，(X_{j0},Y_{j0}) 为 (X_0,Y_0)，$i \leqslant j_0 \leqslant n$，在各决策单位的效率评价指标均不超过 1 的条件下，选择权系数 λ_j，使 V_{D1}最大，将最优化模型线性化后，再取其对偶模型，同时，在模型中加入了一个凸性假设：$\sum_{j=1}^{n}\lambda_j=1$；

则 BCC 模型，S. T. 为：

---

① 陈长、谢东炎：《对我国 2010 年潜在经济增长率的测算——基于 DEA 法的 BBC 模型》，《品牌》2014 年第 11 期。

$$\sum_{j=1}^{n} X_j \lambda_j \leqslant \theta X_0;$$

$$\sum_{j=1}^{n} Y_j \lambda_j \geqslant Y_0;$$

$$\sum_{j=1}^{n} \lambda_j = 1; (\lambda_j \geqslant 0, j = 1,2,\cdots,n)$$

$$\min = V_{D1}$$

在 BCC 模型中，我们的研究就可以严格集中在单个 DMU 水平上的生产有效性上，即当且仅当该 DMU 位于有效生产前沿面上时，决策单元的效率值才为 1，而无须考虑其规模效率。在 BCC 模型下，若第 j_0 个决策单元的 $\theta^0 = 1$，则可认为第 j_0 个决策单元是技术有效的，反之，若其值不为 1，则视为技术无效。

（三）选择 DEA 法的原因

本书没有选择常规的滤波法和生产函数法，而选择了之前极少被用于潜在经济增长率测算的 DEA 法的 BCC 模型，主要是基于本书对于潜在经济增长率的界定和研究目的。

我们发现，滤波法这一测算方法从其测算原理和过程来看，它计算了一个剔除波动后的趋势值，应用在潜在经济增长率的测算中时，测算出这个趋势值即为潜在产出，从这里可以看出，要使用这种测算方法来测算潜在经济增长率有一个前提，即只能用来测算以新古典主义定义下的潜在经济增长率，这并不符合本书基于凯恩斯学派理论对潜在经济增长率的界定。同时，由于我们将要研究的是长期潜在经济增长率和东中西区域及相应省份潜在经济增长率的测算，需要一些年代较为久远及不同区域的数据，而生产函数法测算潜在产出需要的数据较偏较多，在以前的统计年鉴中很多数据都难以获得。因此，以上两种方法都不适合测算本书界定下的潜在经济增长率。

DEA 法则是可以基本满足能够同时符合本书对于潜在经济增长率的界

定和具体研究内容这两点。

首先，DEA 法主要就是用于研究涉及效率的问题，这符合我们基于生产效率对潜在经济增长率的界定，其次，用 DEA 法可以有效回避数据不足或者难以获取的问题，在 DEA 法的应用中，其投入产出指标可以在能满足研究要求的前提下自由选择，只要符合经济理论，可以选择较容易获取数据的指标进行研究，在潜在经济增长率的计算中，只有产出指标中的 GDP 这一指标是不可替代的，而这一项指标所需数据在各省各年度统计年鉴中都并不难找到。最后，DEA 方法测评的是一组多投入和多产出的决策单元，可以从投入和产出两个角度来测算效率得分，保证了计算结果的准确性。

第二节　中国潜在经济增长率变化的实证研究

在上一节对潜在经济增长率作出了界定并确定了使用 DEA 法的 BCC 模型来进行测算之后，即可开始围绕全国、东中西区域及相应省份潜在经济增长率的测算进行研究。本章的研究将从测算步骤设计开始，依次进行数据准备、数据处理，先测算出全国不同时段的平均潜在产出及平均潜在经济增长率，然后以东、中、西部为对象进行不同时段的平均潜在产出及平均潜在经济增长率测算，最后再选取东中西区域相应省份，测算出各省份不同时段的平均潜在产出及平均潜在经济增长率。①

一　测算步骤设计

在使用 DEA 法的 BCC 模型研究具体的问题时，需要以 DEA 法的一般测算步骤为基础，针对不同的测算目标设计出相应的测算步骤。而以 DEA 法测算潜在经济增长率时，考虑到潜在经济增长率是一个长期的指标，仅研究近几年的潜在经济增长率意义并不明显，同时也不利于对下一阶段潜

① 本章中所指的潜在产出或潜在增长率都是某一时段下的平均潜在产出或平均潜在增长率。

在经济增长率作出准确预测，所以我们选择1980年末至2010年末，跨度为三十年的数据，以五年为周期计算每个周期的平均潜在经济增长率，再加上2010～2014年的平均潜在经济增长率，总计7个时段的测算，以期反映出中国潜在经济增长率的变化水平。

要使用DEA法测算我国潜在经济增长率，首先要选定投入和产出指标。结合我们对潜在经济增长率的界定和普遍研究的生产函数以及生产要素对经济的影响情况，我们需要通过各省（计算东中西区域潜在经济增长率时以各区域相应省份，计算省级潜在经济增长率时以所辖各市）的实际GDP来得到其潜在产出值，因此产出指标方面必须使用实际GDP（以1978年为基底）这一指标为单指标产出。而在投入指标方面，考虑到在潜在经济增长率的测算方法中，DEA法的基本数据要求，以及研究的普遍性，我们选取就业人数和实际全社会固定资产投资（以1978年为基期）两个指标，作为投入指标，它们反映经济活动中劳动力数量和资金数量的投入。

确定了投入产出指标之后，将DEA法的一般工作流程及BCC模型的应用方法套用在我国潜在经济增长率的测算中，同时结合所选取软件DEAP 2.1的测算特点，可设计以下测算步骤来测算1981～2014年以5年为周期的，以全国31个省份为基础数据的全国潜在经济增长率①，具体步骤如下。

（1）选取1980～2014年以来全国31个省份作为相同类型部门，分别以5年或4年为周期，从各年度统计年鉴中获取1980、1985、1990、1995、2000、2005、2010及2014年各省份的就业人数和名义全社会固定资产投资额以及作为产出指标的名义GDP和1978年各省份的GDP数据。

（2）根据1978年各省份的实际GDP值和以后年份以1978年为基期的GDP平均指数为基础，计算各年度各省份不变价GDP值，并根据不变价GDP与当年价格GDP的比例调整各年度各省份固定资产投资的数据。最后得到DEA计算中需要用到的各年度各省份投入指标从业人员数和实际的全

① 2011～2014年4年为周期的全国潜在增长率与此类似。

社会固定资产投资额，以及产出指标实际 GDP，共计 7 组数据。

（3）使用 DEA 法的 BCC 模型，利用 DEAP 软件计算这 7 组数据中的综合技术效率、纯技术效率、规模效率和规模报酬的递增与递减情况，得出综合效率最优的省份（即综合效率的值为 1 的省份）。

（4）利用 DEAP 2.1 软件和数据包络的基本方法，以产出为导向计算出投入指标和产出指标的冗余程度，同时软件会根据本组投入、产出数据中的最优组合计算各个省份的最优产出，即 DEA 的 BCC 模型计算的潜在产出。

（7）分别按上述步骤对各所需年份数据进行计算，即可得到 DEA 方法下的各省份投入产出的效率值和潜在产出。

（8）结合计算得到的各年份的潜在产出与间隔时间，测算出以 5 年周期（或 4 年周期）各个时期中国的平均潜在经济增长率。

二　全国代表年份潜在经济增长率测算

（一）全国数据准备及数据处理

要按上述步骤计算我国潜在经济增长率，所需要的数据包括计算步骤第 1 条所提到的各年度的全国各省份全社会固定资产投入、国民生产总值、生产总值指数以及从业人员数。这几项数据各年度的国家统计年鉴上大部分可查得，以 2005 年和 2010 年为例，从统计年鉴中得到的 2010 年原始数据如表 5－1 所示。[①]

表 5－1　2010 年原始数据

地区	全社会固定资产投入（亿元）	当年价格 GDP（亿元）	从业人员（万人）	价格指数（1978 年＝100）
北京	5493.50	14113.60	1031.60	2471.20
天津	6511.42	9224.46	728.70	2951.80

① 2005 年数据及处理过程在附表中体现。

续表

地区	全社会固定资产投入（亿元）	当年价格 GDP（亿元）	从业人员（万人）	价格指数（1978 年 = 100）
河北	15083.35	20449.12	3865.14	2636.70
山西	6352.60	9200.86	1685.90	2157.90
内蒙古	8971.63	11672.00	1184.70	4183.61
辽宁	16043.03	18457.30	2317.50	2055.18
吉林	9621.80	8667.58	1311.60	2382.01
黑龙江	6801.70	10368.60	1932.00	1413.60
上海	5317.67	17165.98	645.58	2259.30
江苏	23184.28	41425.48	4754.68	4521.14
浙江	12376.04	27722.31	3636.02	4945.20
安徽	11849.43	12359.33	4096.80	2581.20
广西	7859.07	9569.85	2903.00	2224.50
福建	8273.42	14737.12	2241.59	4694.30
江西	7164.63	9451.26	2498.80	2326.40
山东	23276.69	39169.92	6401.90	3823.52
河南	14124.69	23092.36	6042.00	3018.70
湖北	10802.69	15967.61	3645.00	2586.32
湖南	9821.06	16037.96	3982.73	2011.76
广东	16113.19	46013.06	5870.48	5817.40
海南	1331.46	2064.50	439.65	3102.68
重庆	6934.80	7925.58	1539.95	2711.20
四川	13581.96	17185.48	4772.53	2308.30
贵州	3186.28	4602.16	1770.90	1970.51
云南	5528.71	7224.18	2765.90	2043.61
西藏	463.26	507.46	173.39	2343.31
陕西	8561.24	10123.48	2074.00	2427.70
甘肃	3378.10	4120.75	1499.56	1871.68
青海	1068.73	1350.43	307.65	1519.63
宁夏	1464.70	1689.65	326.00	2042.54
新疆	3539.69	5437.47	894.65	2343.51

数据来源：2006 ~ 2011 年各省份统计年鉴和中国统计年鉴。

我们在测算步骤中设计的是以 1978 年为基期的不变价 GDP 作为产出指标来进行测算，所测度的又是投入产出的效率问题，因此，我们在使用 1978 年为基期的价格指数将当年价格 GDP 转化为不变价 GDP 之后，还需要把各年度对应固定资产投资数据按照各年度不变价 GDP 与当年价格 GDP 的比例进行相应的调整，即得到 DEA 法计算所需的固定资产投资数据。调整后 2010 年的具体数据如表 5－2 所示（其中，不变价 GDP = 价格指数 ×1978 年对应 GDP，系数 = 不变价 GDP/当年价格 GDP，调整后固定资产投入 = 全社会固定资产投入 × 系数）。

表 5－2　2010 年处理后的固定资产投入

单位：亿元

地区	当年价格 GDP	系数	调整后固定资产投入	不变价 GDP
北京	14113.60	0.1905	1046.52	2688.67
天津	9224.46	0.2645	1722.12	2439.66
河北	20449.12	0.2360	3560.22	4826.74
山西	9200.86	0.2064	1310.96	1898.74
江苏	41425.48	0.2720	6306.55	11268.49
内蒙古	11672.00	0.2080	1866.40	2428.17
辽宁	18457.30	0.2552	4094.34	4710.48
吉林	8667.58	0.2253	2167.75	1952.77
黑龙江	10368.60	0.2383	1620.93	2470.97
上海	17165.98	0.3591	1909.36	6163.60
浙江	27722.31	0.2207	2731.34	6118.20
安徽	12359.33	0.2380	2820.18	2941.54
福建	14737.12	0.2114	1749.10	3115.61
江西	9451.26	0.2141	1534.29	2023.97
山东	39169.92	0.2201	5122.50	8620.13
河南	23092.36	0.2130	3008.19	4918.07
湖北	15967.61	0.2446	2642.11	3905.34
湖南	16037.96	0.1844	1810.81	2957.09
广东	46013.06	0.2350	3786.10	10811.64

续表

地区	当年价格 GDP	系数	调整后固定资产投入	不变价 GDP
广西	9569.85	0.1763	1385.65	1687.28
海南	2064.50	0.2465	328.17	508.84
重庆	7925.58	0.2453	1700.92	1943.93
四川	17185.48	0.2480	3367.81	4261.35
贵州	4602.16	0.1996	636.02	918.65
云南	7224.18	0.1953	1079.93	1411.11
西藏	507.46	0.3071	142.26	155.83
陕西	10123.48	0.1944	1664.42	1968.14
甘肃	4120.75	0.2940	993.19	1211.54
青海	1350.43	0.1749	186.89	236.15
宁夏	1689.65	0.1572	230.18	265.53
新疆	5437.47	0.1684	596.04	915.61

得到各省份调整后固定资产投入和不变价 GDP 后，即可得到我们最终使用的所有投入和产出指标的数值。

如表 5-3 所示的三项数据即为我们所需要的投入数据和产出数据，得到这三项数据后就可以使用 DEAP 软件对 DEA 法的 BCC 模型进行具体计算了。

表 5-3　2010 年最终使用数据

地区	实际 GDP（亿元）	从业人员（万人）	实际全社会固定资产投资额（亿元）
北京	2688.67	1031.60	1046.52
天津	2439.66	728.70	1722.12
河北	4826.74	3865.14	3560.22
山西	1898.74	1685.90	1310.96
内蒙古	11268.49	1184.70	6306.55
辽宁	2428.17	2317.50	1866.40
吉林	4710.48	1311.60	4094.34

续表

地区	实际 GDP（亿元）	从业人员（万人）	实际全社会固定资产投资额（亿元）
黑龙江	1952.77	1932.00	2167.75
上海	2470.97	645.58	1620.93
江苏	6163.60	4754.68	1909.36
浙江	6118.20	3636.02	2731.34
安徽	2941.54	4096.80	2820.18
福建	3115.61	2903.00	1749.10
江西	2023.97	2241.59	1534.29
山东	8620.13	2498.80	5122.50
河南	4918.07	6401.90	3008.19
湖南	2957.09	3645.00	1810.81
湖北	3905.34	6042.00	2642.11
广东	10811.64	3982.73	3786.10
广西	1687.28	5870.48	1385.65
海南	508.84	439.65	328.17
重庆	1943.93	1539.95	1700.92
四川	4261.35	4772.53	3367.81
贵州	918.65	1770.90	636.02
云南	1411.11	2765.90	1079.93
西藏	155.83	173.39	142.26
陕西	1968.14	2074.00	1664.42
甘肃	1211.54	1499.56	993.19
青海	236.15	307.65	186.89
宁夏	265.53	326.00	230.18
新疆	915.61	894.65	596.04

（二）测算过程

上述数据准备工作做好后，我们就可以利用 DEAP 软件进行效率评价和最优（潜在）产出的计算。在 DEAP 软件中编辑好对文本文档数据的 INS. 软件，然后利用软件进行计算。这里以 2006 ~ 2010 年全国潜在经济增长率的测算为例，我们需要先测算 2005 年和 2010 年两年的潜在产出。先使用 2010 年的投入数据和产出数据，计算相应省份的综合效率、纯技术效率和规模效率，然后以此为基础，利用投影的原理计算出投入要素的冗余程度和最优产出，即潜在产出。同理，计算 2005 年各个省份的综合效率、纯技术效率和规模效率，并在此基础上计算潜在产出。最后，利用 2005 年和 2010 年的潜在产出数据计算出 5 年为一阶段的经济平均潜在经济增长率。首先，2010 年各省份的效率值如表 5 - 4 所示。

表 5 - 4　2010 年各省份的效率评价值

省份	综合效率	纯技术效率	规模效率	规模报酬
北京	0.796	0.832	0.956	递增
天津	0.439	0.441	0.994	递增
河北	0.420	0.521	0.807	递减
山西	0.449	0.460	0.976	递增
内蒙古	0.403	0.404	0.999	不变
辽宁	0.356	0.572	0.623	递减
吉林	0.279	0.289	0.967	递减
黑龙江	0.472	0.477	0.991	递增
上海	1.000	1.000	1.000	不变
江苏	0.554	1.000	0.554	递减
浙江	0.694	0.746	0.930	递减
安徽	0.323	0.349	0.925	递减
福建	0.552	0.555	0.995	递增
江西	0.409	0.414	0.987	递增
山东	0.521	0.780	0.668	递减
河南	0.506	0.554	0.915	递减
湖北	0.458	0.489	0.935	递减
湖南	0.506	0.507	0.997	递增
广东	0.885	1.000	0.885	递减
广西	0.377	0.385	0.980	递增
海南	0.480	0.646	0.744	递增

续表

省份	综合效率	纯技术效率	规模效率	规模报酬
重庆	0.354	0.356	0.993	递增
四川	0.392	0.436	0.899	递减
贵州	0.447	0.501	0.894	递增
云南	0.405	0.422	0.959	递增
西藏	0.339	1.000	0.339	递增
陕西	0.366	0.369	0.992	递增
甘肃	0.378	0.397	0.951	递增
青海	0.391	0.768	0.510	递增
宁夏	0.357	0.584	0.612	递增
新疆	0.476	0.539	0.883	递增
平均值	0.477	0.574	0.866	

由表5-4的结果，我们可以从四个方面来分析2010年全国各省份的效率情况。首先，从综合效率方面考虑，全国的平均值处于较低的水平——0.477；全国20个省份的综合效率低于全国的平均水平，占全国的65%；全国31个省份只有北京市、上海市和广东省的综合效率大于0.75，处于较优的水平，其中上海市的综合效率为1，是所有省份中的最优。从综合效率来看，中国各省份整体效率偏低，提升综合效率将是接下来政府和企业的工作重点。其次，从纯技术效率来看，全国31个省份的平均值为0.574，同样处于较低的水平；全国21个省份的纯技术效率低于全国的平均水平，占全国省份的68%；上海市、江苏省、广东省和西藏自治区的纯技术效率为1，说明这些省份对现有技术和外部先进技术的吸收与应用水平较高。纯技术效率的较低水平，说明我国在技术的研发、引进、应用等方面的发展潜力很大，接下来各省份都应该将人才技术的进步作为提升经济发展潜力的基本着力点。再次，从规模效率方面来看，全国的平均水平为0.866，整体的规模效率处于较好的水平；全国23个省份的规模效率高于这一平均值，占全国省份的74%；江苏省和西藏自治区处于全国31个省份的最低水平，上海市的规模效率处于最优水平。最后，从规模报酬的情况来看，全国18

个省份处于规模报酬递增阶段，11 个省份处于规模报酬递减阶段，说明我国城市经济活力整体不错。

接下来，我们来分析投入产出的冗余程度和潜在产出，结果如表 5－5 所示。

表 5－5　2010 年各省份投入冗余程度和潜在产出

省份	冗余程度		单位：亿元
	固定资产投资（亿元）	从业人数（万人）	潜在产出
北京	0	616.581	3230.125
天津	0	133.153	5527.023
河北	0	0	9273.023
山西	0	1200.220	4129.165
内蒙古	0	550.599	6017.545
辽宁	395.841	0	8240.689
吉林	0	0	6765.595
黑龙江	0	1364.492	5182. 998
上海	0	0	6163.6
江苏	0	0	11268.490
浙江	0	702.023	8199.362
安徽	0	915.470	8419.388
福建	0	1638.833	5618.750
江西	0	1953.443	4888.441
山东	0	1123.043	11053.872
河南	0	2337.245	8885.024
湖北	0	959.422	7978.370
湖南	0	3363.484	5828.551
广东	0	0	10811.640
广西	0	2397.362	4383.096
海南	0	216.583	787.885
重庆	0	950.068	5454.948
四川	0	66.582	9775.679

续表

省份	冗余程度		单位：亿元
	固定资产投资（亿元）	从业人数（万人）	潜在产出
贵州	0	1465.571	1834.511
云南	0	2341.953	3343.712
西藏	0	0	155.830
陕西	0	1493.871	5330.855
甘肃	0	1098.791	3048.814
青海	0	122.334	307.563
宁夏	0	129.117	454.740
新疆	0	600.005	1698.587

由表5－5中的数据我们可以知道，在就业人数的投入方面存在很大的冗余，这也意味着在经济的发展中不能一味地投入人力资源，而是要寻求一个合理的水平。以数据包络算法计算的最优（潜在）产出的数值要明显大于实际的GDP，也就是说我们的生产函数曲线存在很大的潜力向外扩张，即经济还有很大的发展潜力。

（三）计算结果

用上述方法分别计算其余所需年份的全国以1978年为基期的潜在产出，可得：1980年全国以1978年为基期的潜在产出为6934.376亿元，1985年为7861.347亿元，1990年为10906.4亿元，1995年为21038.76亿元，2000年为35287.59亿元，2005年为70272.23亿元，2010年为174047.9亿元，2014年为215033.8亿元。据此可以算出，我国1981～1985年的平均潜在经济增长率为2.5%，我国1986～1990年的平均潜在经济增长率为6.8%，1991～1995年的平均潜在经济增长率为14%，1996～2000年的平均潜在经济增长率为20%，2001～2005年的平均潜在经济增长率为15%，2006～2010年的平均潜在经济增长率为20%，2011～2014年的平均潜在经济增长率为4.3%。

（四）小结

从全国的分析来看，随着要素投入量的增加，我国的实际 GDP 和潜在 GDP 均呈现增加的趋势，但是潜在产出的数值要远远大于实际 GDP，这说明如果我们提高投入要素的使用效率，提高经济产出的潜力还是较大的。从时间方面来看，潜在产出的增加幅度具有时间差异性，增长的趋势类似“M 型曲线”，最大的增长幅度出现在 2006 ~ 2010 年，平均增长率高达 20%，但是 2011 ~ 2014 年的增长率仅为 4.3%，这促使我们寻求在经济新常态下刺激经济增长的因素，这也正是本书研究的重点。

三 东部、中部、西部各时段潜在经济增长率测算

按照上一节对中国潜在经济增长率的测算步骤及要求，可设计以下测算步骤来测算 1981 ~ 2010 年以 5 年为周期以及 2011 ~ 2014 年以 4 年为周期的我国东部、中部、西部潜在经济增长率，结论如下。[①]

（一）东部潜在经济增长率测算

2010 年东部 13 个省份最终使用数据见表 5 – 6。

表 5 – 6 2010 年东部 13 个省份最终使用数据

省份	全社会固定资产投资额（亿元）	从业人数（万人）	实际 GDP（亿元）（以 1978 年为基期）
北京	1046.52	1031.6	2688.67
天津	1722.12	728.7	2439.66
河北	3560.22	3865.14	4826.74
辽宁	4094.34	2317.5	4710.48
吉林	2167.75	1311.6	1952.77
黑龙江	1620.93	1932	2470.97
上海	1909.36	645.58	6163.6

① 受篇幅所限，本书省略了计算过程，只把主要结论表一一列举。

续表

省份	全社会固定资产投资额（亿元）	从业人数（万人）	实际 GDP（亿元）（以 1978 年为基期）
江苏	6306.55	4754.68	11268.49
浙江	2731.34	3636.02	6118.2
福建	1749.1	2241.59	3115.61
山东	5122.5	6401.9	8620.13
广东	3786.1	5870.48	10811.64
海南	328.17	439.65	508.84

以这三项数据为基础接着使用 DEA 法的 BCC 模型进行相应计算，得到东部 13 个省份的综合效率和潜在产出数据，如表 5 -7 所示。

表 5 -7　2010 年东部各省份综合效率和潜在产出

省份	综合效率	规模报酬	潜在产出（亿元）
北京	0.796	递增	3077.852
天津	0.439	递增	5493.979
河北	0.420	递减	9273.023
辽宁	0.356	递减	8240.689
吉林	0.279	递减	6765.595
黑龙江	0.472	递增	5132.097
上海	1.0000	不变	6163.600
江苏	0.554	递减	11268.490
浙江	0.694	递减	8199.362
福建	0.552	递增	5590.467
山东	0.521	递减	11053.872
广东	0.885	递减	10811.640
海南	0.480	递增	508.840

对潜在产出这列数据加总，得出 2010 年以 1978 年为基期的潜在产出为 91579.51 亿元。用同样的方法对 1980 年、1985 年、1990 年、1995 年、2000 年、2005 年、2010 年、2014 年东部 13 个省份的数据进行 DEA 法测

算，得出以 1978 年为基期的潜在产出分别为 2989.049 亿元、4471.044 亿元、6184.876 亿元、12704.04 亿元、21334.24 亿元、54562.77 亿元、91579.51 亿元和 109687.1 亿元，进而计算出 1981 ~ 1985 年的平均潜在经济增长率为 5.4%，1986 ~ 1990 年的平均潜在经济增长率为 6.7%，1991 ~ 1995 年的平均潜在经济增长率为 15.5%，1996 ~ 2000 年的平均潜在经济增长率为 10.9%，2001 ~ 2005 年的平均潜在经济增长率为 20.7%，2006 ~ 2010 年的平均潜在经济增长率为 10.9%，2011 ~ 2014 年的平均潜在经济增长率为 3.7%。

东部地区的整体经济发展趋势较好，潜在经济增长同样呈现增长趋势和一定的时间差异性，但是在增长幅度方面较全国的变动幅度更大，出现变动和最大增长的时间点也和全国的不一致，2001 ~ 2005 年的增长幅度最大，高达 20.7%。2011 ~ 2014 年增长率较低，也说明研究东部地区经济增长的刺激因素很重要。

（二）中部潜在经济增长率测算

2010 年中部 6 个省份最终使用数据如表 5 - 8 所示。

表 5 - 8　2010 年中部 6 个省份最终使用数据

省份	实际 GDP（亿元）（以 1978 年为基期）	从业人员（万人）	实际固定资产投资（亿元）
山西	1898.74	1685.9	1310.96
安徽	2941.54	4096.8	2820.18
江西	2023.97	2498.8	1534.29
河南	4918.07	6042.0	3008.19
湖北	3905.34	3645.0	2642.11
湖南	2957.09	3982.73	1810.81

以表 5 - 8 中的这三项数据为基础，接着使用 DEA 法的 BCC 模型进行相应计算，得到中部 6 个省份的综合效率和潜在产出数据，如表 5 - 9 所示。

表 5-9　2010 年中部各省份综合效率和潜在产出

省份	综合效率	规模报酬	潜在产出（亿元）
山西	1.000	不变	1898.74
安徽	0.697	递减	4096.225
江西	0.856	递增	2336.023
河南	1.000	不变	4918.070
湖北	1.000	不变	3905.340
湖南	0.999	递增	2957.090

对潜在产出这列数据加总，得出 2010 年以 1978 年为基期的潜在产出为 20111.49 亿元。用同样的方法对 1980 年、1985 年、1990 年、1995 年、2000 年、2005 年、2010 年、2014 年中部 6 省的数据进行 DEA 法测算，得出以 1978 年为基期的潜在产出分别为 890.61 亿元、1542.827 亿元、2168.59 亿元、3791.481 亿元、6030.548 亿元、10532.95 亿元、20111.49 亿元和 28180.58 亿元，进而计算出 1981～1985 年的平均潜在经济增长率为 4.6%，1986～1990 年的平均潜在经济增长率为 7%，1991～1995 年的平均潜在经济增长率为 11.8%，1996～2000 年的平均潜在经济增长率为 9.7%，2001～2005 年的平均潜在经济增长率为 11.8%，2006～2010 年的平均潜在经济增长率为 13.8%，2011～2014 年的平均潜在经济增长率为 7%。

相较于东部地区，中部地区在整体经济发展和潜在经济增长方面都较落后，潜在经济增长率也存在时间上的差异性，且变化趋势和东部地区相似，但是相较于全国和东部地区，最后一个阶段的潜在经济增长率的下降趋势不是很明显。

（三）西部潜在经济增长率测算

2010 年西部 12 个省份最终使用数据如表 5-10 所示。

表 5－10 2010 年西部 12 个省份最终使用数据

省份	实际 GDP（亿元）（以 1978 年为基期）	从业人员（万人）	实际全社会固定资产投资额（亿元）
内蒙古	2428. 17	118. 534. 7	1866. 4
广西	1687. 28	2903. 0	1385. 65
重庆	1943. 93	1539. 95	1700. 92
四川	4261. 35	4772. 53	3367. 81
贵州	918. 65	1770. 90	636. 02
云南	1411. 11	2765. 9	1079. 93
西藏	155. 83	173. 39	142. 26
陕西	1968. 14	2074. 0	1664. 42
甘肃	1211. 54	1499. 56	993. 19
青海	236. 15	307. 65	186. 89
宁夏	265. 53	326. 0	230. 18
新疆	915. 61	894. 65	596. 04

以这三项数据为基础接着使用 DEA 法的 BCC 模型进行相应计算，得到西部 12 个省份的综合效率和潜在产出数据，如表 5－11 所示。

表 5－11 2010 年西部各省份综合效率和潜在产出

省份	综合效率	规模报酬	潜在产出（亿元）
内蒙古	1. 000	不变	2428. 17
广西	0. 793	递减	1868. 73
重庆	0. 832	递减	2236. 654
四川	0. 836	递减	4261. 35
贵州	0. 940	递减	963. 869
云南	0. 851	递减	1499. 703
西藏	0. 750	递增	155. 830
陕西	0. 806	递减	2200. 803
甘肃	0. 794	递减	1395. 001
青海	0. 823	递增	236. 150
宁夏	0. 762	递增	304. 174
新疆	1. 000	不变	915. 610

对潜在产出这列数据加总，得出2010年以1978年为基期的潜在产出为18466.04亿元。用同样的方法对1980年、1985年、1990年、1995年、2000年、2005年、2010年、2014年西部12个省份的数据进行DEA法测算，得出以1978年为基期的潜在产出分别为908.343亿元、1466.629亿元、2099.407亿元、3668.105亿元、5902.779亿元、9418.407亿元、18466.04亿元和29100.27亿元，进而计算出1981～1985年的平均潜在经济增长率为4.1%，1986～1990年的平均潜在经济增长率为7.1%，1991～1995年的平均潜在经济增长率为12%，1996～2000年的平均潜在经济增长率为10%，2001～2005年的平均潜在经济增长率为9.7%，2006～2010年的平均潜在经济增长率为14%，2011～2014年的平均潜在经济增长率为9.5%。

在要素投入逐渐增加的同时，经济发展水平和潜在经济增长均呈现增长趋势，但是相较于东部、中部地区而言，西部地区经济发展水平较为落后，但潜在经济增长率的变化趋势大致相同且存在时间差异性，最后阶段的潜在经济增长率的下降趋势不明显。虽然整体的趋势较好，但是我们还是要防患于未然，寻求刺激经济增长的因素和方式。

（四）1981～2014年东中西区域各段平均潜在经济增长率测算汇总

上面分别对我国东中西部2006～2010年的平均潜在经济增长率进行了较为详细的测算，遵照上述基本思想及基本操作步骤，收集各时段相应数据，分别得出各节点处的人均潜在产出如表5－12所示，据此推算出对应的平均潜在经济增长率。

表5－12　东中西区域各段平均潜在经济增长率

时段	东部各节点处潜在产出（亿元）	东部平均潜在经济增长率（%）	中部各个节点潜在产出（亿元）	中部平均潜在经济增长率（%）	西部各节点处潜在产出（亿元）	西部平均潜在经济增长率（%）
1981～1985	4471.044	5.4%	1542.827	4.6%	1466.629	4.1%
1986～1990	6184.876	6.7%	2168.59	7%	2099.407	7%
1991～1995	12704.04	15.5%	3791.481	11.8%	3668.105	12%

续表

时段	东部各节点处潜在产出（亿元）	东部平均潜在经济增长率（%）	中部各个节点潜在产出（亿元）	中部平均潜在经济增长率（%）	西部各节点处潜在产出（亿元）	西部平均潜在经济增长率（%）
1996～2000	21334.24	10.9%	6030.548	9.7%	5902.779	10%
2001～2005	54562.77	20.7%	10532.95	11.8%	9418.407	9.7%
2006～2010	91579.21	10.9%	20111.49	13.8%	18466.04	14%
2011～2014	109687.1	3.7%	28180.58	7%	29100.27	9.5%

四　各省份潜在经济增长率测算

接下来我们以上面的测算步骤为基础，对我国东、中、西部相应数据收集情况良好省份的潜在经济增长率进行测算，并在第六章将测算结果与全国潜在经济增长率、东中西区域潜在经济增长率进行结合分析。①

要计算各省份的潜在经济增长率，所需的数据则为各省份下属市（州、地区）数据，这些数据只能在对应年份的省级统计年鉴中查得。而在可查到的统计年鉴中，大部分省级年鉴的起始年份都在 20 世纪 80 年代末期，因此，我们在测算省级潜在经济增长率时，选择的测算时段为 1991～2010 年以 5 年为周期及 2011～2014 年以 4 年为周期的潜在经济增长率，产出指标为以 1990 年为基期的不变价 GDP。

考虑到所选择的测算时段依旧较长，我们拟以区域为分界，完成各省份潜在产出及其潜在经济增长测算，分别测度出它们 1991～1995 年、1996～2000 年、2001～2005 年、2006～2010 年、2011～2014 年的五组平均潜在经济增长率。在全国的省份相关政策和自身发展等因素影响下，行政的划分经历了许多变化，为了将各省份的测算过程说清楚，同时节约篇幅，本书选取行政划分有变化且经济发展水平能够代表我国先进水平的广东省作为代表省份对相关的计算过程进行梳理。由于其他省份的处理过程同广东省

① 为了较好地比较出 1991～2014 年的全国潜在产出（或潜在增长）的动态变化情况，本书没有把港澳台包括进来。另外西部地区的新疆和西藏出于数据原因等没有选取。

的一样，这里只把最终结果进行汇总。本部分在指标的选取上同计算全国和东中西各个区域的数据相同，分别为实际的全社会固定资产投资、就业人员和实际的 GDP。

（一）代表省份数据准备及数据处理

测算代表省份的潜在经济增长率，所需数据为各个省份下属市、州、地的投入产出数据，选择的指标与测算全国数据时相同。而市级数据与省级数据不同的地方在于，在省级统计年鉴中查询省级数据仅需查看最近一年的统计年鉴即可得到所需指标 1980～2010 年的数据，而在省级统计年鉴中查询我们需要的市级数据，则需要代表省份 1991 年、1996 年、2001 年、2006 年、2011 年及 2015 年共 6 年的统计年鉴，分别查出 1990 年、1995 年、2000 年、2005 年、2010 年及 2014 年的数据，这就涉及上文提到过的行政区划不同的问题。在 DEA 法的计算中，我们必须要求每个效率评价单元是相同的，也就是所选省份的行政区划需要一致。而尽管我们已经排除掉了一些行政区划变动较大的省份，但由于时间跨度较长，依旧有部分省份 1990 年和 2010 年的行政区划存在细微的差异。下面就以存在这种情况的广东省为例来介绍数据的准备及处理。

我们发现，广东省在 1995～2014 年的行政区划中都包含 21 个地级市，1995 年广东省以 1990 年为不变价的处理后数据如表 5－13 所示。

表 5－13　1995 年广东省各城市处理后数据

单位：亿元，万人

城市	实际固定资产投入	实际 GDP	从业人员
广州市	388.65	781.42	359.91
深圳市	115.25	332.18	101.69
珠海市	45.87	100.69	42.90
汕头市	74.43	156.72	197.52
佛山市	93.66	306.85	172.50
韶关市	36.33	130.25	133.76

续表

城市	实际固定资产投入	实际 GDP	从业人员
河源市	18.09	54.18	132.09
梅州市	27.33	103.11	204.62
惠州市	31.89	119.29	142.99
汕尾市	21.93	55.06	105.39
东莞市	48.51	158.00	81.87
中山市	42.19	106.48	71.87
江门市	65.77	227.61	198.80
阳江市	19.03	68.61	127.69
湛江市	72.26	233.82	291.31
茂名市	95.05	180.32	258.34
肇庆市	43.36	138.75	183.89
清远市	45.67	102.32	165.21
潮州市	15.63	57.70	110.94
揭阳市	39.02	121.08	224.92
云浮市	23.99	78.66	120.41

数据来源：《1996 年广东统计年鉴》。

而在 1990 年的行政区划中仅有 19 个地级市，缺少的 2 个地级市为揭阳市和云浮市。仔细查看 1991 年广东统计年鉴，结合揭阳市和云浮市的相关介绍，可以发现 1990 年揭阳和云浮都属于县，分别从属于汕头市和肇庆市。在 1991 年广东统计年鉴中可以找到揭阳县和云浮县的相关数据，但 1995 年之后的揭阳市和云浮市并不仅仅包含当时的揭阳县和云浮县，还包含了一些其他地区，因此我们拟采用估算的方法来得出 1990 年揭阳市和云浮市的相关数据（尽管它们当时并不存在，但若这两个地区以及 1990 年汕头市和肇庆市的生产并非有效率，对计算结果造成的影响是极其有限的，可忽略不计）。具体估算方法为：取 1995 年汕头市和揭阳市的 GDP 数据求和，求出揭阳市的 GDP 占总和的比例，用这个比例乘以 1990 年汕头市的 GDP 即可得到 1990 年揭阳市的 GDP 数据，再以 1990 年汕头市 GDP 减去 1990 年揭阳市 GDP，即得到以 1995 年之后行政区划划分的汕头市 1990 年的 GDP。同样的可以估算出 1990 年肇庆市和云浮市的 GDP，以及这 4 个地区 1990 年的固定资产投资和从业人员数，最终得出广东省 1990 年的数据如表 5 - 14 所示。

表 5 - 14 调整后 1990 年广东省各城市数据

单位：亿元，万人

城市	实际固定资产投入	实际 GDP	从业人员
广州市	90.21	319.60	328.17
深圳市	77.50	135.86	67.45
珠海市	11.97	41.18	29.73
汕头市	26.73	64.10	206.69
佛山市	23.09	125.50	156.52
韶关市	10.37	53.27	127.73
河源市	3.22	22.16	125.19
梅州市	7.62	42.17	189.02
惠州市	15.00	48.79	112.73
汕尾市	5.49	22.52	94.43
东莞市	7.47	64.62	73.05
中山市	9.33	43.55	67.73
江门市	12.96	93.09	193.34
阳江市	4.44	28.06	117.10
湛江市	11.97	95.63	269.23
茂名市	12.43	73.75	261.70
肇庆市	13.21	56.75	171.25
清远市	7.09	41.85	151.46
潮州市	2.32	23.60	73.65
揭阳市	9.96	49.52	219.74
云浮市	5.76	32.17	108.90

数据来源：根据 1996 年广东统计年鉴计算。

用同样的方法，即可得到其他省份 1990 ~ 2010 年及 2011 ~ 2014 年的所需数据。

（二）各省份计算结果汇总

在数据准备完成后，即可按照所设计的步骤分别进行测算，测算过程与测算全国和东中西各个区域的潜在经济增长率时完全相同，这里不再重复介绍。这里由于数据的可得性和之后的分析，将全国的数据以 1990 年价格为不变价重新处理后再次进行测算①，测算出的省份和全国的潜在产出结果如表 5－15 所示。

表 5－15　29 个省份各年度潜在产出

单位：亿元

省份	1990	1995	2000	2005	2010	2014
北京	7985.97	13167.07	23044.54	28775.09	42019.88	47636.31
天津	7390.55	11632.41	18999.57	32875.51	51664.83	66232.22
河北	3033.05	5447.53	8836.73	14269.43	22902.05	27923.63
辽宁	5178.67	7509.11	11622.32	20371.09	38488.96	45635.69
吉林	3498.04	5185.95	9093.09	16814.58	30399.99	34363.63
黑龙江	4979.81	6685.86	9838.83	14902.91	23775.35	29743.88
上海	9919.54	16917.26	30146.11	45268.41	68372.41	82140.85
江苏	3352.65	7073.55	11921.51	21122.82	38355.19	51317.83
浙江	3306.90	7181.91	12588.48	23062.65	31809.15	39023.56
广东	5862.28	11093.72	14817.38	23427.85	37664.70	49040.55
福建	3873.39	7740.79	12565.68	18590.87	29625.43	36080.37
山东	3737.61	6199.14	9922.28	17106.52	28859.97	37426.71
海南	3365.54	6927.28	9916.71	14160.07	22902.37	26277.45
山西	2684.36	3924.69	6006.23	11014.04	16847.45	26613.76
安徽	2206.66	3848.17	5518.91	8417.95	14291.24	19226.04
湖南	2503.35	3411.91	5245.12	8206.91	14314.58	19571.24
湖北	2711.42	4513.68	6839.30	10643.59	19797.37	27981.59
河南	4795.04	8072.03	10526.21	19655.16	34877.43	34877.43

① 前面 1981～2014 年中国潜在产出（或潜在增长率）测算时所选基期为 1978 年。在此加入以 1990 年为基期的全国测算，目的是保证对比口径的一致性。

续表

省份	1990	1995	2000	2005	2010	2014
江西	2359.59	3348.99	5339.43	8385.26	14175.78	18813.03
陕西	2282.27	3269.06	5673.38	9570.28	21489.81	29798.53
贵州	1455.81	2019.09	2795.65	4605.82	7372.69	10343.08
广西	2129.26	3815.07	5316.01	8433.99	15065.85	21639.25
重庆	2088.46	3594.42	5829.97	11252.83	21355.63	28996.31
四川	2088.88	3302.59	5077.92	8543.28	16001.50	22581.05
云南	2349.14	3459.82	4922.52	7047.58	10933.76	14955.63
内蒙古	3453.49	5059.29	8288.87	18623.90	36810.67	43022.18
甘肃	1878.68	2614.61	4210.23	7441.35	11738.34	16407.34
青海	2899.07	3846.89	5392.70	9280.82	16271.89	26488.60
宁夏	3071.53	3987.67	5447.21	8447.29	14100.81	17958.73
全国	3360.9	5699.08	9127.31	15262.66	25697.17	36032.96

数据来源：根据 1991 ~2015 年各省统计年鉴和 2015 年中国统计年鉴计算。

据此测算出的对应时段各省潜在经济增长率如表 5 -16 所示。

表 5 -16　29 个省份各时段潜在经济增长率

单位：%

省份	1991 ~1995	1996 ~2000	2001 ~2005	2006 ~2010	2011 ~2014
北京	10.52	11.84	4.54	7.87	7.27
天津	9.50	10.31	11.59	9.46	8.63
河北	12.43	10.16	10.06	9.92	6.83
辽宁	7.71	9.13	11.88	13.57	5.84
吉林	8.19	11.89	13.08	12.57	4.17
黑龙江	6.07	8.03	8.66	9.79	7.75
上海	11.27	12.25	8.47	8.60	6.31
江苏	16.10	11.00	12.12	12.67	10.19
浙江	16.78	11.88	12.87	6.64	7.05
广东	13.61	5.96	9.60	9.96	9.20
福建	14.85	10.17	8.15	9.77	6.79
山东	10.65	9.86	11.51	11.03	9.05

续表

省份	1991～1995	1996～2000	2001～2005	2006～2010	2011～2014
海南	15.53	7.44	7.38	10.09	6.69
山西	7.89	8.88	12.89	8.87	6.15
安徽	11.76	7.48	8.81	11.17	10.39
湖南	6.39	8.98	9.37	11.77	10.99
湖北	10.73	8.67	9.25	13.21	12.22
河南	10.98	5.45	13.30	12.15	6.01
江西	7.25	9.78	9.45	11.07	9.89
陕西	7.45	11.66	11.02	17.56	11.51
贵州	6.76	6.72	10.50	9.87	11.95
广西	12.37	6.86	9.67	12.30	12.83
重庆	11.47	10.16	14.06	13.67	10.73
四川	9.59	8.98	10.97	13.37	12.17
云南	8.05	7.31	7.44	9.18	11.01
内蒙古	7.94	10.38	17.58	14.60	6.34
甘肃	6.83	10.00	12.06	9.54	11.81
青海	6.39	8.94	9.95	9.81	11.82
宁夏	5.36	6.44	9.17	10.79	8.40
全国	11.14	9.88	10.83	10.98	8.82

数据来源：根据 1991～2015 年各省统计年鉴和 2015 中国统计年鉴计算。

（三）小结

本节是本章的核心小节，在上一节对潜在经济增长率及 DEA 法的 BCC 模型进行了初步研究，并对潜在经济增长率进行了界定之后，本节以 DEA 法的 BCC 模型为基础，结合我们对在经济增长率的界定完成了测算步骤设计，搜集并处理了所需的数据，先以 1978 年价格为不变价测算了 1981～2014 年以 5 年和 4 年为周期的全国平均潜在产出及平均潜在经济增长率；以 1978 年价格为不变价测算了 1981～2014 年以 5 年和 4 年为周期的东中西区域平均潜在产出及平均潜在经济增长率；之后测算了以 1990 年为不变价的全国 29 个省份 1991～2014 年以 5 年和 4 年为周期的平均潜在产出及平均潜在经济增长率，完成了本章研究的重点部分，即潜在经济增长率的测算研究，也为后续潜在经济增长率的分析和预测提供了数据基础，并作为第六章关键的实证数据基础。

第三节　基于测算结果的潜在经济增长率分析评价

在完成了全国、东中西区域及各省份潜在产出和潜在经济增长率的测算后，为了理解测算结果的具体意义，我们需要对其进行结合分析，并通过分析将潜在经济增长率与实际经济增长联系起来，让这一指标为我国经济提供实际指导。本节将会以测算结果为基础，首先对全国、东中西区域及各省的潜在经济增长率进行结合分析，进而对潜在经济增长率的发展作出预测，最后以潜在经济增长率的分析和预测为基础对目前我国经济发展提出一些指导意见。

一　潜在产出和潜在经济增长率分析

（一）全国潜在产出和潜在经济增长率分析

我们先从全国的潜在产出和潜在经济增长率来进行分析。首先从潜在经济增长率的绝对数来看，某一时段的潜在经济增长率的绝对数取决于上一时段和这一时段的投入指标的大小，以及生产效率的大小。全国某一时段的潜在经济增长率高，可以说明全国在这个时段的最大生产效率有很大提高，反之，全国某一时段的潜在经济增长率低，则说明全国在这个时段的整体生产效率提升不大。将测算出的潜在经济增长率按从高到低的顺序重新排列如表 5－17 所示。

表 5－17　各时段平均潜在经济增长率

排序	时段	平均潜在经济增长率
1	2006～2010（十一五）	20%
2	2001～2005（十五）	15%

续表

排序	时段	平均潜在经济增长率
3	1991～1995（八五）	14%
4	1996～2000（九五）	11%
5	1986～1990（七五）	6.8%
6	2011～2014（十二五）	4.3%
7	1981～1985（六五）	2.5%

从各时段平均潜在经济增长率来看，平均潜在经济增长率领先的是2006～2010年，即“十一五”时期，次高的是2001～2005年和1991～1995年，而最低的则是1981～1985年。

单纯从平均潜在经济增长率去分析其数值高低的原因，这里我们首先选取，在平均潜在经济增长率较高的“八五”时期，其潜在经济增长率较高的主要原因。首先，在“八五”时期，我国大力发展第二产业，第二产业产值年均增长率高达17.3%，一、二、三产业的产值结构由“七五”末期的27.1∶41.6∶31.3转变为“八五”末期的20.3∶47.7∶32.0。这使得我国大部分以第二产业推动经济发展的省份的生产总值得到了极大的提高，而这部分地区以生产效率较高的城市为主，因此它们带动了潜在经济增长率的大幅提高；然后，“八五”时期作为我们投入指标的全社会固定资产投资量大幅增长，其年均增长率达到了17.9%，投入的高增长率拉动了潜在产出的高增长。同时，“八五”时期的对外贸易开始迅速发展，对外贸易总额的年均增长率高达19.5%，这也从一个侧面刺激了我国生产效率的提高，从而拉动了潜在经济增长率的提高。其次，选取经济增长率最高的“十一五”时期，21世纪以来，伴随着我国加入WTO，我国的经济得到了迅速的发展，生产效率也有了巨大的提高，对外贸易量和金额大幅度提高，与此同时，全社会固定资产投资也逐年增加，剔除掉价格因素后2010年末全社会固定资产投资也已达到了2000年的6倍之多，其中“十一五”时期全社会固定资产投资增长率达到了18.6%，“十一五”时期更是达到了20.3%。而我国于改革开放初期开始坚持贯彻计划生育政策，经过了20年在这个时段也开始体现在从业人员的变化上，这两个时间段的从业人员分别增长了4500万人和6600万人，增长率分别为6.90%和9.42%，都在10%以下。因此，虽然“十一五”时期全球金融危机影响了我国经济的发展，但在投入指标保持着极高增长率的情况下，以及金融危机之前我国经济快速高效的发展，我国的潜在经济增长率依然保持在一个相对较高的水平上。

反观潜在经济增长率低于10%的“七五”“十二五”“六五”时期，在这里选取经济发生突然增长的“八五”前的一个时期——“七五”时期进行分析。“七五”时期潜在经济增长率较低的原因可以与“八五”时期的高潜在经济增长率对照分析。“七五”时期，我国还未完成第一产业向二、三产业的转型，一、二、三产业的产值结构由“六五”末期的28.4∶43.1∶28.5转变为27.1∶41.6∶31.3，并没有什么太大的变化，二、三产业没有得到快速发展也是整体生产效率没有太大提高的原因之一。同时，在投入方面，“七五”时期虽然从业人员数增长了将近8000万，但是全社会固定资产投资的增长率仅为4.3%，在当时国家的经济产出不是很大的情况下，过大的人力投入可能会造成经济增长较为缓慢。

从潜在经济增长率的绝对数分析，我们得到了在本书界定下的潜在经济增长率高低的几个原因，主要的原因包括生产效率的变化，也包括要素投入的变化。为了单独进行生产效率的分析，接下来我们把潜在产出和潜在经济增长率与实际GDP的变化联系起来进行分析，以得到潜在产出与实际产出、潜在经济增长率与GDP增长率之间的差距。为了保证计算口径的统一，这里我们用统计年鉴中1978年为不变价的价格指数来计算各年度实际产出（GDP）（前面也是以此GDP值为基础计算各年潜在产出）。各年度潜在产出与实际产出对比如表5－18所示。

表 5－18　各年度潜在产出与实际产出对比

单位：亿元

年份	实际产出（GDP）	潜在产出	差额
1980	4099.53	6934.376	2834.846
1985	6907.45	7861.347	953.897
1990	10123.88	10906.4	782.52
1995	19208.07	21038.76	1830.69
2000	31381.00	35287.59	3906.59
2005	55232.55	70272.23	15039.68
2010	101743.84	174047.9	72304.06
2014	148758.8	215033.8	66275.00

不是直接使用国家统计局发布的各年人均 GDP 直接测算其增长率。而是先计算各年度从员人均 GDP（对应的是从业人员人均潜在产出），进而计算得出各时段实际 GDP 增长率（潜在经济增长率），如表 5－19 所示。

表 5－19　各时段潜在经济增长率与 GDP 增长率对比

时段	实际 GDP 增长率	潜在经济增长率	差额（百分点）
1981～1985	11%	2.5%	8.5
1986～1990	8%	6.8%	1.2
1991～1995	14%	14%	0
1996～2000	10%	11%	－1
2001～2005	12%	15%	－3
2006～2010	13%	20%	－7
2011～2014	8%	4.3%	3.75
34 年平均（1981～2014）	10%	10.5%	－0.5

从不同时段的情况将这两张表结合分析，我们可以发现以下几点。

第一，1990 年之前，我国实际产出与潜在产出的差距从绝对数方面来看，1980 年的差距较大，1985 年和 1990 年的差距较小，均在 1000 亿元以下；从增长率来看，1981～1985 年的差距较大，实际经济的增长率要比潜在的经济增长率高，这也就是说，当时我们国家的经济虽然没有达到最优的产出水平，但是经济的增长水平还是很高的，经济富有活力。1986～1990年的增长率为差额为1.2个百分点，实际产出接近潜在产出并不只表明全国的生产普遍有效率，结合我们对潜在产出的界定和测算方法来看，我们定义中的最高生产效率是在我国某些地区已经达到了的，而其他地区的实际生产效率是低于这部分地区的。因此，实际产出接近潜在产出也可能是由于全国作为代表的最高生产效率并不在一个高水平上，这导致其他地区尽管与其效率差距不大，但全国整体产出效率实际是偏低的。根据当时的实际情况来看，我国20世纪80年代属于改革开放初期，这段时间的整体经济发展情况，尤其是1986～1990年是在一个相对较低的水平上，其生产效率也自然不会很高，因此，我们认为这段时间实际产出接近潜在产出的原因是整体生产低效率。

第二，1991～2000年，我们可以把分析重点放在与前一阶段各项指标都出现了明显变化的1991～1995年。在1991～1995年，虽然实际GDP增长率和潜在经济增长率均为14%，但是1995年的潜在产出相较于实际产出的绝对数仍存在1830.69亿元的差距。相较于1990年的各项数据，这段时间的实际产出和潜在产出都在超快速增长，弥补了上一时段增速缓慢所带来的产出基础较差的问题，将实际产出和潜在产出都拉到了一个较高的水平。同时，我们观察到这个时期潜在产出和实际产出开始出现较大差距，根据之前关于“八五”时期即1991～1995年经济增长情况的分析，在这一时期，以第二产业为主的省份以及沿海贸易开放的省份的生产效率应有极大的提高，而仍以第一产业为主的一些内陆省份的生产效率提升速度则不会达到这个程度，换句话说，就是它们的生产效率与可能达到的最高效率出现了差距，这就造成了我国整体的实际产出与潜在产出从这一时段开始拉开距离。而之后的1996～2000年，虽然GDP增长率和潜在经济增长率相较前面5年稍有回落，但仍都保持在10%以上，加上前面5年打下的良好基础，可以认为1996～2000年属于经济调整时期，这段时间我国经济保持了相对稳定的增长。

第三，进入21世纪的前十年，从前面的数据我们可以知道，国家不论是对人力还是固定资产的投入都是很充足的，实际的GDP也呈现较高的增长水平，增长率基本维持在12%左右。但是综合分析实际GDP和潜在产出，我们可以发现，这一阶段两者的差距较大，特别是在2006～2010年之间两者的差距达到72304.06亿元，实际增长率与潜在经济增长率之间的差距也高达7个百分点。较高的投入和实际产出说明，我国的经济发展还是需要国家高的财政支持的，但是同时也是存在问题的，高的投入可能造成高的浪费或高的污染，相关数据也表明这一时期，我国的资源浪费严重，环境污染严重。最后，结合这个时段的整体情况来看，发展较快较有效率的地区在经过了“八五”时期的迅速发展和“九五”时期的稳定发展后，又经历了这个时段的较高且稳定的增长率，可以认为我国部分地区的生产效率已经处在了一个相当高的水平，且多数城市已经找到适合自己发展的具有地方特色的经济发展道路。而这个时段潜在产出和实际产出差距表示了我国各地区生产效率差异已经达到了较大的程度，这说明我国整体生产效率的提高暂时还并不能代表我国各个地区的生产效率都已经达到了很高水平。因此，我国的整体经济还具有较大的发展空间，部分地区的生产效率的发展空间更大，在相关政策和国际、国内市场环境不变的情况下，下一阶段我国的经济仍将快速发展。

第四，“十二五”时期的实际产出与潜在产出的差距较“十一五”时期有明显的缩减趋势，但是差距仍然很大；在这一时期实际的GDP增长率高于潜在产出的增长率。虽然实际产出和潜在产出的绝对数和增长率的差距都在缩小，但是不能说明这一时期的经济发展达到了较高的水平。

通过对我国这三十多年的潜在产出和潜在经济增长率的分析，可以看到，我国在20世纪80年代整体生产效率较低，而从20世纪90年代到2014年则经历了一个虽然部分地区生产效率得到有效提升，但是其他地区生产效率则与其差距越来越大的过程。在这样的情况下，为了分析这种状况的原因以及对潜在经济增长率接下来的变化作出预测，就需要对各个地区的潜在经济增长率进行测算，找出生产效率高和低的地区，并分析它们的发展趋势。

二　中国潜在经济增长率预测及其指导意义

（一）中国潜在经济增长率趋势分析和预测

根据之前对于我国、东中西地区以及各省份潜在产出和潜在经济增长率的分析，我们认为中国潜在经济增长率的变化应该分为四个阶段。

第一阶段为改革开放开始到20世纪80年代末。这一阶段的特点是我国整体的潜在产出很低，潜在经济增长率也不高，年平均潜在经济增长率为2.5%～6%，是我国经济发展相对缓慢的阶段，此时段中，实际产出与潜在产出虽有差距，但是差距不大，在改革开放初期各个省份与经济发展有关的人力和资本等生产要素的投入使用程度不是很高，经济产出还处于较低水平。

第二阶段为20世纪90年代。在这一阶段中，全国年平均潜在经济增长率在11%～15%，达到了一个较高水平。其中以我国东部省份为主的经济较发达省份的潜在经济增长率达到了很高水平，导致其潜在产出快速增长，带动了我国整体潜在产出的增加和潜在经济增长率的提高，而中西部省份的潜在经济增长率在这一时段则还处在一个较低的水平上，整体来说远不及东部省份。此时段中，实际产出与潜在产出开始产生距离，主要原因可能在于东部省份与中西部省份的生产效率差距开始不断增大。

第三阶段为21世纪的前一个十年。这一阶段东部省份的潜在经济增长率率先开始趋于稳定，与此同时中西部城市开始迅速发展，其潜在经济增长率相较于上一时间段得到了迅速提高，同时其生产效率开始逐渐向东部城市靠拢，截止到2014年末在潜在经济增长率方面中西部随机抽取省份已经接近或超过了东部随机抽取省份，然而在从业人员平均潜在产出方面依然存在一定差距。此时段中，实际产出与潜在产出的距离会先达到最大值，之后开始回落，同样潜在经济增长率也会先达到一个峰值后开始下降。而由于2006～2014年平均潜在经济增长率依然在20%以上，同时对我国潜在经济增长率起着主导作用的东部省份的潜在经济增长率已经稳定在10%左右，并且可能还会随着我国GDP的降低而进一步下降，结合2010年后我国经济的实际情况，我们认为在2001～2010年已经出现了21世纪后我国潜在经济增长率的峰值，而从2011年后潜在经济增长率应该已经开始进入下降阶段。这一阶段的终止时间应为我国全面建成小康社会的时间，可能为2020年左右。我国全面建成小康社会也就标志着中西部的生产效率已经达到了很高水平，部分省份的潜在经济增长率可能在这个阶段内就会达到峰值。2001～2010年全国平均潜在经济增长率在17%左右，2011年后有所下降，2014年为4.3%。进入“十三五”后实际增长率在7.5%左右，同时有经济学家预测这一期间的实际增长率会由7%下降至6%，而这个时期潜在经济增长率还应该略高于实际GDP增长率，由此2011～2020年的平均增长率有可能会在6%～7%，整个阶段（2001～2020年）的潜在经济增长率则为9%左右。

第四阶段，这一阶段时间上紧跟第三阶段，东部省份的潜在经济增长率已经趋于稳定，而中西部省份的潜在经济增长率在先后达到峰值后也将会和东部省份一样开始下降最终到一个较为稳定的数值，全国实际产出与潜在产出的差值会随着中西部省份的发展逐渐减小。但各省份的地理位置、政策空间等影响经济发展的因素不同，它们不可能有完全相同的生产效率，因此全国的实际产出与潜在产出不可能减小至相等，中、西部各省份在人均潜在产出上也不可能完全赶上东部省份，生产效率也会存在一定差距，但这个差距比前几个阶段应该会有大幅度缩小。在经过了前三个阶段各个地区生产效率的先后提高后，最终实际产出与潜在产出的差距应该会处在一个较小且较为稳定的值上，各年度潜在经济增长率也应该和GDP增长率在数值上相似，随着GDP的小幅变化而变化，具体数值则是由这一时段的实际经济发展情况来决定。

总的来说，我们认为我国的潜在经济增长率的发展从改革开放开始将会经历一个从整体较低到整体稳定的过程，最终稳定时期潜在经济增长率的数值可能与第一阶段的潜在经济增长率的数值持平，但这中间经历了东部省份和中西部省份潜在经济增长率的依次提高和依次调整，这使得我国的经济和生产效率已经得到了整体发展。而最终当各地的生产效率都达到了较高水平后，潜在经济增长率将会随着经济的平稳发展而趋于稳定。

（二）中国潜在经济增长率对经济发展的指导意义

现在，我国正处于上述潜在经济增长率发展过程的第三阶段。具体到各个地区，可以认为东部地区整体的发展水平和生产效率已经达到了较高的水平，而中西部地区则只能说是刚开始有迅速发展的苗头。若潜在经济增长率能按我们预测的趋势发展下去，则我国各个地区的经济都将处于较高的发展效率之下，这对于我国经济发展是一个非常理想的情况。而要想做到这一点，当下的目标就是让我国的经济可以先完成第三阶段的发展，那么就应该在保持东部地区经济稳定发展的同时，继续深入贯彻“中部崛起”和“西部大开发”的发展战略，加大中西部地区的发展力度，提高其发展效率，使其经济发展向东部地区靠拢。

而当我国潜在经济增长率结束第三阶段的发展，到达了第四阶段之后，则应该专注于调控方面，将实际 GDP 增长率控制在一个稳定状态，防止经济的过冷和过热。同时，进一步提高剩余缺乏效率地区的生产效率，让实际产出和潜在产出最终处于一个较为固定的差值下，最终使全国生产效率都处于或接近于可能的最高水平，达到经济的稳定高效发展。

（三）小结

本节以上一节全国和三个不同地区代表省份的潜在产出和潜在经济增长率测算结果为基础，对我国潜在经济增长率进行了分析和预测。首先对全国 1981～2014 年的潜在产出和潜在经济增长率进行了分析，重点分析了增长率较高的“八五”时期、“十五”时期和“十一五”时期，以及增长率较低的“七五”时期。接下来对比分析了不同时段东中西区域潜在产出及其潜在经济增长率，并通过分时段分析各省份 1991 ~ 2014 年的潜在产出和潜在经济增长率，找出了不同时段我国潜在经济增长率变化的原因。然后，以上面的分析为基础，对我国潜在经济增长率的变化进行了趋势分析和预测，将我国潜在经济增长率的变化分为四个阶段，并认为最终我国潜在经济增长率会在我国各省份潜在经济增长率依次提高之后趋于稳定。

第六章

城镇化发展对中国潜在经济增长率影响的实证分析

从城镇化驱动潜在经济增长率的理论模型中可知：城镇化是中国各种结构转换中的重要主题。它通过影响城镇部门与农村部门之间的劳动力、土地、资本等资源供给的流向，调整人口流动结构、产业转型结构及土地改革方向，从而对潜在经济增长发挥至关重要的作用。在本书第四章及第五章，我们分别对城镇化水平及潜在产出（或潜在经济增长率）进行了深度量化及评价，为本章进一步研究两者关系，验证城镇化驱动潜在经济增长率的理论模型奠定了坚实的实证数据基础。本章将以城镇化对我国潜在经济增长是否有显著影响、怎么影响，即通过城镇化释放哪些效应影响潜在经济增长，其具体影响路径如何来展开论述；同时重点考查城镇化发展水平中主成分分析结果的核心指标，即人口城镇化及土地城镇化对潜在经济增长的影响情况，以 29 个省份的总体回归和东中西分区域回归为研究对象，分别从人口城镇化和土地城镇化两个角度讨论城镇化对潜在产出（或潜在经济增长率）的影响程度。最后以省份城镇化的主成分分析结果为解释变量，验证其对潜在经济增长的显著影响。本章从实证角度梳理出中国城镇化对潜在经济增长影响的作用路径、影响情况及影响程度等，以期指导下一阶段的实践。

第一节　中国城镇化发展水平对其潜在经济增长率的影响效应分析及路径研究

表4-2较为清晰地展示出中国1981~2014年的城镇化发展水平变化具有两个明显阶段。一是1981~1995年，城镇化发展水平处于起步阶段。这一期间的平均城镇化率为21%~30%，除了劳动参与率（X3）以外，其他各项指标增加较为缓慢。二是1996~2014年，城镇化发展水平在1996~2000年平均城镇化率为33.35%的基础上逐步递增，处于加速发展阶段，城镇化水平各项指标增加较快。这一期间对应的中国潜在产出及潜在经济增长率也呈现同向态势[①]，由第五章DEA法计算的以1978年潜在产出为基期计算出的潜在产出从1980年起的6934.376亿元增加到1985年的7861.347亿元，直到1990年的10906.4亿元，每五年增加1000亿元左右，处于潜在产出增速缓慢期。而1995年后增速得到提高，到2000年为35287.59亿元，而2005年的全国潜在产出为70272.23亿元，2010年为174047.9亿元，每五年的增速基本上是上一个五年的3倍，处于潜在产出增速较快期；2014年的潜在产出是215033.8亿元，增速有所放缓，这启示我们改变自己的经济发展方式，调结构稳增长。与此同时，平均潜在经济增长率在2000年前有较大的波动，2000年后的15年间潜在经济增长率增速较快，加速增长中有一定变动[②]，2010~2014年的增长率仅为4.3%，2014年潜在产出出现下降趋势。以上仅从前面表格数据对比得出中国城镇化发展与潜在产出（或潜在经济增长率）同向变动的态势说明，潜在产出（或潜在经济增长率）的变动趋势与中国城镇化发展水平之间有着一定程度的数量关系。本章的重点就是在此基础上，把第四章的中国城镇化发展水平与第五章测算的对应潜在产出（或潜在经济增长率）引入计量经济模型。首先从全国层面探

---

① 以下类同，详细测算见第五章。

② 其中原因在第五章第三节通过与实际增长进行对比已做出一定分析。

讨影响潜在经济增长率的城镇化中的主要因素和作用路径；其次，通过全国总体层面和东中西区域层面的面板数据回归，探究城镇化影响经济增长的核心指标的作用程度、作用效果和区域差异性；最后用回归分析法分析主成分下的城镇化主要核心指标，利用 VAR 模型及脉冲响应函数分析得到主成分下的城镇化对潜在产出的影响，进一步验证了当前发展条件下，人口城镇化和土地城镇化是反映城镇化发展的重要指标，对潜在经济增长具有长期的关系，并用东中西区域和相关省份的数据，验证了这一影响和区域间存在的差异性。从多视角、多维度（横截面、时间和指标维度的三维信息）对城镇化发展水平与潜在经济增长之间的关系进行深层次实证研究，期望从数量关系角度对理论模型进行验证和剖析。

一　基本理论的具体阐述

从第三章中国城镇化驱动潜在经济增长的理论模型可知，城镇化发展使得劳动力在农村与城镇部门之间进行迁移，随着城镇化的加速推进，城镇人口显著增加，非农产业从业人口数量显著上升，劳动力数量及其质量发生结构性的转变，劳动力的迁移带来资本、土地的再配置，形成一定程度的累积效应和产业结构调整，社会经济环境等综合效应共同作用于农村及城镇两部门，通过促进潜在经济增长的要素流动，提高要素配置效率，从而让以供给侧为主的潜在产出实现持续增长。从表 4－2 可知，反映中国整体劳动力数量变化的劳动参与率这一相对指标在三十多年间的变化波动不大，1991～1995 年的平均劳动参与率最高，为 85.47%，其间对应的潜在经济增长率为 11.67%，为三十多年间最大增长速率，其他时期的劳动参与率都在 72% 以上，这也是中国人口红利对潜在经济增长的具体体现。较为充足的劳动力数量伴随着城镇化，以人口城镇化中的城镇化率（X1）为典型，从 1981～1985 年的 21.93% 增加到 2011～2014 年的 53.09%，随之非农产业从业人员比重（X2）从 34.04% 增加到 67.67%，万人大学生数（X4）也较三十年前大幅增长，这些数据充分反映中国劳动力数量、质量变化及劳动力结构的调整，随之而来的是由劳动力迁移带动的累积效应和综合效应随时间推移，作用显著。具体体现在土地城镇化中人口密度（X5）、建成区面积（X8）及产业城镇化中的二、三产业产值比重（X9）、资本形成率（X11）等指标的大幅调整。数据资料显示，1981～2005年的城市人口密度处于很低的增长状态，2006～2014年，人口密度增长好于上一阶段。资本形成率从1981～1985年的24.02%增加到2011～2014年的72.74%；同时社会城镇化也有较为显著的变化。这些充分体现了在劳动力迁移带动的累积效应及综合效应下的城镇化发展对潜在经济增长的影响遵循城镇化驱动潜在经济增长模型，对中国潜在经济增长产生一定影响。然而，结合现有文献和数据的分析，前期人口红利下的劳动力趋于无限供给，打破了新古典增长体系的资本边际报酬递减规律，依靠劳动力或者劳动力吸附于资本，资本依托于土地，实现了依靠资本多于劳动力的中国式潜在经济增长。除此之外，中国经济发展的特殊群体——农民工，他们是中国城镇化下的一锅“夹生饭”，呈现大量矛盾交叉的模糊状态。如果农民工能够真正融入城镇，必将带来中国经济的巨大增长。

总体上说，改革40多年来中国劳动力数量充足、数量稳定，且劳动力结构调整及一定程度劳动力质量的改善，较好地带动其他要素的流动，实现了一定程度的累积和综合效应，为潜在经济增长做出重大贡献。但是，将第四、第五章的数据分析，对应于第一章中所述的滞后于工业化发展的城镇化，可以看出，第四章中的城镇化拐点在1996年，而第五章中的中国潜在经济增长率峰值出现在1991～1995年，这也正好印证了第一章的提法。1996年之后，全国城镇化发展进入加速阶段，较好地促进了中国潜在经济增长率的上行。

二　城镇化发展对潜在经济增长率影响效应的结果分析

前述以人口城镇化为核心的城镇化推进潜在经济增长的脉络表明，城镇化是通过劳动力和资本等基本因素对潜在经济增长发生作用。在第五章的测算中，效率指标反映出了产出的冗余和切口，其中的效率值可以看作增长影响因素对潜在经济增长发生作用的效果，因此，城镇化驱动潜在经济增长的具体路径探究可以借助 TOBIT 模型进行分析。接下来希望通过 DEA-TOBIT 两阶段法就城镇化对潜在经济增长的影响进行评估，以期获取城镇化发展对潜在经济增长影响的具体路径。DEA-TOBIT 两阶段法中的第一阶段在第五章已经获取，即各省份在不同时段下的潜在产出效率值，第二阶段以全国各省份潜在产出效率值为被解释变量，以反映出累积效应和综合效应的对应城镇化发展水平指标为解释变量，运用截断回归 TOBIT 模型探究城镇化发展对潜在经济增长的影响程度以及具体路径。由于［0，1］范围属于典型的两端截断受限因变量模型，普通最小二乘法就不再适用，要解决这类问题需要采用基于最大似然估计原理的 TOBIT 模型。

（一）基本理论

对于面板数据，如果解释变量为虚拟变量，就要用到面板二值选择模型。TOBIT 模型是二值选择模型的一种，其回归模型属于因变量受到限制的一种模型，即模型中的因变量是仅在某一个区间内取值。[①] 面板 TOBIT 的基本形式可以表示为式 6.1。

$$y_{it}^{*} = x_{it}'\beta + u_i + \varepsilon_{it} \qquad \text{式 6.1}$$

DEA 模型得到的效率值，除了受到模型所选择的投入、产出变量的影响外，还受到本文理论模型中所关注的城镇化发展水平的间接影响及其他影响等。为了进一步测度这些影响对效率值作用，需要将 DEA 与 TOBIT 模型结合起来，用 DEA-TOBIT 两阶段法进行分析。该方法主要分为两步：第

① 周艳：《浙江省建筑业发展效率差异性评价研究——基于面板 DEA-Tobit 方法》，《嘉兴学院学报》2017 年第 9 期；叶文辉、郭唐兵：《我国农田水利运营效率的实证研究——基于 2003～2010 年省际面板数据的 DEA-TOBIT 两阶段法》，《山西财经大学学报》2014 年第 2 期；这一概念最早由诺贝尔经济学奖获得者詹姆斯·托宾（James Tobin）提出，后来许多经济学家不断对其进行发展和完善。事实上，如果因变量是部分连续分布和部分离散分布的数据，普通最小二乘法就不再适用，要解决这类问题需要采用基于最大似然估计原理的 Tobit 模型。

一步通过 DEA 模型得到决策单元的效率值，这部分的数值在前述第五章已经计算出来；第二步利用该效率值与各种非受控的指标因素进行回归分析，然后根据变量的系数及显著性判断这些指标对决策单元效率的影响程度。①其模型表达式为：

$$y_i = \beta_0 + \beta_1 x_i + \mu_i \qquad \text{式 6.2}$$

其中，y_i 为 DEA 模型计算出的技术效率（即综合效率）得分，x_i 代表各种非受控影响因素，μ_i 为服从正态分布的随机干扰项。

（二）变量选取

从第三章的理论中可以看出：城镇化带来的劳动力的转移，使城镇部门的劳动力数量增加，资本、土地的集中与集聚，从而形成累积效应，促使正常潜在经济增长的可实现部分完成，带来经济的增长，而随着累积效应的实现，转移出来的劳动力在城镇体系下，自愿接受工作技能培训学习等，会带来劳动力质量的提高，自愿融入城镇消费体系，会带来消费结构以及产业结构、生活结构、城乡发展差距等较大调整和变动，由此产生综合效应，进而影响潜在经济增长。以上所述可实现的累积效应对应于本书第四章中的人口城镇化、土地城镇化及产业城镇化中的部分指标，而综合效应对应于人口城镇化、产业城镇化、社会生活城镇化及城乡发展差距城镇化中的部分指标。第四章城镇化测度的指标体系中，一共分成了 5 个维度 17 个指标的主成分分析来对不同时段的城镇化发展水平进行了测度。本章根据论题需要，结合前述对累积效应与综合效应的理论分析，考虑到样本点的限制，首先对 17 个指标进行了筛选，从中筛选掉了 6 个指标，即人口城镇化中的劳动参与率（X3），土地城镇化中农村居民家庭经营耕地面积（X6）、农村土地机械化耕种动力使用（X7），产业城镇化中的全员劳动生产率（X10），社会生活城镇化中的每万人拥有公共交通车辆（X14）、卫生

① 叶文辉、郭唐兵：《我国农田水利运营效率的实证研究——基于 2003～2010 年省际面板数据的 DEA-TOBIT 两阶段法》，《山西财经大学学报》2014 年第 2 期。

技术人员数量（X15）。[①] 本书最终选择了其中反映人口数量改变的城镇人口比重（X1）、非农产业从业人员比重（X2），反映土地、资本集中和集聚的城市人口密度（X5）、城市建成区面积（X8）以及资本形成率（X11）作为累积效应反映的核心指标。选取每万人大学生数（X4）、二三产业产值比重（X9）、建成区绿化覆盖率（X12）、人均城市道路（X13）、城乡人均收入差距（X16）、城乡人均消费差距（X17）作为综合效应的反映指标来研究城镇化对潜在经济增长效率的影响，结果见表6－1。

表6－1　城镇化对潜在经济增长率的影响指标

变量名称	指标名称	项数
累积效应	城镇人口比重（X1）	5
	非农产业从业人员比重（X2）	
	城市人口密度（X5）	
	城市建成区面积（X8）	
	资本形成率（X11）	
综合效应	每万人大学生数（X4）	6
	城乡人均收入差距（X16）	
	建成区绿化覆盖率（X12）	
	二、三产业产值比重（X9）	
	人均城市道路（X13）	
	城乡人均消费差距（X17）	

注：TOBIT截断回归模型所使用的数据源于《中国统计年鉴》《中国城市统计年鉴》以及各省、自治区、市统计年鉴。

根据前述的理论模型及数据分析结果，我们假设，人口的集聚是城镇化形成与发展的重要动力，人口的不断集聚推动城镇化的扩张，城镇化的扩张又推动城镇人口的集聚，这是一个良性循环推动的过程；城镇化的结

① 这些指标或属随时间、省份不同变化不大的，且在第四章中的主成分权重不太显著的；或属统计年鉴中指标统计口径改变而进行对应处理的，且在第四章中的主成分权重不太显著的指标，如X3、X6及X7；或属于受限于统计年鉴指标统计口径改变而进行对应处理的指标，如X10。

构转换和升级需要资金和产业结构的转型，进而扩大城镇规模、提升发展速度，因此，城镇人口比重、非农产业就业比重、城市人口密度和资本形成率、城市建成区面积、二三产业比重等对城镇化的进程具有正向作用，也正向影响了潜在经济增长率。人口素质、科学技术的发展可以大大提高生产效率，加速经济增长，经济的增长会促使人们收入和支出的结构发生改变，这些改变会再次促进经济的增长。因此，每万人大学生数、城乡人均收入差距、城乡人均消费差距等互相促进了城市化的发展，进而促进了潜在经济增长率。接下来为了验证我们的假设，采用面板 TOBIT 模型进行实证分析。

（三）模型估计结果及影响效应分析

本文运用 Stata13.0 软件对 TOBIT 截断回归模型进行回归。首先为了避免同一指标数据和截面数据间的自相关和伪回归等问题，我们先对数据进行单位根检验，确保数据的平稳性，使得后面回归估计的结果更加准确，采用 LLC 和 IPS 同时检验。通过对分别反映累积效应和综合效应的指标的平稳性检验及 Johansen 协整检验等进行反复比对，受限于样本点的个数，结合现实情况，通过不断的尝试，最终选取的是城市人口密度、城市建成区面积作为城镇化累积效应结果的代表，以及城乡人均消费差距作为城镇化综合效应结果的代表①，通过面板 TOBIT 模型，去探究城镇化对潜在经济增长的作用情况，最终的面板 TOBIT 模型回归结果见表 6－2。

表 6－2　面板 TOBIT 模型回归结果：城镇化对潜在经济增长率的影响

解释变量与常数项	单位	系数估计值	标准误	Z 值	P > Z
城市人口密度（X5）	人/平方公里	0.0002308	0.0000695	3.32	0.001
城市建成区面积（X8）	平方公里	－0.0001674	0.0000389	－4.30	0.000
城乡人均消费差距（X17）	百分比	0.0021637	0.0009824	2.20	0.028
常数项		0.6555581	0.0572215	11.46	0.000

① 综合效应中反映城镇人口素质、收入、城市基础设施建设等的指标均间接地与城乡人均消费差距相互影响，所以，选取城乡人均消费差距能够反映出综合效应。

从表 6 - 2 可知，反映城市建设的要素变量即城镇建成区面积的影响是负向的，且通过了 5% 水平的显著性检验。回归系数为 - 0.0001674，意味着城市建成区的土地面积每扩大 1 个单位，虽然城镇化规模在增大，但是对潜在经济增长率的影响是 - 0.0001674。这表明 1990 ~ 2014 年城市面积的不断扩张虽然是城镇化的发展基础，但并不是潜在经济增长率提高的必要条件。2010 年全国 31 个省份 80% 的潜在经济增长率出现了较大的下降式突变，然而城市建成区的面积还是在不断扩大，这说明了一个城镇化的发展程度不能仅仅依靠城市建成区的面积（土地城镇化）来衡量，土地城镇化率对经济发展的影响关系不是很明确。[①] 虽然，城市建成区面积的扩大能够吸引大量的劳动力，但是经济的增长需要多种投入要素及技术的共同作用，因此我们在加快土地城镇化的同时要注重多种要素的优化及组合。反映城市空间集聚效应的城市人口密度指标对各省份潜在经济增长率产生了正向的影响，并通过了 5% 水平的显著性检验，回归系数是 0.0002308，意味着城市人口密度每提高 1 个单位，潜在经济增长率将提高 0.0002308，影响幅度相对较低。

根据一般经验，在人口密度较高的地区，相应的城镇化水平较高。人口密度较高，人均耕地面积较少，有限的土地不能提供足够的生活资料，人民就有更大的压力和动力从事工业生产和服务业，城镇的工业和服务业越发达，城镇居民的收入越高，这又促进乡村人口大规模向城镇转移。城镇化过程中人口密度的增加一方面会通过要素投入中劳动力投入的增加，促进城镇化进程，另一方面通过人口密度的增长拉动了需求的增长，同时也间接带动供给的增加，使得经济增长平衡可持续，人口集聚带来的潜在经济增长的作用更加明显。综合其他反映累积效应的指标变量在其他一些回归中的表现来看，反映城镇化的累积效应对潜在经济增长率的主要指标是城市人口密度。我们试图从不同的角度分析表 6 - 1 的其他指标与城市人

① 具体影响在后续第二节进一步进行检验。

口密度之间的关系，这些指标可能与城市人口密度是替代或互补指标关系，如反映城市空间集聚效应的人均道路面积。在其他含有全部或更多指标的回归模型中，反映城市空间集聚效应的人均道路面积对各省份潜在经济增长效率值产生了负向的影响，其模型中的统计变量不显著，故没有纳入表6-2。然而，这也从一个侧面说明，人均道路增加而带来的潜在经济增长效率反而下降，一方面在一定程度上反映出城市建成区面积的扩张并没有带来经济的发展和增长，反而可能带来资源的浪费，另一方面反映出城市的面积和人口数量或者说劳动力数量不匹配，凸显出城镇化发展的过程中要寻求两者的完美协调，才能更好地促进经济的发展，然而现有的城镇化过分强调土地的城镇化而非人口、土地资源利用相结合的城镇化。

反映消费需求（也即综合效应）的农村居民与城镇居民人均消费比指标对我国潜在经济增长率产生正向的影响，并通过5%水平的显著性检验，回归系数为0.0021637，意味着农村居民和城镇居民人均消费比每增长1个单位，我国潜在经济增长率将增长0.0021637。一般情况下，我们认为经济的发展和增长主要有三种动力机制：投资需求、消费需求和出口需求。从社会再生产的角度来看，投资需求是消费需求的引申需求，消费需求在经济发展中具有最终的决定作用。城镇化会影响居民的消费结构、消费方式、消费偏好。反过来，农村人口的消费方式由乡村模式转化为城镇模式的消费升级，也会推动城镇化的经济发展。对比全国各省份农村居民与城镇居民人均消费比，我们可以知道这个比重逐年增加，潜在经济增长率同样也在增加。这说明城镇化的综合效应对潜在经济增长率的影响主要是通过城乡人均消费反映或体现出来的。

影响城镇化对潜在经济增长发挥作用的因素还有很多，比如人口素质、金融深化、政府能力。这里我们借鉴相关研究和理论认为，人口素质对经济的发展和增长具有促进作用，其中反映人口素质最重要的指标就是大学生的人数，在一定程度上代表一个国家的教育质量和科研创新的潜力。根据索洛等研究经济增长理论的经济学家的观点，认为技术进步是促进经济增长的必要动力。所以，我们在这里认为人口素质不仅对城镇化的发展具有影响作用，更在一定程度上正向影响了经济的发展和增长。金融深化一般包含存款深度、贷款深度、储蓄深度等。金融深化就是放开利率管制，取消信贷配给制，实行金融适度自由化。通过储蓄效应、投资效应、就业效应、收入分配效应等，促进经济发展。政府能力一般包括政府收入和政府支出能力，通过固定资产投资来影响经济增长，而我们知道固定资产投资是我国促进经济发展的主要方式。所以，现有的研究认为政府能力对潜在经济增长率的作用是正向的，本书延续前人的研究，认为政府能力对潜在经济增长率有促进的作用。

除此以外，经济发展水平也是影响城镇化和经济增长的原因。从各国城镇化发展的历史来看，城镇化与经济发展水平间存在很强的正相关关系，经济发展推动城镇化步伐。经济增长带来需求结构的变动也必然带动投入结构（资本与劳动的投入）和产出结构相应由第一产业向第二、三产业大规模转移，导致资本与人口在空间上高度集聚，因此加快了城镇化的发展步伐和经济增长。

综上分析，反映累积效应的指标主要通过城镇人口密度发挥作用，且对潜在经济增长的影响是正向的；累积效应对潜在经济增长影响的正向效应主要是通过人口密度的提高来发挥作用。反映综合效应的指标主要是通过城乡人均消费比①这一综合性指标来刻画，其对潜在经济增长的影响也为正值。

三 具体路径研究

不论是人口城镇化、土地城镇化还是城乡发展差距城镇化等刻画城镇化发展水平的指标，其对潜在经济增长的影响反映主要体现为累积效应和综合效应两个方面，这两个方面效应带来劳动力、资本等要素的变动，进

① 不论是城镇化的不断发展还是经济的不断增长，其最终目的之一就是提高人民的收入和生活水平以及福利水平等。经济的潜在增长需要通过人民消费水平的提高直接体现。

而影响潜在经济增长产出效率。综合第三章的理论模型以及本章前述的实证分析结果，本书以图 6－1 的形式，进一步刻画出城镇化对潜在经济增长影响的具体路径。

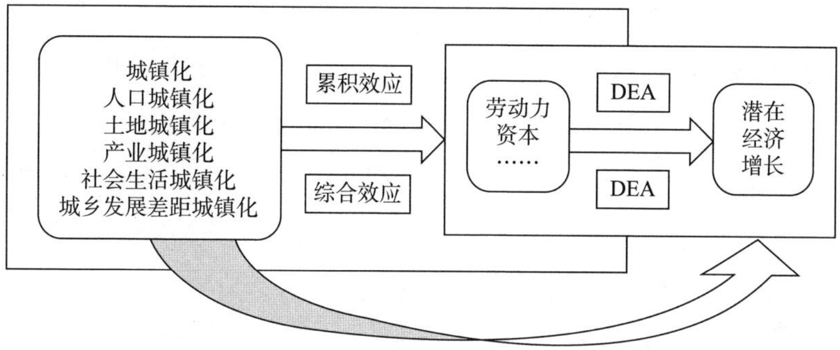

图 6－1　城镇化对潜在经济增长影响的具体路径

从图 6－1 可知，城镇化对潜在经济增长影响的具体路径如下。第一，通过 TOBIT 模型把第三、四章反映城镇化发展程度的人口城镇化、土地城镇化、产业城镇化、社会生活城镇化和城乡发展差距城镇化的相应指标以累积效应和综合效应的结果作用于潜在经济增长的产出效率指标，即第五章的 DEA 潜在产出效率值，研究以累积和综合效应的相关指标为解释变量，以 DEA 潜在产出效率值为被解释变量的 TOBIT 模型。第二，通过上述的实证分析，反映累积效应和综合效应的城镇化发展水平指标对潜在经济增长的产出效率影响体现为反映累积效应的城镇人口密度和城市建成区面积，以及反映综合效应的城乡人均消费差距。第三，城镇人口密度及扩大农村与城镇部门的消费差距（或缩小城乡消费差距）对潜在经济增长的作用效果显著，对推动我国潜在经济增长具有较好的促进作用。

二是与城镇化促进我国潜在经济增长路径的文献对比，即前期的人口红利下的劳动力趋于无限供给，打破了新古典增长体系的资本边际报酬递减规律，依靠劳动力或者劳动力吸附于资本，资本依托于土地，实现了依靠资本多于劳动力的中国式增长。依靠城镇化发展转移出来的劳动力吸附于资本，使潜在经济增长的部分实现较好的效果。而随机部分的实现，即人力资本、技术管理及创新、制度安排及经济政策的整合资源利用效率的显著性没有劳动力吸附资本的明显，具体体现为劳动力质量不够高，劳动力与土地结合的城镇—农村两部门的劳动力流动的制度及政策滞后，企业技术管理及创新的动力不足，市场化竞争的能力有待提高。这些虽然演绎了中国制造的奇迹，但是，中国制造下的劳动力流动主要被配置到了产业化的低端，从事的是制造的“装配工或搬运工”。从城镇化发展转移出来的劳动力对驱动潜在经济增长的要素影响作用主要体现为劳动力数量的增加，并吸附于物质资本，作用于产业链的低端，造就了生产过剩的经济。同时，伴随着劳动力流动下的土地运动，土地要素被过多地配置于开发区建设等房产项目，同样通过对资本的吸附，重复建设、“跑马、高尔夫圈地”、“马路基建效应”等形成潜在产出总量流量越来越多，而实际社会总财富存量很难增加的局面。上述分析显示，尽管城市人口密度对潜在经济增长的正向影响显著，但是，影响效果并不好，仅为0.0002308，中国的城镇化在很大程度上是通过建新城而不是通过人口密度的增加来实现的，人口密度和人口质量没有明显增加的城镇化很难产生创新和规模经济效应去促进潜在经济增长。

四　小结

通过本节的实证分析，得出城镇化驱动潜在经济增长的具体路径。一是加速城镇化下的农村部门富余劳动力从落后的农村向城镇部门转移，产生各种巨大的效应，本书以累积效应和综合效应进行分析。反映城镇化发展程度的人口城镇化、土地城镇化、产业城镇化、社会生活城镇化和城乡发展差距城镇化的相应指标通过累积效应和综合效应作用于潜在经济增长的产出效率指标，进而通过影响潜在经济增长的投入要素去促进潜在经济增长。二是反映累积效应和综合效应的城镇化发展水平指标对潜在经济增长的产出效率的影响体现为反映累积效应的城镇人口密度和城市建成区面积，以及反映综合效应的城乡人均消费差距。三是城镇人口密度及扩大农村与城镇部门的消费差距（或缩小城乡消费差距）对潜在经济增长的作用效果显著，对推动我国潜在经济增长发挥正向影响。

城镇化的加速在带来以上效应的同时，也加速了分工的细化和科技进步，催生了更多的新兴产业的发展，提高了劳动与资本的配置效率，全要素生产率得到极大的提高，潜在产出边界不断外移，潜在经济增长率持续提高。城镇人口扩大，使得由此带来的累积效应对经济增长产生明显的推动作用。经济的增长使得城市居民的收入增加，消费观念发生改变，不仅带动了需求的增长，而且带动不同产品供给的产生，消费进一步扩大，而消费又是国民经济发展的三驾马车，进一步推动潜在经济的增长。

第二节　城镇化发展对潜在经济增长的影响效应分析的区域性差异检验

在前述第一节中累积效应及综合效应对潜在经济增长率影响的具体路径分析基础上，为了更清楚地了解城镇化中的那些核心指标的变化是否会引起潜在经济增长的显著变化，并且影响如何，有没有显著的区域差异性，本书分别以全国 29 个省份以及东中西区域为对象，进一步分析城镇化发展对潜在产出（或潜在经济增长）的影响。

一　差异性检验准备

（一）东中西区域城镇化发展水平与其潜在经济增长的关系

东中西区域城镇化发展水平与其潜在经济增长的关系也呈现明显的正相关性，但就其城镇化发展对潜在经济增长的影响程度而言，具有显著的区域差距性。从第四章东中西区域 17 个指标的向量矩阵 Vector1 可知：总体而言，东中西区域人均潜在产出与其城镇化发展水平中的 17 项指标中除了劳动参与率（X3）、农村居民家庭经营耕地面积（X6）、城乡居民人均收入差距（X16）及城乡居民人均消费差距（X17）这四类指标变化幅度较小、较为稳定外，其他指标随时间推移与人均潜在产出呈现较强的同向增长性，且随城镇化发展水平变化，平均潜在经济增长率变化不大，维持在 9% 左右；但是东中西指标区域差距及不平衡性较为明显，如在东中西指标体系中城镇人口比重（X1）、城市建成区面积（X8）等指标差距显著，与之相随的区域潜在产出差距显著，如 1991 ~ 1995 年最低的西部潜在产出为 3668.105 亿元，而东部为 12704.04 亿元，2011 ~ 2014 年最低的中部潜在产出为 28180.58 亿元，东部为 109687.1 亿元。下面从面板数据的角度考察东中西区域城镇化发展与潜在产出（或潜在经济增长）之间的关系，定量探究区域城镇化发展对潜在经济增长的影响。

（二）不同回归下的城镇化对其潜在经济增长影响分析

为了更进一步了解城镇化中那些核心指标的变化是否会引起潜在经济增长的显著变化，本书结合前述研究，即城镇化发展水平的主成分分析结果中的核心指标，人口城镇化中的城镇人口比重（X1），也称人口城镇化率，和土地城镇化中城市建成区面积（X8）引入到面板的估计模型中，为了与 X1 对应，对 X8 指标做了处理，用城市建成区面积除以国土面积，即简称土地城镇化率，并同时采用固定效应（FE）和随机效应（RE）进行估计；另外还采用区域虚拟变量方法，通过全国 29 个省份和东中西区域数据的不同回归，探讨城镇化对潜在经济增长的影响。

相关研究表明，除了城镇化外，其他一些变量也会影响到潜在经济增长，比如消费、投资也能带动经济的增长，而且这也是影响城镇化程度的因素。因此，我们在这里将消费、投资作为控制变量，则本书的计量模型设定为如下形式：

$$\ln gdp_{it} = \alpha_0 + \alpha_1 lnurban_{it} + \alpha_2 lnK_{it} + \alpha_3 lnCos_{it} + \mu_{it} + \varepsilon_{it} \quad \text{式 6.3①}$$

其中，*gdp* 为被解释变量，表示潜在的经济增长，这里用第五章计算出

① 杨浩昌：《中国城镇化对经济增长的影响及其区域差异——基于省级面板数据的分析》，《城市问题》2016 年第 1 期。

来的潜在产出表示；urban 为解释变量，表示城镇化，这里分别用城镇人口占总人口的比重表示人口城镇化率 Urban1，城镇建成区面积占各省份土地面积的比重表示土地城镇化率 Urban 2；K、Cos 为控制变量①，分别表示城镇固定资产投资、各地区城镇居民人均消费水平；下标 i 和 t 分别表示地区和年份，其他字母分别表示常数项、变量系数和残差。

表 6－3　各个变量的描述性统计特征

变量	观测值	均值	标准差	极小值	极大值
ln（GDP）	725	8.147332	1.344092	4.171923	11.12446
ln（urban1）	725	3.694375	0.4292945	2.562639	4.495355
ln（urban2）	725	－0.9113481	1.458527	－4.60517	2.643334
ln（k）	725	7.226319	1.604396	3.089223	10.65716
ln（cos）	725	8.735383	0.8149358	6.924613	11.65438

为了使回归的结果比较稳健，本文分别采用固定效应（FE）、随机效应（RE）②，分别用人口城镇化率、土地城镇化率及其他控制变量对潜在产出的双对数模型分析来评价城镇化对潜在经济增长的影响程度。实证分析具体包含两步：总体的回归分析和分区域的回归分析。

二　全国 29 个省份整体面板数据分析

用 Stata13.0 软件和全国 29 个省份的面板数据进行实证分析，回归结果如表 6－4 所示，其中方程（1）、方程（2）分别显示了解释变量为人口城镇化率的固定效应、随机效应的回归结果；方程（3）、方程（4）分别表示

① 为了前后两节的连贯性和对问题的充分讨论，cos（城镇居民人均消费水平）在此回归方程中本应为解释变量，但是城镇居民人均水平伴随城镇化的各个过程中，所以，我们在此将其作为控制变量引入回归方程，也能很好地解释影响经济增长的主要城镇化指标的作用。

② 在处理面板数据时，究竟应该使用固定效应模型还是随机效应模型是一个根本问题。一般我们通过检验原假设“H_0: U_{it}与 X_{it}、Z_{it}不相关”（接受随机效应模型，其中 X_{it}、Z_{it}为解释变量）。无论原假设成立与否，FE 都是一致的。然而，如果原假设成立，则 RE 比 FE 更有效。但是如果原假设不成立，则 RE 不一致。

解释变量为土地城镇化率的固定效应、随机效应估计的回归结果。

表 6-4　总体回归分析结果

解释变量	方程（1）	方程（2）	方程（3）	方程（4）
Ln（urban1）	0.1212514*** （0，0238445）	0.1158544*** （0.0240051）		
Ln（urban2）			0.0524025** （0.0212946）	0.0547179*** （0.0204072）
Ln（k）	0.4385801*** （0.0155366）	0.4464961*** （0.0155542）	0.4334063*** （0.0167494）	0.4393976*** （0.0166532）
Ln（cos）	0.5431223*** （0.0283976）	0.5305003*** （0.0284715）	0.5615646*** （0.028756）	0.5499912*** （0.0287057）
常数项	-0.2146856* （0.1513775）	-0.1413239* （0.1731142）	0.1576752* （0.1508488）	0.2175892* （0.1730465）
拟合优度	0.9811	0.9811	0.9806	0.9118
Hausman 检验 P 值	0.0015		0.0196	
观测值	725	725	725	725

注：括号中的数值为标准误，***、**、*分别表示变量系数通过了1%、5%、10%的显著性检验。

当解释变量为人口城镇化率时，首先我们可以看到两种估计的解释变量的系数都在1%的水平通过显著性检验，同时两种方法得到的系数均为正且相差不大。控制变量也在两种回归下均通过了1%水平的显著性检验，系数的正负相同且数值相差不大。这说明不论是在固定效应模型还是在随机效应模型下，人口城镇化率对潜在经济产出都有积极促进的作用，同时控制变量城镇固定资产投资和消费对潜在产出也有促进的作用，这一结论与前人的研究结论和文章前面的假设结论一致。

其次，至于固定效应还是随机效应哪个更能解释四者之间的关系，这里我们根据 Hausman 检验来判定。Hausman 检验的概率值为 0.0015，拒绝原假设。也即固定效应（FE）优于随机效应（RE）的估计结果，因此，选择方程（1）。可以得到以下结论：第一，在投资、消费保持基本稳定的情况下，人口城镇化率的回归系数显著通过了1%的检验，城镇人口数量的增加对潜在经济增长有显著的影响，且当人口城镇化率提高1%时，潜在经济增长率将提升0.1212%；第二，投资、消费对经济增长的影响也为正，这表明潜在产出的增长可以通过投资和消费的增加来实现；第三，在现有的解释变量中，反映消费的城镇居民消费水平的回归系数最大，也即城镇化发展中综合效应对经济增长的影响最大。因此，我们国家之前一直提倡城镇化对潜在经济增长确实有推动作用，在进入经济“新常态”的背景下，我们更加应该坚定不移地发展城乡结合的城镇化，使得更多的人民享受经济增长带来的福利，同时进一步促进国家经济更加有效的增长。另外我国应该积极扩大内需，充分发挥消费对经济增长的拉动作用。当然还要注重其他一些变量，如投资、出口、人力资本等对经济增长的影响作用，合理分配和优化要素组合。

当解释变量为土地城镇化率时，首先控制变量的系数在两种估计方法下均通过1%水平的显著性检验，且系数均为正值，两种方法的系数相差也不是很大。其次，解释变量即土地城镇化率在固定效应和随机效应下分别通过显著性为5%、1%的显著性检验，影响均为正值且数值相差不大。至于选择固定效应还是随机效应，哪个更能解释土地城镇化率对潜在经济增长的影响，本研究在方程（3）和方程（4）之间选择方程（3）。[①] 可以得出以下结论。第一，在投资、消费保持稳定的情况下，土地城镇化率的回归结果的系数为正，土地城镇化率提高1%时，潜在经济增长率将提升0.0524%，但是小于人口城镇化对潜在经济增长的影响，城市土地的扩张也是现阶段促进潜在经济增长的主要途径。人口城镇化的进程要同土地城镇化、管理城镇化以及现代化的进程相互结合，使城镇化对我国潜在经济增长的作用达到最大化。第二，投资、消费的回归系数也是正值，对潜在经济增长的影响同样为正，这进一步表明增加投资、扩大消费也能够促进潜

① 固定效应和随机效应的最主要区别是随机变量项和解释变量是否相关，辨别的方法是通过Hausman检验来确定。方程（3）和方程（4）的Hausman检验结果的p值为0.0196，小于0.05；Hausman检验结果说明固定效应结果优于随机效应，所以选择方程（3）。

在经济增长。第三，在所有的解释变量以及控制变量的系数中，消费对潜在经济增长的影响系数仍然为最大，这进一步表明，现阶段在加快城镇化进程的同时，我国应该大力推动内需，积极发挥消费对潜在经济增长的拉动作用。①

综上所述，在限定投资、消费的条件下，无论是人口城镇化，还是土地城镇化，都能在一定程度上促进现阶段我国的潜在经济增长，消费对经济增长的促进作用最大。也就是说反映累积效应的人口城镇化和土地城镇化对我国的潜在经济增长是正向的影响，反映综合效应的城镇人口消费对潜在经济增长的作用更加明显。而消费是因为城镇人口和土地的不断扩大和累积而带来的经济增长对居民的福利，所以累积效应和综合效应通过消费这一“中介”带来了潜在经济的增长。在国外市场受到影响的状况下，积极转变和优化国内市场，扩大内需对潜在经济增长影响较大。

三　东部、中部与西部区域差异性分析

为了研究我国中、东、西部地区城镇化发展与经济增长之间的区域差异性，本书以中部地区为参照组，引进虚拟变量 east 和 west。其中，当研究样本为东部地区时 east 取值为 1，当研究样本为其他地区时 east 取值为 0；当研究样本为西部地区时 west 取值为 1，当研究样本为其他地区时 west 取值为 0。表 6－5 中的方程（5）和方程（6）给出了运用可行的广义最小二乘法（FGLS）下解释变量分别为人口城镇化率和土地城镇化率的回归结果。

表 6－5　分区域回归结果

解释变量	方程（5）	方程（6）
Ln（urban1）	0.0917698*** （0.056449）	

① 杨浩昌：《中国城镇化对经济增长的影响及其区域差异——基于省级面板数据的分析》，《城市问题》2016 年第 1 期。

续表

解释变量	方程（5）	方程（6）
Ln（urban2）		-0.0455961*** (0.0062603)
Ln（k）	0.5846446*** (0.0057932)	0.5953677*** (0.0057333)
Ln（cos）	0.1165339*** (0.0044696)	0.1100606*** (0.0039807)
EastLn（urban1）	-0.0281523*** (0.0033933)	
WestLn（urban1）	-0.1116224*** (0.0050069)	
EastLn（urban2）		0.0188793*** (0.0079249)
WestLn（urban2）		0.0734763*** (0.006256)
常数项	2.625296*** (0.0506174)	2.861476 (0.0592222)
观测值	725	725

从方程（5）中各解释变量系数，可知人口城镇化对经济增长的影响存在显著的区域差异。作为参照组的中部地区，其人口城镇化对潜在经济增长的影响系数为0.0917698，且通过了1%的显著性检验；东部地区人口城镇化对潜在经济增长的影响系数为0.0636175（该系数为作为参照组的中部地区与东部虚拟变量的系数之和），且通过了1%的显著性检验；西部地区人口城镇化对潜在经济增长的影响系数为-0.0198526（该系数为作为参照组的中部地区与西部虚拟变量的系数之和），且通过了1%水平的显著性检验。这表明中部和东部地区的人口城镇化均能显著促进经济增长，但是西部地区的人口城镇化对经济增长具有微弱的抑制作用。其中，中部地区人口城镇化对潜在经济增长的促进作用最大，其次是东部地区，最后是西部地区。[①]

① 杨浩昌：《中国城镇化对经济增长的影响及其区域差异——基于省级面板数据的分析》，《城市问题》2016年第1期。

从方程（6）中各解释变量系数的估计值，可知土地城镇化对潜在经济增长也存在明显的区域差异性。作为参照组的中部地区的土地城镇化对潜在经济增长的影响系数为 -0.0455961，通过 1% 水平的显著性检验；东部地区的土地城镇化率对潜在经济增长的影响系数为 -0.0267168（该系数为作为参照组的中部地区与东部虚拟变量的系数之和），通过 1% 水平的显著性检验；西部地区的土地城镇化对潜在经济增长的影响系数为 0.0278802①，通过 1% 水平的显著性检验。这表明中部、东部、西部地区土地城镇化率除了西部地区外均能显著负向影响潜在经济增长。比较三个区域的经济发展状况，这也说明我国的城镇化对经济增长的作用刚开始是通过资源要素的不断扩张来体现的。

综上所述，无论是哪个区域人口城镇化、土地城镇化对经济增长都存在一定的影响，且存在差异性，城镇居民人均消费不论在参照组的中部区域、东部区域还是西部区域，且不论在人口城镇化条件下，还是土地城镇化条件下，对潜在经济增长的作用都是显著的。综合来说，人口城镇化和土地城镇化指标在中部影响最大，东部次之，西部较弱，也即累积效应对经济增长影响的贡献呈现一定的区域差异。就前一阶段东中西区域城镇化发展差距的现实来看，人口和土地城镇化等累积和综合效应的反映还集中地表现为城镇规模的显著差异。东中部城镇规模明显大于西部，其城镇规模越大，越有利于劳动力的流动，生产率也越高，因而高技能劳动力更愿意留在大城市居住、工作和生活。这些促进集聚、规模经济、技术外溢等效应的正向作用，同时，带动明显的学习效应，人力资本积累加速更快，劳动匹配效率更高。西部由于城市的规模较小，并且比较分散，城镇化未能有效地促进该区域专业化分工。所以中东部区域城镇化对潜在经济增长的影响较为显著。而东部地区一直处于我国城镇化和经济发展的前列，其城市的人口和土地规模已经接近饱和，各种要素的流动水平也较之前或中

① 该系数为作为参照组的中部地区与虚拟变量的系数之和。

部地区弱，要素的利用率处于一个慢速增长或下降的趋势，所以，虽然东部地区的城镇化相对完善，但是对潜在经济增长的影响没有中部大。

上述的分析表明，东部、中部、西部地区城镇化均能促进潜在经济增长，且存在显著的区域差异。那么这些区域差异的原因到底是什么呢？归纳为以下三点。首先，当前我国中部地区的人口城镇化进程比较快，大量的人口向城镇地区聚集，城镇空间迅速扩张。以中部城市郑州为例，现在的城镇化进程使得城市的空间在短短几年内由三环扩张到五环，城市面积的快速扩张，使得人口都聚集在省会城市了。大量的人口集聚和城市空间的快速扩张导致地区投资和消费需求大量增加，极大地促进了地区经济的增长。其次，我国西部地区处于城镇化发展的初期向快速发展过渡的阶段，城镇化率相对较低，受到自然条件和“先天不足”的限制，发展速度也较缓慢，为地区带来的投资和消费需求增长有限，所以其城镇化的经济增长效应明显小于中部地区。最后，我国的东部地区，相对来说在人口城镇化和土地城镇化两方面已经做得相当好，城镇化处于成熟阶段，城镇化率较高，但是城镇人口比重增加和城市空间扩张的速度趋于减缓甚至是停滞，为地区带来的投资和消费需求增量也随之减少，使得虽然城镇化程度最高，但是城镇化带来的经济增长贡献相对较低。东部以特大城市为例，其创意产业、软件开发及如银行、咨询和法律服务等高端服务业行业将在下一阶段得到充分成长。

四 小结

通过上节的面板 DEA-Tobit 两阶段研究和本节的 29 个省份总回归的面板固定效应以及引入虚拟变量的区域差异性分析，我们发现城镇化发展水平中对潜在经济增长影响发挥作用的指标因素有很多，而课题得出的城镇化的主要核心衡量指标就是人口城镇化（累积效应）和土地城镇化（累积效应），通过我们的研究发现，两种指标因素的增长对于潜在经济增长都有正向的促进作用，同样的控制变量资本和消费（综合效应）也对潜在经济增长有积极的促进作用，而且消费的促进作用更加明显。因此，城镇化中对潜在经济增长发挥作用的因素指标通过对城镇化进程中的人口城镇化率、土地城镇化率，进而影响到投资与消费等直接作用于潜在经济的增长要素，推动了潜在经济的增长。本节研究的主要结论如下。

第一，影响城镇化对潜在经济增长发挥作用的指标因素主要有投入要素、政府作用、消费需求、空间集聚、国民经济的发展等，而且各种指标对城镇化的影响都是正向的，促进了人口城镇化和土地城镇化，同时这些指标因素对经济的潜在增长是正向的促进作用。累积效应带来的综合效应——城镇居民人均消费更加显著地促进潜在经济增长。

第二，在投资、消费水平基本维持稳定的情况下，人口城镇化对我国潜在经济增长的影响显著于土地城镇化的影响，且两者都为明显的促进作用。人口城镇化率和土地城镇化率均通过了显著性为 1 个百分点的检验且显著为正，当人口城镇化率提高 1 个百分点时，潜在经济增长率将提升 0. 1212 个百分点，土地城镇化率提高 1 个百分点时，潜在经济增长率将提升 0. 0524 个百分点，小于人口城镇化对潜在经济增长的影响。现阶段我国可以借助城镇人口的增长促进经济增长，且在限定投资、消费的条件下，土地城镇化对经济增长的影响依然显著为正，现阶段我国同样可以借助土地城镇化率的提高来促进经济增长。最后，因为人口城镇化和土地城镇化的累积效应而带来的综合效应——城镇居民人均消费每提高 1 个百分点，将带来潜在经济增长率提升 0. 44 个百分点。

第三，当前我国城镇化进程中，中部的发展速度较快，大量的人口涌入城市，城市空间的扩张带来更多的投资和消费需求，促进经济增长。西部地区由于自身的缺陷，在城镇化进程中发展速度较为缓慢，带来的投资和消费需求增长也较慢，经济增长效应小于中部地区。东部地区由于本身经济发展水平较高，城镇化水平也较高，城市规模、内部要素流动和利用处于相对稳定和饱和的状态，所以对经济增长的影响也小于中部地区，但其自身的发展优势又使得其影响效应大于西部地区。所以城镇化对潜在经济增长具有差异性和阶段性，影响程度由大到小为中部 > 东部 > 西部。

在全国各地进一步积极推进城镇化进程，发挥城镇化对经济增长的拉动作用下，在供给侧改革的具体要求下，首先，各个地区更应该积极推进新型城镇化进程，促进相关要素投入的合理配置，和相关知识、创新、技术的外溢性的充分发挥，增强城镇的创新活力，驱动产业结构转型升级，转变经济发展方式，提高全要素生产率，充分发挥城镇化中的累积效应以及综合效应对经济增长的拉动作用。同时，加快户籍制度改革，加快人口城镇化的发展。通过户籍制度改革消除城乡二元结构，积极推进农业转移人口由农村向城市的转移，促进人口的合理流动，加快城乡结合下的城镇人口增长，当然在此过程中也应该加大教育的支持力度，发挥城镇的教育中心功能，充分发挥高集聚人口下的人力资本作用，以促进经济增长。最后，统筹区域协调发展，加快中部和西部的城镇化进程，促进联动式城镇化发展模式，加强区域间的合作，进而促进区域经济的协调可持续发展。各个区域都应该重视消费的作用，特别是内需，在经济“新常态”下释放巨大的内需潜力，推动消费升级，促进供给和消费的均衡发展，发挥消费对经济增长的拉动作用。

第三节　基于动态面板下的主成分影响分析

上述两节主要从具体路径以及作用程度等，以全国 29 个省份或东中西区域对应的城镇化发展水平指标值为解释变量，分析其对被解释变量潜在产出（或潜在经济增长率）的影响情况。本节以第四章 29 个省份的主成分分析结果为解释变量，从另一个侧面验证省份城镇化发展对其潜在经济增长的影响。

本书第四章用主成分分析法把城镇化水平测度的指标体系简化成第一主成分、第二主成分、第三主成分等八个主成分。而这些城镇化发展指标对我国潜在经济增长的具体贡献差异成为本节进一步关注的问题。因此，本节将根据上述城镇化水平评价指标值，选择主要的主成分解释变量，构建动态面板向量自回归模型和脉冲响应函数，通过单位根检验和协整检验以及主成分的贡献率大小选择合适的主成分，分析反映城镇化发展水平的主要主成分对潜在经济增长的影响方向和程度，深入地探讨主成分以及潜在经济增长率的滞后期对相应省份的潜在经济增长率的影响方向和程度，为今后省份的经济发展提供建议。同时为了更加深入地探讨反映城镇化发展水平的具体指标对潜在经济增长率影响的地区差异，将分别选择东中西区域代表省份，构建基本的最小二乘回归，具体分析指标对潜在经济增长率的不同影响作用和地区间的差异。

静态面板数据区别于动态面板数据的根本在于静态面板数据模型右端的解释变量中不存在因变量的滞后项，而动态面板数据与之相反，从而会出现解释变量和随机误差项相关，导致一般估计方法的失效。与时间序列数据的区别在于动态面板数据不仅包含时间上的变化趋势，还具有横截面相依性，可以用来对未来短期趋势的预测。对于动态面板数据的估计通常运用的是广义矩估计（GMM）和向量自回归模型，虽然GMM和其他估计方法相比，允许随机误差项存在异方差和序列相关，并且可以不知道随机误差项的准确分布信息，但是向量自回归不仅能够实现GMM的优点，而且提供的信息更加完整，因此，本节将采用动态面板数据的向量自回归和脉冲响应函数来进行实证分析。向量自回归模型（VAR）是克里斯托弗·西姆斯（Christopher Sims）在1980年提出的一种基于数据的统计性质建立模型的计量经济模型。①

一 动态面板数据向量自回归及脉冲响应函数的分析

（一）省份城镇化发展水平与潜在经济增长率的动态面板数据模型

虽然本章的主要研究对象是城镇化对潜在经济增长率的影响，但是反映城镇化发展水平的指标也很复杂，包含自然资源、人力资源、技术等资源。结合第三章城镇化驱动潜在经济增长率的理论分析模型，并以第四章

① VAR用模型中所有当期变量对所有变量的若干滞后变量进行回归，用来估计联合内生变量的动态关系，而不带有任何事先约束条件，是AR模型的推广，是处理多个相关经济指标的分析与预测最容易操作的模型之一。

29 个省份的城镇化发展水平量化结果与第五章对应省份潜在产出（或潜在经济增长率）为样本，为了简化研究，本节将能够反映城镇化发展水平的主成分作为解释变量，潜在经济增长率作为被解释变量进行回归分析，同时为了避免因为其他解释变量的遗漏带来的有偏估计，在这里引入被解释变量的滞后项作为解释变量，因为前期的主成分解释变量对当期的被解释变量是否有影响不确定，为了简化问题，不引入主成分解释变量的滞后项，因此，最终建立如下动态面板数据向量自回归模型。

$$F_{ij} = \alpha_0 + \alpha_1 F_{i-1j} + \alpha_m Z_n + u_{ij}$$ 式 6.4①

其中，F 代表被解释变量（潜在经济增长率），Z 代表解释变量主成分（n = 1，2，3…8），i 和 j 分别代表时间变量和省级地区（i > = 1，1 = < j < = 29），为回归参数，（m > = 1）。

（二）面板数据的单位根检验

在确定所需检验的面板数据后，为了避免面板数据建模中的“伪回归”现象，首先要进行单位根检验，以确定其稳定性。② 为了保证结果的稳健性，本节采用三种方法同时检验，以其中两种结果平稳为标准，结果如表 6 – 6 所示。

表 6 – 6 面板数据的单位根检验

	LLC	ADF	PP	结论
Z1	12.7755 – 17.4411 **	5.36642 70.5572	4.38001 98.9883 **	不平稳 平稳

① 传统的经济计量方法是以经济理论为基础来描述变量关系的模型，但经济理论通常并不足以对变量之间的动态联系提供一个严密的说明。相比于传统的一般只能单向描述自变量的改变对因变量产生影响的多元回归计量模型而言，VAR 模型把系统中每一个内生变量作为系统中所有内生变量的滞后值的函数来构造模型，从而将单变量回归模型推广到由多元时间序列变量组成的向量自回归模型。

② 面板数据的平稳性检验的方法有 LLC 检验（同质单位根检验中常用）、Fisher-ADF 和 Fisher-PP 检验（异质单位根检验中常用的）。

续表

	LLC	ADF	PP	结论
Z2	3.48338 -35.0876**	22.8174 127.718**	24.9102 190.317**	不平稳 平稳
Z3	-2.14851** -7.45074**	52.4892 73.3151	58.1693 87.8391**	不平稳 平稳
Z4	3.99570 2.93181	2.87774 51.5347	37.6895 68.3393	不平稳 不平稳
Z5	-16.4963 -14.9973**	81.2593** 101.879**	94.1912** 129.775**	平稳 平稳
Z6	-27.5582** -9.3219**	82.7517** 94.2970**	96.5214** 118.219**	平稳 平稳
Z7	10.2276 -47.7820**	16.1987 88.1972**	14.9645 104.326**	不平稳 平稳
Z8	4.20216 -9.47939**	30.5731 66.1413**	38.5355 78.5583**	不平稳 平稳
LOG（Y）	-6.51407** -9.19443**	36.0146 67.7631	69.0098 79.9993**	不平稳 平稳

注：** 表示在5%的显著性水平。表格中第一行表示原阶检验的结果，第二行表示一阶差分检验的结果。

（三）面板数据的协整检验

在得出面板数据存在单位根后，需要再检验面板数据是否存在协整关系。[①] 佩德罗尼（Pedroni）建议采用两类检验：第一类联合组内尺度检验[②]和第二类组间尺度检验。[③] 同时，给出了不同情况下的蒙特卡罗模拟结果，以及根据不同情况下的蒙特卡罗模拟结果构造的近似临界判别值，实证分析中计算的各个统计量的绝对值必须大于所列近似临界判别值才能拒绝“不存在协整关系”的原假设。本节的实证分析中，采用常数项和常数项趋

① 对面板数据进行协整检验，主要有两种途径：一种是基于残差所进行的，如Pedroni检验；另一种是基于协整秩检验，如Groen&Kleibergen检验。

② 统计量（Panelν统计量、Panelρ统计量、Panel pp统计量、Panel ADF统计量）包含了不同变量的自回归系数对估计的残差的单位根检验，是同质性备择的检验结果。

③ 统计量（Groupρ统计量、Group pp统计量和Group ADF统计量）基于每个向量个体估计系数的简单平均，是只要求每个截面的AR系数小于1的异质性备择的检验结果。

势项两种检验方法，综合判别协整关系的存在与否，同时基于稳健性的考虑，本节也将要求模型外生变量系数是齐次性的，即不同截面外生变量系数相同的 Kao 协整检验作为辅助手段，Kao 协整检验原假设为“不存在协整关系”，备择假设是“存在协整关系”，拒绝原假设则意味着选择变量间存在长期协整关系。潜在经济增长率和第一、第二主成分的协整检验结果如表 6－7 所示。Pedroni 检验中，两类检验方法的组内统计量 Panelν、Panelρ 和 Panel pp 与组间统计量 Group ρ 均在 5% 的显著性水平上不显著，即无法拒绝原假设。然而剩余几种统计量的值均表示显著，即表明模型存在协整关系，由于 Pedroni 已经证明：对小样本实施的 Panelν 和 Group ρ 统计量检验，其效果最差；而对小样本实施的 Panel ADF、Group ADF 统计量检验，其效果会最好；其他处于两者中间。考虑到本书中样本偏小，故变量之间存在协整关系。所以，潜在经济增长率与第一、第二主成分存在长期的协整关系。同时辅助的 Kao 检验的 ADF 统计量也说明变量之间存在长期的协整关系。

表 6－7 面板数据的协整检验

		常数项		常数项和趋势项	
检验方法	统计量	统计量值	P 值	统计量值	P 值
Pedroni 检验	Panelν	1.262458	0.1034	－3.38553	0.9996
	Panelρ	2.746784	0.9970	5.968224	1.0000
	Panel pp	1.130180	0.8708	3.470275	0.9997
	Panel ADF	－9.571755	0.0000	－4.700376	0.0000
	Group ρ	4.478808	1.0000	6.556658	1.0000
	Group pp	－7.251655	0.0000	－23.20174	0.0000
	Group ADF	－41.21748	0.0000	－52.46629	0.0000
Kao 检验	ADF	－5.421208	0.0000	－5.421208	0.0000

（四）实证分析结果

采用 29 个省份 5 个时段的整体数据进行动态面板数据的向量自回归估

计研究城镇化发展水平对潜在经济增长的影响。在经济变量中有一些变量显著相关，但是未必都有意义，为了避免这种结果的出现，我们先对变量进行 Granger 因果检验，来判断一个变量的变化是不是另一个变量变化的原因，检验的结果如图 6－2 所示。由检验结果可知，在 1% 的显著性水平下，第一主成分显著拒绝不是潜在经济增长率的 Granger 因果关系，同时潜在经济增长率显著拒绝不是第一主成分的 Granger 因果关系，说明两者互为因果关系，说明最能衡量城镇化发展的以人口、土地为核心城镇化发展水平对潜在的经济产出起到一定的抑制或促进作用，同时经济产出的增加也会反向影响城镇化的水平，这与经济理论一致；反映城乡统筹城镇化的第二主成分不能显著拒绝不是潜在经济增长率的 Granger 因果关系，但是潜在经济增长率显著拒绝第二主成分不是其 Granger 因果关系，说明潜在经济增长会影响城镇化的统筹发展，而城镇化统筹发展对经济增长是否具有因果影响还需要进一步讨论；由第一主成分和第二主成分的因果关系检验，知道第二主成分与第一主成分具有因果关系，城乡统筹的发展会抑制或促进以人口为核心衡量的城镇化的发展，因此，反映城乡统筹城镇化的第二主成分与潜在经济增长之间有一定的因果关系。因此，该模型不论从经济理论和

Pairwise Granger Causality Tests
Date: 05/05/16 Time: 00:15
Sample: 2010 2014
Lags: 2

Null Hypothesis:	Obs	F-Statistic	Prob.
VAR2 does not Granger Cause VAR3	87	0.99228	0.3751
VAR3 does not Granger Cause VAR2		2.79089	0.0672
VAR1 does not Granger Cause VAR3	87	3.21119	0.0454
VAR3 does not Granger Cause VAR1		76.4964	2.E-19
VAR1 does not Granger Cause VAR2	87	0.93218	0.3978
VAR2 does not Granger Cause VAR1		9.12900	0.0003

图 6－2 Granger 检验结果

逻辑因果关系上都是合理的。

本书结合 AR 根的图表方法再进行检验①，滞后结构检验的结果如图 6-3 所示。结果显示所有的单位根的模的倒数小于 1，均位于单位圆内，则说明该模型的滞后结构稳定，滞后期的选择也是合理的。

Roots of Characteristic Polynomial
Endogenous variables: VAR3
Exogenous variables: C VAR2 VAR1
Lag specification: 1 2
Date: 05/05/16 Time: 00:28

Root	Modulus
0.726641	0.726641
0.382161	0.382161

No root lies outside the unit circle.
VAR satisfies the stability condition.

图 6-3　VAR 模型滞后结构的检验结果

在上述确定变量之间的因果关系后，采用动态面板数据的向量自回归模型处理相关经济指标的分析与预测，回归结果如表 6-8 所示。

由表 6-8 回归结果的数据看，首先，F-统计量大于临界值，说明该模型方程的设定合理；其次，回归结果的拟合优度和调整后拟合优度均在 95%以上，说明该模型对问题的解释度较高。因此，该回归方程为：

$$logy = 1.10880212766 * logy(-1) - 0.277694013538 * logy(-2) + 1.85638822869 + 1.58382535862 * z2 + 0.640728399898 * z1 \qquad 式 6.5$$

表 6-8　动态面板向量自回归的结果

变量	系数	标准误差	T-统计量
潜在经济增长率的滞后一期	1.108802	0.14296	7.75607
潜在经济增长率的滞后二期	-0.277694	0.15330	-1.81138

① 如果被估计的 VAR 模型所有根模的倒数小于 1，即位于单位圆内，则其稳定；如果所有单位根的模大于 1，则说明结果不是有效的。

续表

变量	系数	标准误差	T－统计量
第一主成分	0.640728	1.14060	0.56175
第二主成分	1.583825	1.79364	0.56175
常数项	1.856388	0.32126	5.77847
F－统计量	413.1199	Log likelihood	54.65821
拟合优度	0.952724	调整后拟合优度	0.950417
AIC	－1.141568		

回归结果表明以下几点。首先，潜在经济增长率滞后一期的增长率每提高1个百分点，当年的潜在经济增长率将提高1.1个百分点，滞后二期的潜在经济增长率每提高1个百分点，当年的潜在经济增长率将降低0.27个百分点，回归系数的结果说明滞后的潜在经济增长率会影响当期的潜在经济增长率，且滞后期距当期越近对潜在经济增长的影响越显著，而且为正向的刺激性影响，在选择滞后期为两期时，虽然滞后二期的潜在经济增长对当期的潜在经济增长为逆向影响，但是当选择两期滞后期时，潜在经济增长率的滞后对当期的潜在经济增长率的影响为正向的刺激。其次，第一和第二主成分对潜在经济增长率的影响均为正向的刺激作用，第一主成分的指标每提高1个单位潜在经济增长率将提高0.64个百分点，第二主成分指标每提高1个单位潜在经济增长率提高1.58个百分点，说明以人口为核心与反映城乡统筹的城镇化发展水平促进经济的发展，影响当期潜在经济增长率。最后在其他解释变量不变的情况下，自发的潜在经济增长率为1.85%。

以上各省份的城镇化发展水平与潜在经济增长率的研究结果与全国和中东西各区域的研究结果一致，说明城镇化发展水平对各个省份的潜在经济增长的影响符合实际的经济发展情况。因此，从实证分析结果可知，对于提高国家、区域及省份的经济发展水平，必须首先提高整体的城镇化发展水平，以及城乡统筹发展实现一定均衡，其中城镇化发展水平的提高核心在于城镇中劳动力的素质，即劳动力质量的提高，通过劳动力驱动潜在经济增长。同时潜在经济产出的提高也会带动城镇化发展水平提高及城镇化中的各种指标的增加，如人口城镇化和社会城镇化的发展。

（五）脉冲响应函数和方差分解

本节主要分析潜在经济增长率对潜在经济增长率的脉冲响应函数[①]，结果如图 6－4 所示。

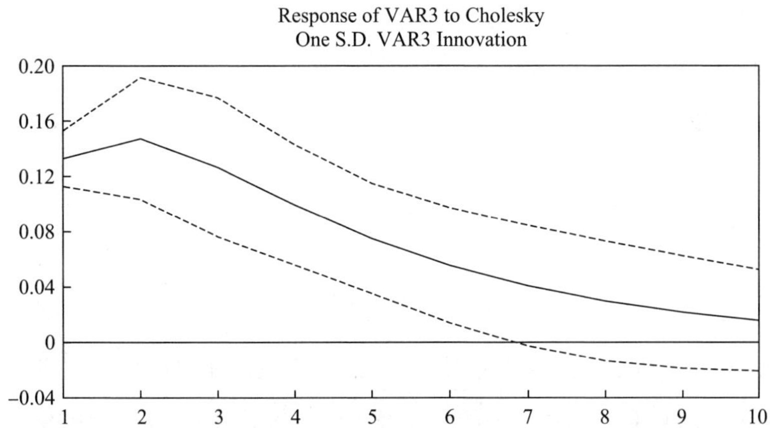

图 6－4 脉冲响应函数

从图 6－4 可以看出，给潜在经济增长率一个正向的冲击，在第 1 期对当期的实际潜在经济增长率波动有最大的正的影响，然后开始逐渐减弱，到第 7 期逐渐趋于 0，影响都是正的，但是随着滞后期的增多（未来预测期的增加）对潜在经济增长率的影响程度会越来越小，且在超过一定滞后期（或未来预测期）将会呈现负向的影响，这与经济理论和实际情况相符合，

① 在实际应用中，向量自回归模型是一种非理论性的模型，它无须对变量做任何先验性约束，因此在分析向量自回归模型不是很注重一个变量对另一个变量变化的影响，而是分析当模型受到某种冲击时对系统的动态影响，一般情况下我们都采用脉冲响应函数方法；脉冲响应函数描述的是向量自回归模型中的一个内生变量的冲击给其他内生变量所带来的影响。而方差分解是通过分析每一个结构冲击对内生变量变化（通常用方差来度量）的贡献度，进一步评价不同结构冲击的重要性，对向量自回归模型中的变量产生影响的每一个随机扰动的相对重要的信息。

滞后期潜在经济增长率在一定时间范围内对当期（或未来预测期）的潜在经济增长有正的影响。

同时做方差分解分析，结果如图 6－5 所示。

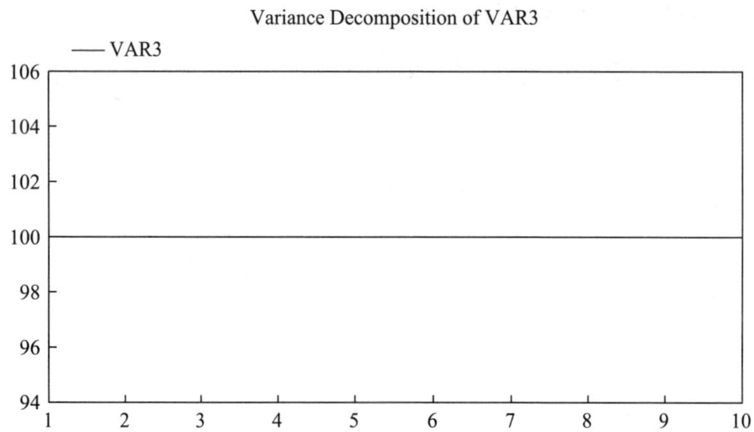

图 6－5　方差分解结果

由图 6－5 的方差分解结果可以知道，不考虑其他的影响因素时，后期的潜在经济增长对当期和未来的潜在经济增长的贡献程度都是 100%。

综上分析，第一、第二主成分对潜在经济增长率的促进作用，在表示城镇化发展水平的指标中，应该提高以人口为核心特别是劳动力质量指标的投入量并加快土地城镇化进程，同时也要加快城乡统筹的发展；潜在经济增长的滞后期会对当期甚至未来的潜在经济增长同样产生正向的促进作用，而且贡献的程度很高，但是一定要使潜在经济率呈现提升的趋势，因为滞后期对当期和未来潜在经济增长的影响有一定的时间限制。

二　代表省份主成分影响分析

按照第四章的东中西区域的省份划分，我们知道东部地区东三省和沿海省份，这些省份的基本特征是经济发达，城镇化水平相对较高，但是在这些省份中广东省作为改革开放的实验点和国家其他政策的先行试验点，能够反映我国一些省份的经济发展和城镇化发展的基本特征，因此，我们将广东省选为东部省份的代表深入地研究其城镇化发展水平与潜在经济增长率的相关关系；中部省份作为国家的内陆地区，在交通运输上较有优势，在这里我们选择河南省为代表省份，之所以选择河南省是因为河南省是中原省份，是中部经济区的中心省份，是国家的交通运输枢纽，是粮食大省，同时也是人口大省，其城镇化的发展水平对农民生活的影响较为显著，且研究其城镇化水平与潜在经济增长率的相关关系，也能很好地给一个以粮食生产为主要经济来源的省份如何提高自己的潜在经济增长率提出良好的建议；西部省份我们选择贵州省，因为贵州省作为一个地理环境偏僻、交通落后、多个少数民族聚集、贫困程度较高的省份，最近几年其经济发展势头和城市发展规模良好，研究其城镇化水平对潜在经济增长率的影响，对推进西部地区的整体建设有很好的指导作用。

由以上对省份面板数据的动态分析，我们知道了第一和第二主成分对潜在经济增长的影响方向和程度，虽然实证结果显示第二主成分的影响程度可能更高一些，但是由于其对城镇化的贡献率较低，选用主成分分析中贡献率最大的第一主成分作为主要的主成分解释变量，用普通最小二乘法分析其对代表省份的潜在经济增长率的影响，同时选取最能够反映城镇化指标的代表第一主成分中人的城镇化的 X1 和 X4 作为解释变量，潜在经济增长率作为被解释变量，采用普通最小二乘法研究两者的关系。这里我们设定估计的模型方程为：

$$\log y = \propto_0 + \propto_1 z1 + u_i \qquad \text{式 6.6}$$

$$\log y = \beta_0 + \beta_1 \log x1 + u_j \qquad \text{式 6.7}$$

$$\log y = \delta_0 + \delta_1 \log x4 + u_m \qquad \text{式 6.8}$$

其回归结果见表 6 - 9。

表 6-9　代表省份的实证分析结果

		模型一			模型二			模型三		
	变量	系数	T	P	系数	T	P	系数	T	P
贵州省	C	6.50	27.0	0.00	-0.25	-0.295	0.79	1.38	2.62	0.00
	Z1	57.3	8.37	0.00						
	LogX1				2.66	9.98	0.02			
	LogX4							0.60	13.3	0.00
	其他指标	拟合优度 = 0.958 F = 70.0/P = 0.0035/ DW = 1.37			拟合优度 = 0.97 F = 99.55/P = 0.0021/ DW = 1.95			拟合优度 = 0.98 F = 177.95/P = 0.009/ DW = 1.97		
河南省	C	8.31	36.8	0.00	4.65	7.93	0.00	2.54	6.33	0.00
	Z1	23.2	7.13	0.00						
	LogX1				1.54	8.85	0.00			
	LogX4							0.55	18.2	0.00
	其他指标	拟合优度 = 0.94 F = 50.89/P = 0.005/ DW = 2.003			拟合优度 = 0.96 F = 78.31/P = 0.003/ DW = 2.207113			拟合优度 = 0.99 F = 330.62/P = 0.0003/ DW = 3.18		
广东省	C	8.54	57.9	0.00	7.24	19.35	0.00	2.90	6.08	0.008
	Z1	15.7	10.9	0.00						
	LogX1				0.81	7.653	0.01			
	LogX4							0.54	15.1	0.001
	其他指标	拟合优度 = 0.97 F = 120.23/P = 0.001/ DW = 1.795257			拟合优度 = 0.95 F = 58.57/P = 0.0046/ DW = 2.611			拟合优度 = 0.98 F = 226.5/P = 0.000/ DW = 1.7063		

由表 6-9 中各个省份各个模型的拟合优度、F-统计量和 DW 值可以知道，三个省份的三个模型的设定都是正确的，且对实际经济状况的解释程度较高。

首先各个省份的横向比较，贵州省以人口为核心的城镇化的第一主成分对潜在经济增长率的影响显著，第一主成分每变动一个单位会引起潜在经济增长的较大变动，这可能与贵州省本身的城镇化水平和经济的发展水平偏低有较大的关系。深入地探讨到底是什么原因造成这种人口城镇化的提高会引起潜在经济的增长时，发现对于贵州省这样一个本省城市人口比重较低的省份来说，城市人口比重的提高对潜在经济的产出影响显著，但就目前数据来看，对城市人口的质量要求不是很高，因此，对于贵州省来说要提高潜在产出最主要的还是积极摆脱贫困，实现城乡一体化发展，并持续不断地增加教育经费，特别是少数民族地区和连片贫困区教育以及高等教育的经费投入。河南省以人口为核心城镇化的第一主成分对潜在经济增长的影响也较为显著，城镇人口占比对潜在经济增长的影响程度要比人口质量的高，原因在于河南省本身城镇人口的比重较低。但是不仅要充分发挥人口大省的劳动力数量优势，还要提升劳动力的质量，通过教育和科技发展的外溢性影响人力资本，进而影响潜在经济产出。广东省的三个解释变量对潜在经济增长的影响与贵州省和河南省的一致，但是每一变量对被解释变量的影响程度相对较低。

其次是省份间的纵向比较，城镇化对潜在经济增长确实有显著的影响作用，而且我国的各个省份都要不断地提高自己的城镇人口比重和人口的质量。第一主成分对三个省份的影响程度不一样，对于城镇化发展水平较为落后的省份的影响更加显著，也就是说城镇化的发展水平确实影响了潜在的经济产出。城镇人口比重和人口质量对潜在经济增长的影响也有显著的地域差异，城镇人口本身较少的省份的影响更为显著，人口质量的影响程度虽然没有很大的地域性差异，但是对于经济发达和教育投入较高的广东省来说其影响程度更大，也就是说在城镇人口比重较小的省份应首先解决城乡一体化发展问题，提高城市人口数量，其次提高教育和科研的投入，提高人口质量。

三 小结

通过对省份的面板数据动态向量自回归的一系列实证分析，得出以下结论。一是以人口城镇化和城乡统筹城镇化为代表的第一、第二主成分对潜在经济增长的贡献都为正值，城镇化确实能够推进省份潜在经济的发展；二是滞后的潜在经济增长对当期和未来的经济增长呈现一种稳定的趋势和在一定滞后期内正向的积极影响趋势，潜在的经济增长和城镇化发展水平互相、影响共同发展，这与国家现在提出的摆脱贫困、城乡统筹发展的经济政策一致。代表省份第一主成分及用代表第一主成分的两个指标分别对潜在经济增长的实证分析结果表明，人口为核心的城镇化发展确实是反映城镇化水平的主要因素，同时也是刺激潜在经济产出的显著因素，城镇人口数量和人口质量都很重要，但是对于不同经济发展阶段和地理区域的省份，两者的先后顺序是有区别的，本身城镇人口较少的省份应首先提高城市人口数量再提高人口质量。在科技迅速发展和国家由劳动密集型到技术密集型的结构转变中，各个省份应该注重自己的教育和科研投入，特别是基础教育和高等教育，同时还要发展自己的职业教育培训，使城市中的人口都掌握一项基本的生产技能。科技和教育的投入不仅能提高生产的效率，还能通过外溢性影响到广义的人力资本，进一步提高潜在经济产出。近十几年的投资拉动明显，中西部各省份在享受政策红利的过程中更要结合自身区域内的要素禀赋，做好自身定位，确保经济有序发展。

第七章

城镇化驱动潜在经济增长的政策研究

从“六五”到“十二五”期间，中国城镇化发展水平经历了较为滞后的“六五”及“七五”时期，在20世纪90年代逐步呈现城镇化发展水平的稳步发展建设，但是，第四章的实证数据说明，中国城镇化发展总体较为滞后，且区域城镇化发展水平差距较大。与此同时，对应的中国潜在经济增长率及区域潜在经济增长率虽然都有一定程度的波动变化，但是整体尚可。由第六章城镇化驱动潜在经济增长的实践而言，城镇化驱动中国潜在经济增长的正向作用是显著的，三十多年来中国劳动力数量充足、稳定，劳动力结构调整及质量的改善，较好地带动其他要素的流动，实现了累积及综合效应，为潜在经济增长做出重大贡献。但是，由于城镇化自身发展水平有限，且区域、省域城镇化发展不均衡，对潜在经济增长的要素驱动作用有待提高。总体来说，中国城镇化发展与潜在经济增长之间呈现三大不平衡：第一，以城镇化为最大体现的需求与以潜在经济增长为核心的供给之间的不平衡；第二，发展进程中城镇部门与农村部门之间的不平衡；第三，中国东中西各地区之间以及地区内部的不平衡。[①] 基于此本章分析城镇化发展驱动潜在经济增长的影响因素，并探究城镇化驱动潜在经济增长

① 以上三点简称“三大不平衡”。

的路径及政策建议。

第一节　影响中国城镇化发展驱动潜在经济持续增长的因素分析

本节主要从政策层面分析城镇化自身发展水平滞后的原因，并探究原因之后的深层次的影响因素是什么，哪些是影响城镇化发展水平及城镇化驱动潜在经济增长的因素。

一　体制因素的制约

改革开放前后的众多体制因素是影响中国城镇化发展驱动潜在经济持续增长的最主要因素。改革前的计划经济体制使得中国较长时期实行的是城乡分割的城镇化发展，极大地影响了中国城镇化发展水平。改革开放后，随着中国市场经济体制的逐步建立和完善，在经济、社会等方面出台了许多对城镇化促进潜在经济增长带来积极影响的政策，但是促使城镇化发展水平提高并驱动潜在经济增长，使两者在农村—城镇部门之间形成良性循环的各种体制并未得到及时有效的改变，原有的一些影响城镇化发展的体制依然阻碍着我国城镇化的发展，导致中国城镇化发展驱动潜在经济持续增长的动力不足。城镇化发展建设水平长期低下，一定程度上与中国潜在经济的持续发展不相协调。

（一）城乡分割的户籍制度

中国长期的户籍制度是通过户口把中国人分为农业人口与非农业人口。现行户籍制度始于 1958 年，当年的户口登记条例是主要依据。[①] 改革开放后，开始逐步实行市场经济体制并不断深化改革，原有的这种僵化的城乡分割户籍制度已经严重阻碍城镇化发展，并且越来越不适应新的社会经济发展

① 在 20 世纪 50 ~ 60 年代，这种城乡分割的户籍制度对中国当时稳定经济确实具有一定的积极作用，如在限制了农村人口大量涌向城市，缓解了当时城市居民住房紧缺、就业困难、食品供应困难、交通阻塞等问题的同时，遏制了没有经济支撑的城镇化过度发展的局面。

环境。一方面，它不利于农村部门的人口向城镇部门转移；[①] 另一方面，它使转移出来的农民工没有真正享受到市民化的待遇，其工作积极性与热情受到严重影响，不利于城镇化水平的提升。进城后的农民即使找到工作，并且在城镇安家，但是，受其身份限制，其实际上户口仍然在农村，不能得到与城市居民相等的待遇[②]，极大地挫伤了他们工作的积极性，不利于稳定劳动力供给的实现。就城镇化驱动潜在经济增长理论及其实证模型而言，这种城乡分割的户籍制度会通过限制城镇化最核心的要素——劳动力要素的流动，使得劳动力流动不通畅，严重阻碍我国城镇化驱动潜在经济增长的进程。

（二）土地制度的影响

中国对土地制度一直不断进行改革与完善。[③] 然而，中国在土地流转以及土地收益分配等方面的制度仍不够完善，现行的土地制度仍然不能满足“新农村”“新土改”及中国城镇化发展驱动潜在经济持续增长的需要。在城镇化发展驱动潜在经济增长理论模型中，核心要素劳动力的迁入、城镇—农村两部门的土地配置要随之适应，实现土地效率的集约、优化等。然而，客观上土地要素本身的制约性，如缺乏灵活性，加上现行用地制度缺乏长期统一的规划等，这些都不利于现行土地的集约、优化，不利于中国城镇化建设的进一步发展。除此之外，中国土地收益分配制度也不够完善。因此，“新土改”将会围绕上述问题逐步推进。[④]

---

① 这种户籍制度人为阻碍了劳动力在两部门之间的自由流动，导致中国大量农村剩余的劳动力被紧紧地束缚在土地上。

② 主要体现在医疗、保险、福利等社会保障和子女受教育等问题上不能得到与城市居民相等的待遇。

③ 1978 年起中国实行的家庭联产承包责任制拉开了土地使用制度改革的序幕，从 20 世纪 80 年代起，中国开始尝试土地有偿使用这一创造性的土地制度改革，这些土地制度的改革都取得了一定的成绩。

④ 尤其是对于农村集体土地到底该如何进行收益分配这一问题到目前为止还没有较为明确的规定，现在许多地方都在做一些有益的探讨，如是否可以对集体土地实行按人均来分成的分配方式，但是这些分配方式都有利有弊，也可能会导致城镇化发展水平的进一步提高，甚至可能出现“逆城镇化”发展的局面，很大程度上阻碍了中国城镇化驱动潜在经济的进一步发展。

（三）社会保障制度的限制

户籍制度限制了社会保障在农村—城镇部门之间的协调推进，然而抛开户籍制度的影响，现行的社会保障制度如何体现其公平性呢？长期以来，社会保障制度的实施对象主要是针对城市部门的，而针对农村部门中农民的相对较少。[①] 社会保障制度所需金额巨大，不足以覆盖两大部类的所有人员，形成了农民的社会保障主要是靠自己和子女[②]、农民保障靠土地的惯式。[③] 现行的社会保障制度需要全面改革。随着我国城镇化发展水平的提高，只关注城市而忽视农民的这种社会保障政策已经不能满足城镇化驱动潜在经济增长的要求。当劳动力由农村向城镇迁移时，一方面，存在农民离开土地后的土地权益与市民权益的置换问题；另一方面，并未实现农民工市民化，使得他们无法享受到城镇居民的社会保障制度，农民从农村部门转移到城镇部门的风险增加，从一定程度上会阻碍人口从农村部门转移到城镇部门，对农村部门的土地集约形成阻碍，从而影响了城镇化发展驱动潜在经济增长。[④] 目前，针对农村部门农民的社会保障制度的政策不断出台并推行，如新农合医疗保障体系推行、失地农民社会保障问题等。

二　经济发展因素的制约

大量的文献资料说明了城镇化发展水平与经济发展水平之间的密切相关性，对于一个经济发展健全的社会而言，城镇化发展水平往往是与经济发展呈现同向变动的，一般而言，经济发展水平较高，城镇化发展水平也

---

① 目前的财政收入还不足以为社会保障制度全部买单，为了减轻财政压力，长期以来，中国实行的是城乡分离的社会保障制度。

② 除了民政部门的救济以外。

③ 土地就成了农民作为应对失业及社会保险的最主要替代方式。

④ 2013 年末，中国城市常住人口为 7.31 亿人，“人户分离人口”达到 2.89 亿人，其中流动人口为 2.45 亿人。“人户分离人口”大部分是进城务工的农民。这部分人要么是夫妻一起进城，要么是夫妻一方进城，还有的是单身汉进城，属于典型的农民工。受收入、户籍等的限制，农民工没有基本的社会保障，他们家庭成员中将近一半成员留在了农村。

较高。实证数据显示，中国城镇化发展水平往往滞后于经济发展水平，究其原因是高速增长的中国经济发展存在不利于城镇化发展水平提高的因素，尤为突出的是产业发展过程中自身就存在诸多的问题。首先，如本书第三章，城镇化发展的基础和前提是农业剩余。然而，中国农业的基础比较薄弱，加上前期的工业化积累以牺牲“三农”利益来实现的工农业产品的剪刀差问题等[①]，致使长期以来的农业部门对城镇部门发展的基础支撑及推动力不够。主要体现在现行的农业生产方式比较落后，农业生产效率较低，农业部门实现集约、现代化的农业生产道路任重道远，城镇化发展水平也必然受到影响。其次，城镇化发展的根本动力是工业化，它对于留住转移出来的农村劳动力至关重要，没有以工业化为主题的产业支撑，转移出来的劳动力就业就不可持续，因此，以供给侧为主题的经济发展改革的方向在于制造业，特别是高技术制造业等方面。[②] 此外，就第三产业是城镇化的后续动力而言，第三产业是吸引劳动力最强劲的产业，第三产业的合理、有序推进会促进长期滞后的第三产业发展[③]，使第三产业对城镇化的贡献越来越显著。合理、有序的第三产业推进会带来城镇化驱动潜在经济增长中的要素累积及综合效应，增强城镇部门的集聚与辐射能力，阻碍城镇化的进一步发展及其驱动潜在经济增长的效应。

三 其他因素的制约

除了上述体制因素和以产业为代表的经济发展因素的影响外，其他的

---

① 改革开放之前，我国的工业化积累主要是靠牺牲农民利益来实现的，这必然在很大程度上挫伤了农民的积极性，从而进一步削弱农业的发展。

② 然而，工业化的发展并非重工业化。长期以来，中国过于重视重工业的发展而忽视了轻工业的发展，从很大程度上会削弱城镇部门去吸引劳动力、留住劳动力，即提供就业的能力。同时，由于长期忽略轻工业发展，我国轻工业发展水平落后于发达国家，也导致中国长期消费结构跟不上，处于一个比较低的档次，一方面抑制了城镇化的需求，另一方面也抑制了消费的增长。

③ 第三产业发展滞后既不利于农村人口向城镇转移，同时又会造成城镇功能的单一、公共服务体系的不健全、相应的配套基础设施的滞后以及人民生活质量比较低下等严重后果。

因素，如缺乏长期及科学规划、基础设施薄弱等主客观因素也是制约城镇化通过城镇、农村部门去驱动潜在经济增长的因素之一。

（一）缺乏长期和科学的规划

没有充分考虑城镇化对潜在经济增长的影响机理和影响的长期性，缺乏科学统筹的安排，是很多城市规划时候的问题，如城镇化发展水平与当地现实的社会经济发展出现脱节；不能将城镇体系布局与整个地域（或区域）的综合发展有机结合起来，导致出现省、市及县等各级行政区划的规划不衔接等；城镇化发展建设规划与相应的土地利用规划等出现不衔接，城镇发展及其建设的随意性较大。[①] 缺乏自身区域的特色，盲目地照搬国外一些大城镇规划设计的标准与方法，使得一些指导城镇化发展的镇区规划脱离实际，随意性较明显。还有近十几年来各地规划了大量新区、开发区，这些开发区或新区的规划至关重要，没有统筹的安排，会导致一座座空城、鬼城的林立。[②] 总之，前期中国的城镇化发展建设缺乏从全国整体出发，结合各区域经济发展实际来进行布局的长期和科学规划，缺乏统一、衔接的指导思想，观念和理念上的滞后，导致城镇化驱动潜在经济增长缺乏方向指导。

（二）基础设施薄弱，东中西差异明显

城市基础社会建设水平的不一致情况存在于每一个省份和中东西区域内部，基础设施建设水平落后是很多中西部城市存在的通病，当然也存在在一些东部经济发展相对较落后的城市。落后的基础设施水平，使得城镇部门的生产、生活需求不能得到满足，同时不合理或者不完善的基础设施

---

① 原因在于城镇发展建设中的上下级意见不统一。

② 国家发改委“城市和小城镇改革发展中心”的课题组在2013年调查12省、区的156个市（地、州）和161个县级市。结果表明：90%以上的地级市正在规划建设新城区，12个省会城市共规划建设55个新城或新区，有一个省会要新建13个新区。其研究数据显示，按此规划下的可容纳人口将达到34亿人。根据国家统计局的数据，2013年末，中国城镇人口7.3亿人，加上新区新城规划的34亿人口，扣除重复部分，加起来40亿人，如果按各地规划建成后，全世界人口可以装进来大半多了。

使得资源利用率较低，城市整体功能不能很好的发挥，致使城镇化驱动潜在经济增长乏力。[①] 过去在中西部绝大多数的城镇中，较低的基础设施，特别是一些满足基本生理和基础生产的基础设施覆盖率较低[②]，由此衍生的信息不畅、交通不便、生产效率低下以及生活质量差等问题，严重影响了城镇部门整体功能的发挥，致使城镇化驱动潜在经济增长乏力。现在基础设施的不均衡性有较大的改善，中西部越来越认识到这一问题的严重性，正逐步缩小差距。

（三）缺乏市场化下的城镇部门管理体系

贯穿在整个城镇化建设进程中的城镇部门管理体系是城镇化发展建设以及城镇化驱动潜在经济增长得以持续、高效运转的保证。目前，我国的城镇管理还是以政府为核心，但是以政府为核心的城镇管理体系缺乏市场化下的城镇管理意识。[③] 市场化城镇部门的管理体系需要依靠政府投资、财政拨款以及私人投资和公私共同投资，使更多的私有资金依靠市场化机制参与到城镇化建设中，成为我国城镇化发展建设中的原动力。除此之外，在城镇部门发展建设、社会保障及非农产业等方面缺乏必要的配套职能；在行政管理体制上存在管理功能缺陷和管理体制不完善等问题[④]，严重影响了我国城镇化发展水平进一步提高。

---

① 具体体现在：现有的基础设施如供水站、环保及绿化工程、自来水设施、天然气供应、公车配置、道路铺设、公厕建设、卫生机构及卫生机构床位配置等实际供给不能满足实际需求。

② 这些与生活和基础生产相关的基础设施主要是自来水入户率、污水与垃圾处理率、有组织的排水率、道路铺装率、信息的传播率、无线信号的使用率以及供能的标准等长期处于较低水平。

③ 忽略公共参与的城镇部门管理体系，使得许多地区尚未建立起以社会力量为主体的多元投融资渠道，城镇部门发展建设缺乏必要资金保障，从而使得各种保证性的公共服务设施供应不足。目前，由于市场化运作的不规范，作为城镇化发展建设的主要筹资渠道之一的土地出让金，其土地出让价格不能真实反映土地的真正价值，很大程度上影响了土地资源的配置效率。

④ 常见的问题有：城镇部门管理体系滞后、低水平的重复建设和降低水平共享率的配套基础设施。

第二节　城镇化驱动潜在经济增长的路径选择

针对第一节中的各种制约中国城镇化发展驱动潜在经济持续增长的因素，相应的城镇化驱动潜在经济增长的路径选择应该以下一阶段中国城镇化推进潜在经济增长情况的预测为基点；以研究报告所述的城镇化五方面的具体选择和前一阶段的中国城镇化发展累积效应和综合效应为核心。结合对应于下一阶段预测情况的具体做法将是城镇化驱动潜在经济增长理论模型实现的关键。

一　下一阶段城镇化推进潜在经济发展情况预测

（一）前期研究结论

从 1995 年开始到 2017 年末，中国城镇化建设进入了一个高速发展阶段①，2017 年末，我国大陆地区城镇人口为 8.1 亿，城镇化率超过全球 53% 的均值。中国城镇化发展水平综合测度整体呈现上升趋势。这一段时间，中国潜在经济增长率平均维持在 9% 左右的高增长水平。因此，中国城镇化发展有力地推动中国城镇建设以及潜在经济发展。但是，与快速增长、小幅波动的潜在经济发展水平相比，根据前面的分析，中国、东中西区域以及各省份三大层面城镇化发展水平建设仍然滞后于潜在经济增长，以 1996 年为分界。1996 年之前的城镇化发展水平严重滞后，1996 年之后的城镇化发展进入加速阶段，但是区域和省份之间仍然存在不均衡和差异性，相较于中西部地区较低的城镇化对潜在经济增长的驱动来说，东部地区的城镇化水平能够更好地驱动潜在经济增长。中国城镇化发展建设综合水平仍然存在上升空间。城镇化驱动潜在经济发展的累积和综合效应的驱动力大小影响了我国经济社会发展甚至是更广泛的社会化发展。目前，我国城市建

---

① 这期间，中国城镇化率从 29.04% 提高到 58.52%，平均每年增长约 1 个百分点。

设中存在的很多问题，如人口密度过大、资源利用率较低、交通拥堵等，都是由于城镇化发展中的累积和综合效应没有得以体现，这影响了城镇化驱动潜在经济增长具体路径的顺利实现。[①]

（二）下一阶段情况预测

下一阶段的情况预测主要针对客观变化进行研究，如人口结构的转变、日新月异的互联网技术的普及、人工智能（AI）的推广以及改革和制度创新红利的继续释放等，其中人口结构的转变，使得前一阶段的人口红利逐渐消失。中国劳动力的供给优势随人口红利的减弱而减弱，城镇化发展水平的提升、相应的计划生育政策等改革措施的稳定以及劳动力供给总量增长，需要相应的政策支撑。互联网技术的普及及推广、云计算等打破了传统制造及销售模式，数据与信息已经成为继劳动力、资本以外的重要增长要素。改革和制度创新等将会给下一阶段的城镇化及潜在经济增长方式等带来较大的影响。以劳动密集型为主的传统制造业不具备竞争优势，面临转型，这会对前一阶段的城镇化通过劳动力要素驱动潜在经济增长提出严峻的挑战。

国内外经济环境瞬息万变，已经对中国前期潜在经济增长动力机制提出了严峻挑战，逐步影响现行或未来潜在的经济增长。随着中国人口老龄化的加剧，人口红利逐渐消失，加之不断上升的劳动力成本，我国前一阶段经济增长的主要贡献——劳动密集型制造业的盈利空间大幅度下降，面临零利润甚至负利润水平的局面。从国际环境看，一方面，原有世界供求正在发生深度的结构调整，给前一阶段以“出口导向型”刺激外需的局面造成了巨大压力。另一方面，目前越南、孟加拉国、印度等国家正在生产与中国相同或相似的劳动密集型产品，但其却依靠更加低廉的土地资源、劳动成本优势，对中国劳动密集型产品市场形成了明显的替代效应。全球

① 简新华和余江从“就业弹性”的视角发现中国就业弹性远远低于同期发展中国家水平。林毅夫、陆铭等指出，政府的干预，如“重工业优先发展战略”“区域竞争、税收最大化”等，使得中国资本密集型产业比重过高，从而延缓了城镇化进程。

经济已经进入了以创新驱动为主题的跨越传统互联网的时代，进入后工业时代更深层次的下一代创新驱动周期。下一阶段的潜在经济增长要素除了劳动力、资本、全要素以外，还需要信息这一重要因素，这是互联网时代的新的潜在经济增长要素。显然，需要转型逐渐放弃发展那些要求大量劳动力的制造业，而是发展对于技术要求更高的产业，如高技术产业等。同时各个大的产业内部要构建合理的产业结构，进而使全国的产业结构相对合理。除此之外，东中西区域发展不平衡趋势会逐步转变，中西部特别是西部地区的城镇化驱动潜在经济增长的动力不断增强，可以从以下几个方面进行总结。

（1）人口城镇化预测。城镇化率水平是衡量人口城镇化的重要指标，未来中国城镇化率水平的预测方法较多，不同学者从不同视角，利用不同方面得出结论，如蔡昉、简新华、黄锟、李石等。数据显示，截至 2015 年底，中国农业劳动力仍有 2.4 亿人，向二、三产业流动和转移的空间较大，为人口城镇化提供保障。2020 年中国人口为 14.54 亿人。[①] 中国城镇化水平到 2020 年将达到 60%，城镇人口可达到 8.7 亿人，相较 2010 年而言，增加 20022 万人，2025 年达到 65%，2030 年以后实现 70% 的较高水平。[②] 除此之外，未来人口城镇化指标受中国人口结构变动影响较大，除了城镇化率受一定影响外，将对其中的劳动参与率影响较大（注：因为劳动参与率是人口年龄的函数）。目前研究表明，随着中国人口结构的变化，劳动参与率不会是一条平滑的曲线。

（2）土地城镇化预测。随着用地计划、征地政策等不断完善和土地政策改革的推进，农业现代化进程有望逐渐加快，农村部门的土地利用效率

---

① 联合国《世界人口预测》及中国《人口发展“十一五”和 2020 年规划》。

② 如蔡昉认为中国已到达刘易斯转折点，未来可转移劳动力的减少将制约全要素生产率的提升。但 Kwan、Minami、Ma 提出证据表明中国农村地区还存在较大规模的剩余劳动力。对此，约翰·奈特、邓曲恒和李实等提出了一个折中的观点，他们认为：中国劳动力市场转型并非瞬间完成，可能会出现“刘易斯转移阶段”而非刘易斯转折点，即由于制度束的存在，民工荒和农村剩余劳动力并存的现象将持续一段时间。简新华、黄锟通过 Logistic 模型预测 2020 年中国的城镇化率将达到 60% 左右。

将会得到进一步提高，农村居民家庭经营耕地面积将会适度增加，农村土地机械化耕种效率大幅上升，在大城市群与区域城市中心打造相结合的城镇化发展格局下，城镇人口密度呈现区域性的提高，城市建成区面积呈现区域性的增加。

（3）产业城镇化预测。因为受到人口结构变动中人口抚养比的影响，产业城镇化中的资本形成率将会有一定程度的波动。[①] 二、三产业比重得到优化，以服务业为代表的第三产业在整个产业占比中的支撑地位逐步上升。全员劳动生产率随着工业产业的调整有望得到提高，但区域之间的不平衡仍然是一个长期且共性的问题。下一阶段的产业城镇化需要以一、二、三产业的合理布局和结构优化为前提，需要各区域各行业及多产业的动力支撑，以第一产业为基点，第二产业为支点，第三产业为延伸点，共同促进工业化、信息化、农业现代和城镇化的良性互动。

（4）社会生活城镇化预测。社会生活城镇化的核心是优化城乡生产、生活环境，智慧城市将是未来社会城镇化的发展目标及引领方向。各级相关职能部门要全面负责城镇及农村社会保障政策的执行和监督，且实行更加灵活的动态管理。[②] 在资金来源上会采取公共投入与吸引民间投入相结合的方式。

（5）社会发展差距城镇化预测。随着人口城镇化、土地城镇化、产业城镇化的推进，城乡收入差距会逐步缩小，再加上社会生活城镇化效应，城乡之间生活环境、卫生、社会保障及城乡消费等差距不断缩小，最终实现城乡一体化与城乡融合的均衡发展。

（6）潜在经济增长率发展预测。潜在经济增长率由影响供给的劳动力、土地、资本及全要素生产率等生产要素共同决定，其中资本与劳动的比值

---

① 由于人口抚养比不断上升，储蓄率会不断下降，使得资本形成率降低；陆旸、蔡昉：《人口结构变化对潜在增长率的影响：中国和日本的比较》，《世界经济》2014 年第 1 期。

② 市级和县级相关职能部门分别负责城镇和农村的社会保障政策的执行和监督，乡、村则是基层的承担单位，负责农村养老机构的兴办等具体事宜。

及全要素生产率起着至关重要的作用。在前一阶段，资本与劳动比值较低的基础上，资本与劳动比值会有加大的趋势。在下一阶段随着中国潜在就业的减少和资本存量的上升，再考虑到人力资本的倍乘效应，那么附加了人力资本的资本劳动比将进一步提升。改革和制度创新是全要素增长的主要来源，下一阶段中国的全要素生产率变化将会受到诸多“外生性”因素的影响。资料显示，中国在 2005 年之后的全要素生产率出现了下降趋势，然而随着人力资本效应、改革和制度创新等效应，下一阶段的全要素生产率将会稳步增长。① 下一阶段随着生产要素价格形成机制改革和人才发展体制改革的深入推进、要素配置扭曲的矫正、人力资本投入的增加、劳动者素质与技能的提高等会显著补齐影响全要素生产率的短板，有序推进潜在经济增长稳步提高。中国人口结构的客观变化将通过人口城镇化中的劳动参与率、产业城镇化中的资本形成率等，直接或间接影响要素供给，从而影响潜在经济增长率。其中当其他因素不变时，劳动年龄人口绝对数量的减少是直接效应，它的减少将直接带来劳动力数量的减少，导致潜在就业减少，进而影响潜在经济增长率；间接效应主要表现在劳动参与率的变化而引致的潜在就业的变化，人口抚养比的上升而带来的资本形成率降低和资本存量的减少等，这些影响最终都会对潜在经济增长率产生作用。②

引用陆旸、蔡昉的研究结果发现，2010～2015 年，无论按照 15～64 岁，还是 15～59 岁，统计的中国劳动年龄人口结构都发生了根本变化，劳动年龄人口的绝对数量下降且人口抚养比上升。由此带来的 2011～2015 年中国的平均潜在经济增长率降到 7.75%，2016～2020 年将进一步降低至

① 1980 年中国 15 岁以上人口的平均受教育年限是 4.75 年，2010 年上升到 8.11 年。中国在 2011～2030 年的人力资本将呈现递增的趋势，但是其增长率会略有下降，到 2030 年中国的平均受教育年限将达到 9.68 年。

② 下一阶段的人口生育政策有望放松，其对中国的中短期及长期的潜在经济增长率影响是不同的。短期内放松人口生育政策可能会提高少儿抚养比及总抚养比，导致资本形成率降低，从而引起潜在经济增长率下行。然而，长期来看，随着新生人口逐步进入劳动年龄阶段，将会带来劳动年龄人口数的增加，资本形成率的递减趋势得到一定程度的中和后将趋于平缓，进而会提高长期的经济潜在增长率。

6.70%，2021～2025年将降至5.95%，2026～2030年约为5.47%，到2050年，中国的潜在经济增长率将降至4%以下。据此，中国经济进入较长时期的经济“新常态”，如何有效调整产业结构和发展方式使得我国经济平稳度过增速相对较低的阶段是关键。

（7）城镇化驱动潜在经济增长所需关注的问题。相比于旧常态下以土地开发、人口数量扩张为核心的城镇化路径而言，面对相对较低的增长速度，城镇化的“深度发展”至关重要，过去那种摊大饼式的扩张发展是一种不可持续的追求GDP和盲目土地城镇化的过程，不能够成为经济“新常态”下的潜在经济发展的主动力。城镇化的“深度发展”是以人为核心的新型城镇化发展，农民工市民化是其中的主要内涵之一。“深度城镇化”要求城镇化模式和城镇化驱动潜在经济增长路径的抉择建立在经济“新常态”这个基本框架下。不同于传统的“名义城镇化率”条件下的数量增长过程，而应该是一种农村转移人口市民化的过程，也是土地集约、产业创新、城乡协调、居民生活质量提升基础上的累积和综合效应不断放大的深度城镇化。农民工能否真正融入城镇体系将决定潜在经济增长的扩展空间有多大。据此，下一阶段就城镇化驱动潜在经济增长所需关注的核心点如下。

第一，通过人口城镇化、人口质量的不断提高促进潜在经济增长。作为一个农业大国，如今仍然有近6亿的农民生活在贫穷的农村。依据现代化的一般规律，多数农民要逐渐转移到城市，共享现代化文明。推进人口城镇化最核心的要求就是把农民市民化，不断提高城镇人口在总人口中的比重，不仅是数量上的增长，更要重视质量。实际上，这个进程就是众多农民不断共享现代文明的过程，也是我国现代化不断推进的过程，更是我国人民素质和生活水平不断提高的过程。

第二，通过土地城镇化，实现城镇部门的土地利用效率和农村部门的农业现代化，从而促进潜在经济增长。我国一直以来都是自给自足的小规模土地经营，劳动生产率不高，劳动产品产出较低，农民收入少，造成农村比较落后。实现土地集约条件下的农业现代化是改变农村现况的关键。

只有转移农村部门的剩余劳动力，对土地实行适度的规模化经营，提高农业的劳动生产率，形成规模经济，才能实现这一目标。而转移农村劳动力的路径就是推进人口城镇化，所以土地城镇化能通过农业现代化为潜在经济增长创造条件。农业现代化的过程，标志着生产效率和质量的提高以及农业生产方式由粗放型转变为集约型，揭开了中国农用地和建设用地有序流转的序幕，意味着现代农业经营体系的构建。[①] 土地城镇化要围绕“新农村”“新土改”“乡村振兴”这几个核心命题，逐步有序、有效推进各区域农业现代化的实行[②]，对于西部山区可以通过现代高效农业的打造，逐步实施农业现代化战略。中国人多地少的特殊国情决定了农业产业化和农业现代化的道路漫长而曲折。尽管如此，我们也必须通过农业现代化来推进农村部门的土地改革，同时土地城镇化不同于城镇部门的土地扩张，因此，城镇部门的土地利用效率的提高也非常重要。

第三，通过推动产业结构调整促进潜在经济增长，其中高技术制造业是第二产业中的重点，围绕工业化的延伸端而展开的服务业是第三产业的重要支撑。产业的发展能为城镇化发展提供支撑，是城镇化驱动潜在经济增长不断发展的动力。[③] 下一阶段城镇化发展驱动潜在经济增长过程中需要高度重视制造业发展，特别是高技术产业的发展，依靠高技术制造业创造就业机会，促进全社会全行业劳动生产率的提高，以更好地驱动潜在经济增长。要加强高技术产业科技创新能力的培育，提高企业核心竞争力。城镇化驱动潜在经济增长过程是一个产业不断调整、新产业不断成长的过程，尤其是第三产业不断发展的过程。客观地说，前期的城镇化发展是滞后的，但是1996年城镇化进入加速发展时期以来，吹响了西部大开发战略的号角，

---

① 农业现代化是农民合作社、专业大户及产业化龙头企业等农业适度规模化生产经营的管理，是生态保护、独具文化传统的现代农业的出现。

② 农业现代化的发展必然带来农业生产过程中大量先进设备的使用，即农业机械化生产，加大农业科技创新投入，提高农业生产率。

③ 城镇化的不断推进为产业发展集聚生产要素，为产业加速发展开辟更加广袤的空间，推进产业发展的关键在于促进产业创新。新常态下的产业发展要面对产业同质化及全面产能过剩的现实，要以科技创新为导向，以提升服务业、改进民生事业为依托。

西部城镇化的步伐逐步加快，以工业园区、物流园区为代表的新区、开发区不断涌现，促进短期区域的发展。然而，由于没有产业的支撑，这种政府投资主导下的园区城镇化往往是不可持续的。笔者曾调查了 2012 年的兰州新区，几年过去了，这个国家级新区发展离预期规划的目标尚远，究其因，核心问题就是没有产业的支撑。作为一个中心城区的副城，当初规划中的主导产业石化、炼化产业，汽车装备制造业，新能源设备等产业由于面临严重的产能过剩，无法发展，无法留住人。没有适合人口集聚的产业，城镇化发展难以促进潜在经济增长。诸如此类的政府投资主导的土地扩张为典型的没有产业支撑的城镇化，在近十几年的发展中不占少数。这些也为下一阶段的产业城镇化发展敲响了警钟，产业城镇化对于城镇化中的“留住人”来说至关重要，因此，需要创新主导的产业发展模式促进投资方向、人口迁移、生态保护和社区建设等的合理化。产业城镇化调整还会产生很多其他的聚集效应，形成更多相互需求。应当推进产业结构不断升级，增强新的就业能力，挖掘深层的内需潜力，合理吸纳就业能力较强的制造业和现代服务业。产业结构调整的出路在于培育新的产业发展动力。下一阶段，不同区域或省份应该因地制宜，正确评估自己的要素禀赋和要素结构，一定要选择适合自己的产业发展方向，通过产业优化升级不断推进各区域城镇化进程。对部分特大城市的第三产业特别是服务业进行发展和升级，重点可发展交通、物流、健康医疗、信息技术[①]、文化等服务，对部分大中城市的第二产业不能盲目地去工业化，重点可发展与区域经济相适应的高技术制造业等。这些将为城镇化驱动潜在经济增长带来新的发展机遇。

第四，通过社会生活城镇化，推动社会基础设施建设和人居环境的改善，以此促进潜在经济增长。城镇化的发展过程其实是新城市产生和现有

① 进一步加快电子商务基础设施建设的公共投资，加强信息消费环境建设，促进信息消费增长；提升信息产品供给能力，尤其是智能手机的快速普及；建立基于大数据支持的精准营销服务，培育信息消费需求；鼓励电子商务创新探索，加强电子商务人才的培养；提升公共服务信息化水平；做好电子商务的网络安全风险、信用风险及法律风险防范，依法保护个人信息。

城市规模扩大的一个过程，那么就会有更多更好的交通网络、通信网络等，连接起不同的城市，带动区域生活、居住环境的改变，而这些都能够促进城镇与农村两部门的各种循环流动。所以城镇化促进各项基础设施建设，基础设施的大规模建设又推动了整个国民经济的发展。中国现有基础设施的资本存量很多，但是人均存量却很低。[①] 中国水电、热力、燃气生产和供应的固定资产投资增速比较快，但是整个行业固定资产投资额不足，城市基础设施投资空间很大。[②] 目前，中西部省会城市的社会城镇化的推进速度较快，交通、通信设施的改善明显，人居环境与东部之间的差距不断缩小，但是，中西部在社会城镇化方面自身的区域不平衡状况也较为显著。从五级城镇化体系来看，中西部县级、乡镇一级的社会城镇化水平与其省会城市和东部对应县级、乡镇一级的差距明显。这也是下一步城镇化发展的主要方向。

第五，通过缩小城乡发展差距城镇化，促进城镇及农村部门的均衡发展，实现乡村振兴，保障潜在经济增长可持续。随着人口城镇化、土地城镇化、产业城镇化及社会城镇化的推进，城镇及农村部门之间的收入、消费差距不断缩小，农民工市民化、农村现代化等有望实现。城乡差距不断缩小，城乡融合的城乡一体化均衡发展将为潜在经济增长提供可持续动力。总之，下一阶段的城镇化是要以人口城镇化为核心，产业城镇化为依托，协调土地城镇化；即满足城镇化合理用地需求，而不是城市建成区面积的无序扩张；实现社会生活城镇化，城乡差距不断缩小的城乡融合化发展。以上这些通过相应的累积效应和综合效应最终去驱动潜在经济增长。针对前期的各种制约因素，结合城镇化驱动潜在经济增长模型，下一阶段要从本质上去认识各种制约因素的实质，把阻碍城镇化驱动潜在经济增长的各

① 巴曙松指出，用人均资本存量和资本产出比作为城镇化中的基础设施投资的衡量指标（注：以 2005 年不变价计算），中国现有基础设施资本存量达到 25 万亿元，国际排名仅次于美国和日本，但是，人均存量却远远低于所有 OECD 国家，且存在各区域分布不均状况。参见巴曙松《从城镇化看不同地域的基础设施投资重点》，《中国勘察设计》2014 第 4 期。

② 裴长洪、于燕：《新型城镇化中的产业发展趋势》，《当代经济研究》2014 年第 10 期。

种因素从认识到逐步去除直到根除，如人口户籍制度的制约，本质上阻碍了潜在经济增长中最核心要素——劳动力要素的有效流动，由此而来的改革就是从根本上去扭转，保证劳动力资源有效可持续流动。

二　实现城镇化驱动潜在经济增长的路径选择

（一）以人口城镇化为核心推动经济发展

推进城镇化，就要以人民为本，以人口城镇化为核心。人是社会经济发展的出发点，也是社会经济发展的落脚点。到 2017 年底，我国按常住人口计算的城镇化率达 58.52%，而按户籍人口计算的非农人口比重仅为 40%左右，这两个指标较发达国家的城市化发展水平而言是很低的。这就要求我们推进以“人为核心”的城镇化，首先必须要解决人口城镇化问题。以人口城镇化为核心，有效释放城镇化的内需潜力，带动经济的稳步发展。

2000～2011 年中国城镇人口增长有三个来源①：一是原有城镇人口的自然增长，这部分增长贡献率较低，约为 9.29%；② 二是农村人口的净迁入，它是城镇人口增长的主要来源，其增长贡献率较高，约为 56.12%；③ 三是行政区划和统计口径的变化，其增长贡献率约为 34.61%。④

如前所述，农村部门人口的净迁入是城镇人口增长的主要来源，其次是“就地城镇化”带来的城镇人口增长。不管以何种方式提高人口城镇化水平，都需要因地制宜，关注城市人口承载能力、基础设施建设和区域的

---

① 主要根据五普和六普数据的分析得到。

② 卓贤：《质量重于速度：对中国城镇化现状与潜力的分析》，《经济学家》2015 年第 8 期。

③ 已知 2011 年农民工总数约为 2.53 亿，由六普中查出 2011 年“乡村非农就业人员”为 10035 万人，其中：“乡村个体从业人员”为 2718 万人，“乡村就业农民工”为 7317 万人。

④ 2000～2011 年，中国地级市增加了 25 个，县级区划增加了 779 个，市辖区数增加了 70 个，一部分原来是乡村的地区因此升级为城镇地区。可以用新增城镇人口数减去城镇人口自然增长数再减掉新增农村迁移人口数。2001～2011 年，8020 万人实现了由行政区域变更下的“就地城镇化”，这部分对城镇人口增长的贡献超过 34%。如上所述，虽然“就地城镇化”有其合理性和必然性，但是要防止通过简单的区划调整，做数字游戏的“虚假城镇化”。我们鼓励对于接近城区、高人口密度、有一定产业规模的乡镇的就地城镇化，反对上述“虚假城镇化”。

主体功能配置，合理引导人口转移。地方政府要全面看待城镇化率指标，防止开展“虚假城镇化”来提高城镇化率，促使其注重去促进以人口城镇化为核心的、以产业城镇化为依托的深度城镇化发展，不断提高城镇的要素集聚能力，并提升城镇的承载能力，有效引导“就地城镇化”。按照因地制宜、分步推进的原则，加快制约城镇化发展的体制改革，有序推进农民工市民化。加快户籍制度改革实施，依照自愿原则，重点安排符合一定条件的农民工及其家属在工作城市落户；同时不断完善以义务教育、养老、医疗等为代表的城镇基本公共服务，各级地方政府应逐步完善公共服务供给制度，让农业转移人口享受与城镇居民同样的福利和社会保障。逐步降低户口的“附加值”，逐步提高基本公共服务对常住人口的覆盖率，建立和实行长效的常住人口均等化保障制度，提高农村剩余劳动力转移的意愿，提高他们融入城镇的程度。建立健全农业转移人口就业、培训的服务体系。加强对农民工职业技能培训和文化的教育，提高他们的素质和能力，不断增强他们融合城市生活的信心。努力实现人口城镇化数量及质量的增长。最后就是对现行生育制度的改革，确保人口结构改变下的最佳生育方案的出台。

（二）加快土地城镇化改革

据有关数据测算，2000～2010 年，城镇人口增长了 45%，而城市建设用地面积扩大 83%。土地城镇化下的突出表现是房地产开发成为整个经济增长的原发力。[①] 不可否认，城镇化过程中对土地的开发建设在所难免，但是应避免会滋生的大量矛盾和问题，如城镇土地利用粗放、使用效率不高，城市房地产过热直至高泡沫，对农村土地征用不合理造成的社会矛盾，等

---

① 房地产开发是提升人民生活水平、促进城镇发展的重要方面。前一阶段的中国经济快速发展给房地产带来了财富效应，使其成为土地城镇化中的强劲驱动力。国家统计局的测算显示：2001～2011 年的城镇化加速期，每提高城镇化率 1 个百分点，分别使投资、消费增长 3.7 个百分点和 1.8 个百分点，投资及消费弹性充足。但是，房地产投资效应打破了产业投资的均衡，当资本过度集中于房地产业时，不仅增加了投资风险，也使整个经济体系的风险更加集中且经济发展不可持续。

等。对于前一阶段过度依靠土地开发及扩张，去驱动潜在经济的城镇化发展模式，需要及时进行调整。所以，在城镇化发展实践中，一定要积极稳妥地解决好城镇化中土地城镇化的问题，最大效率地释放土地城镇化“红利”。加快实施土地制度改革，合理分配土地增值，促进农村农民土地和宅基地的确权和流转，奠定农业现代化规模经济的基础。[①] 同时，依据城市资源环境承载能力，转变传统城市规划观念。[②] 通过土地城镇化推动农业技术的应用以提升农业生产率。[③] 土地城镇化对城镇部门而言，也是城镇土地使用效率不断提高的过程。

（三）优化产业城镇化

改革开放以来，我国产业结构不断优化。三次产业中农业的基础地位不断增强，工业保持持续高速发展，服务业也得到迅速发展。二、三产业增加值比重由 1990 年的 73.3% 提高到 90.6%，上升了 17.3 个百分点。当前我国步入工业化的中后期，面对经济“新常态”下的供给侧改革，优化产业，提高全员劳动生产率及资本形成率，确保人口及土地城镇化下的产业支撑形成。可以因地制宜地走“以城聚产，以产兴城”的产城融合新道路，为城镇化的推进注入新的活力，通过产业集聚这一产业结构调整的关键步骤，促使城市人口和各种生产要素的集聚，进一步实现城乡统筹一体化发展。

全面加快产业转型升级及服务业发展壮大，拓宽就业创业空间，增强各区域城镇经济活力和竞争力。其中，大城市要加快形成以服务经济为主的产业结构，中小城市要倾力培育和发展特色支柱产业，资源型城市要注

---

① 大力提升土地综合承载能力，引领土地利用向高效化和集约化转变，形成农村生产、生态、生活空间的合理结构。

② 规划形成城镇部门科学、合理、优化的城镇化宏观布局，将构建合理的城市群作为长期发展目标，充分发挥城市的聚集效应和规模效应，提高土地的产出效率；优化原有的存量土地盘活模式，加快对城中村、棚户区、旧厂房等的改造，不断提升土地单位承载人口、经济和建设的能力，有效提升土地的利用强度和利用效率。

③ 需要政府进行合理的财政支持和补贴，优化招商引资政策，促进农业技术装备水平的提高。

重发展替代产业。依据城镇的资源禀赋要素、发展特点以及产业发展趋势等统筹产业规划和城市规划布局，重点推进产城融合发展新道路，重视能够吸纳转移出来劳动力的相关产业的发展，促进各生产要素资源在城乡间能够自由流动，从而推动城镇化发展。因地制宜地实行“就地城镇化”，强化小城镇的产业功能和服务能力，同步提高小城镇的吸纳就业能力。

（四）完善社会生活城镇化

随着城市数量的增加，城市规模的扩大，完善社会生活城镇化对城镇化发展的推进意义深远。特别是城市的基础设施①，这些城市基础设施建设是人们生活的基本需要和前提，也是进入资源节约、环境友好城镇化不可或缺的一部分。② 以完善城市基础设施建设为着力点，重点从与居民密切相关的领域不断改善和建设路网基础设施、市政公用设施、公共服务体系等来提高城镇部门的综合承载能力。以提高社会城镇化质量为核心，随着城市化率的提高，资源和能源的利用效率也得到显著提升。通过合理的生态规划与建设，完善城镇的公共基础设施和公共服务设施，改善人们的居住环境，控制污染排放，实现环境的持续改善；通过产业结构的不断调整、经济布局的逐步优化、微观经济改善，实现低碳绿色经济发展。通过人口结构调整与素质提升，推进新型社会管理水平的提高，全面改善民生。③

（五）缩小城乡发展差距，实现城乡统筹城镇化

随着城镇化水平的提高，土地集约化、农业现代化等使农民收入不断提高，农村消费水平不断提升，最终，通过缩小城乡差距，实现城镇—农

---

① 扩大城市的数量和规模，另一方面对城市的基础设施建设也提出了更高的要求，比如道路、通信、卫生、垃圾、污染物处理等。

② 按照“资源节约和环境友好”的要求，城镇化进程中要努力发展低能耗、低碳经济、循环可持续经济保护和改善人们的居住环境。按照城市的管理标准，对垃圾、污水等污染物进行严格达标处理和控制，增加城市绿地覆盖，突出城市的生态建设，推动城市与自然环境、人与城市环境和谐相处，建设美丽生态城市。

③ 通过政府、企业、公众的共同参与，加快消除城乡二元结构的障碍，推进公共资源均衡配置，让大众平等参与现代化进程、共同分享现代化成果。

村两部门的均衡发展。城镇化水平的提高能带来人均国民收入的明显增长，由此居民购买能力可显著提高；与此同时，大量农民转移到城市后，其消费倾向和消费结构也将会发生变化，提高消费水平。新型城镇化的难点和核心是真正实现转移出来的劳动力从农民到市民的身份转变。城镇化要把农民变为市民，为其提供与城镇居民一样的均等化服务。

（六）改善三大不平衡，促进均衡发展

中国城镇化发展与潜在经济增长之间呈现的三大不平衡，首先是城镇化的需求与潜在经济增长的供给之间的不平衡。需求与供给需两手抓，推动供给侧改革，去产能、补短板，并强调以人为核心的城镇化发展，引导人口合理流动，提高人口素质，驱动潜在经济持续增长。其次是城镇与农村部门发展的不平衡，实现城镇部门与农村部门的均衡发展不仅要缩小城乡差距，而且要促进要素在城镇与农村两部门之间合理流动，将过剩的城镇资源流回农村，引导而非强制农民进城。最后是东中西各地区及地区内部的发展不平衡，合理引导东中西各地区之间以及地区内部的发展，让各省份的经济发展在开放、竞争的市场中进行，而非过度政策干预。

第三节 城镇化驱动中国潜在经济增长的对策及建议

本书通过城镇化对我国经济增长的影响分析，探究城镇化的发展对潜在经济增长的促进作用，在这个基础上提出今后我国城镇化推动经济发展的一些政策主张。

一 相应政策及其规划的制定和调整

（一）调整人口生育政策及退休政策

在短期内，人口生育政策的改革，并不会对劳动力市场的供给数量具有立竿见影的效果，因此，由人口生育政策引起的人口出生率变化并不能

对该国劳动力市场产生直接影响。[①] 但是，人口生育政策调整后会直接影响到人口抚养比，同时对劳动参与率、资本形成率和资本存量产生影响，并进一步对由此而变化的资本劳动比等产生影响。从控制人口总量的计划生育政策的实施到现在的40多年时间，中国人口增长过快趋势得到根本扭转。目前，中国少儿人口大幅下降，数据显示，按现行生育政策测算，2020年后，中国将会面临劳动力严重短缺问题[②]，到2030年，按20～59岁的劳动力年龄计算，劳动力人口约7.64亿人，比2010年减少约6900万人。少子化日趋严重，人口老龄化提速等人口结构性矛盾迫在眉睫。建议在做好远期人口、产业等规划布局的同时，实施并倡导“两孩”政策，在一定程度出台鼓励生育的政策，修复人口结构已步入最后的“窗口期”。同时，鼓励有劳动能力的人员延迟退休，改革现行的退休政策，有效、科学、合理地推进延迟退休政策的颁布和实施。

因此，面对下一阶段人口结构的变化，放开人口生育政策、怎样放开以及放开后的总和生育率会提高到多少都需要调整人口生育政策解答。随着十八届五中全会的“全面放开二胎”政策的出台，相应的计划生育法规的修订以及延迟退休政策的实施，未来人口生育及退休政策的调整对改变人口结构，刺激消费，应对人口老龄化，保障潜在经济增长的人力要素意义深远。

（二）制订科学、合理的城镇及农村部门发展规划

规划先行是我国发展经济一直以来的重要举措。科学、合理的城镇—农村部门发展规划有益于城镇化发展与城镇布局。[③] 科学合理的城乡发展规划可以有效地提高城镇化发展水平，从而促进潜在经济增长实现。科学、

---

① 因为新生人口至少需要15年才能进入劳动力市场。

② 20～34岁的青年劳动力会呈现悬崖式急降，2022～2025年，每年将净减1100万人以上。到2030年20～59岁的人口约7.64亿人，比2010年减少6900万人；0～14岁的人口所占比重，1982年为33.6%，到2014年只有16.5%，大大低于同期世界27%的平均水平，比美国的20%还低，处于“严重少子化”水平。

③ 整个城镇及农村部门建设与发展规划是城镇化促进潜在经济增长的基础手段与重要依据。

合理的发展规划有利于我国城镇化发展建设与潜在经济的协调发展。因此，在制订科学、合理的城镇化发展规划时要从实际出发，以协调为原则，因地制宜[①]，对城镇化发展建设进行总体规划与合理布局，避免规划的同质化和形式化，以立足顶层设计的思维方式进行设计，充分体现规划的前瞻性、引领性。[②] 使各城市群、各区域的城镇—农村部门的规划发展前瞻性强、定位合理，有可操作性。[③]

（三）深化户籍制度改革

加强户籍制度改革的目的是更好地实现城乡人口的自由流动，其核心是简化户籍功能，消除户籍关系下的各种差别待遇[④]，以期尽早实现城乡居民身份待遇的平等。建议除了特大型人口城市需要一定程度的迁入限制，避免过度人口流入超过城市承载力外，放宽其他城市对户口迁入的管制。把户籍审批制改革为登记制，取消农业户口与非农业户口的限制，取消一切阻碍农民进入城镇落户的非制度性门槛；建立以身份证号码为标识的公民信息管理系统，实行居住、就业、信用等信息一体化；推动城乡居民享有就业、教育、医疗、社会福利及民主政治等同等的公民权利。引导农业人口自由地进入城镇就业及生活，逐步消除他们户籍制度方面的限制。

（四）逐步调整城乡土地政策

土地制度改革既要满足当前城镇化驱动潜在经济增长下的城镇部门建设发展对土地的需求，又要严格保护耕地，合理有效地利用农地资源，实现农业部门的现代化。由此，需要做到以下几点。一是实行集体拥有、由政府集中分配与市场自由调节相结合的土地战略；二是用集约化理念推进

---

① 根据各区域的区位特点、资源条件及其经济发展水平状况。

② 使之既能服务于社会经济发展规划又能与土地利用总体规划相衔接。同时，进一步保持规划编制层次上的一致性及其规划编制内容上的对应性。

③ 各类用地、城市功能分区及其用途管治与产业发展项目和人民群众居住生活环境相适应。

④ 中国户籍制度改革的核心主要是户籍功能简单化，即剔除原来的户籍关系上暗含的各种社会与经济差别，并且让户籍制度只单纯承担社会管理以及人口信息统计等基本功能。

城镇化，摒弃传统的土地粗放开发模式，注意在此基础上形成稳固的产业支撑；[①] 三是对于国家公益性建设用地要及时足额地支付其土地征用费，并且按照科学规划、节约用地、严格执法及合理分配等原则对城镇部门管理制度进行改革，为城镇化驱动潜在经济增长的协调发展创造良好的用地环境。[②]

（五）构建及完善农民工保障政策

完善社会保障体系的核心是确保城乡居民拥有同等的发展机会并具有基本的社会保障待遇，农民逐步实现市民化需要进一步促进城乡公共资源的均衡配置，使他们在教育、医疗、卫生等方面享有公平的权利。目前来说，农民工的社会保障政策，如农民工社会保险模式选择及农民工社会保障的制度选择等错综复杂的问题在逐步解决。[③]

（六）教育扶贫计划进一步推进

近年来先后实施的农村义务教育学生营养改善计划、中等职业教育学生免学费且实行生活费补助、高校贫困地区定向招生计划等政策对贫困地区教育扶贫，在提高人口城镇化质量、促进土地城镇化实施、推进产业城镇化进程及提升社会城镇化水平、实现城乡统筹城镇化等方面意义重大。

① 农村集体土地可以考虑建立统一的农村土地产权交易市场，促进农村土地产权的合理流动，通过流转的土地使之形成规模化、集约化及农业现代化；同时探索农村土地产权贷款抵押，创新融资担保体系，增加农民的财产性收入，为逐步实施农村部门农业现代化铺路。

② 罗建玲：《我国城镇化水平与经济发展的协调性研究》，博士学位论文，西北农林科技大学，2012。

③ 关于农民工社会保障的制度选择主要有两种，一种是进入城镇广泛实行的社会保险制度，该制度有利于促进农民向城镇转移，有利于建立全国基本统一的社会保障制度，从而加快城镇化进程，为实现农民市民化提供基本保障。但该制度的缺点是透明性低、费率高且转移困难，同时难以解决农民工参保后享受的待遇高低问题。另一种是单独建立农民工个人账户制度，这种方法可以为农民工提供相对较低费率的保障平台，但是缺陷为：该制度的实施可能会对现行城镇职工社会保险制度有影响。目前，全国正在建立统一的社会保障制度，希望通过一种制度将农民工保障全部纳入，在选择农民工的社会保险模式及保障制度时，可以对农民群体进行细分，分时间、分类型保障，即根据不同群体的不同特征选择在不同时间段采用不同的社会保障制度。参见侯卫民、李林鹏《新常态下我国城镇化的发展动力与路径选择》，《经济纵横》2015 年第 4 期。

下一阶段的教育扶贫计划需要加大力度，进一步推进针对贫困地区，确保城镇化发展水平显著提高，从而更好地驱动潜在经济增长。精准扶贫、实现全面脱贫是“十三五”时期的主要目标之一，由于区域教育资源的差异性显著，对集中连片特困区域的教育扶贫非常重要，在全国 14 个集中连片特困区域实施精准扶贫时，一定要重视教育扶贫的精准性。

二　针对区域发展的城镇化促进潜在经济增长的政策指导

城镇化发展水平与潜在经济增长之间区域差异性显著。有些地区城镇化发展水平及潜在经济增长的程度较高，但是城镇化发展水平对该区域潜在经济增长的作用并不显著。下一阶段发达地区如东部沿海城市可能会进入减速区，中西部地区拥有良好的制度环境，优惠政策下的制度红利会吸引该区域产业集群等带动区域就业。① 因此，针对目前中国各区域城镇化发展水平及趋势，提出以下相关建议。

（一）侧重于提高各区域的城市生产率，为城镇化驱动潜在经济增长提供保障

城市生产率是城镇化驱动潜在经济增长的关键要素，城镇化发展驱动潜在经济增长的先决条件之一就是城市生产率的提升。不同地区的城镇化发展水平与潜在经济增长的关系并非具有一致性，在推进城镇化发展过程中要关注城市生产率的提高，不能让农民进入城市的贫民窟，而要通过加快经济发展来给农民提供附加值高的就业机会。初期通过劳动力转移、农业向非农业转移实现生产力提高，促进潜在经济增长，但当城镇化水平发展到一定阶段后，必须通过人口集中、规模效应、产业集聚等内部生产率提升来实现城镇化发展与潜在经济增长的传导效应。②

① 在城镇化进程中，各省市之间的资金、人口等要素在稀缺程度和流动方向上也在发生变化，沿海城市由于土地成本和劳动力成本上升，促使企业从沿海地区迁至内陆地区，中西部地区出现人口、资金回流的城市的人口等要素比较充裕，这些促进了中国分工效率和规模效率的提高，进一步推动了中国经济的潜在增长。

② 李妍、薛俭：《中国城镇化水平与经济增长区域差异性分析》，《城市问题》2015 年第 1 期。

（二）加快以大数据为核心的“城市群网络化”的发展建设，为城镇化驱动潜在经济增长注入新的增长点

未来中国城镇化推进一定是通过现代化的通信体系把大城市和中小城市整合起来形成城市群网络，实现大中小城市的“同城化”。[①] 在《全国主体功能区规划》中提出了“两横三纵”为主体的战略思想，其核心即构建以沿长江通道、陆桥通道为两条横轴，以沿海、包昆、京哈京广为三条纵轴，优化和重点开发长江三角洲、珠江三角洲和环渤海地区形成三大城市群，以及推进哈长、中原、成渝等地区形成新的区域城市群。[②]

（三）注重特大城市发展的转型及省会城市格局打造

中国城镇化发展正面临着城市转型挑战，特别是特大城市的转型问题及省会城市格局打造。北京、上海、深圳三个特大城市分别是中国政治、经济、科技创新的代表，城市经济增长速度名列前茅，但是其城镇化发展进程中的优势可能会转化为制约因素，如该区域内的人口密度优势可能会进入人口负担阶段，人口回流和人口分散化的趋势明显。改革开放40多年来，一个不争的事实摆在我们面前，目前中国，一些经济发达的省份会有一个比省会城市经济发展水平高的经济中心城市，即出现所谓的“政经分离”现象。从南向北，诸如广东的深圳经济发展水平高于广州，福建的厦门高于福州，江苏的苏州高于南京，山东的青岛高于济南，辽宁的大连高于沈阳，等等。以上这些省份都有一个以省会为代表的“政治中心”和一个“经济中心”，呈现了“政经分离”带来的区域经济繁荣。与之相反，一些经济相对欠发达的省份就会出现“省会独大”的现象，即省会城市集政治、经济发展为一体，如湖北的武汉、湖南的长沙、四川的成都、安徽的合肥、山西的太原、陕西的西安、新疆的乌鲁木齐、云南的昆明、贵州的

---

① 在欧洲、日本等地，这种模式发展较好，既能够实现大城市的规模效益，又可以防止个别城市盲目扩张引发的“大城市病”，还可以提升小城市的就业水平。

② 巴曙松、杨现领：《城镇化大转型的金融视角》，厦门：厦门大学出版社，2013，第191~195页。

贵阳等。发达省会城镇化水平相对较高，且处于产业链条的高端，能够以海纳百川的气场吸引着五湖四海的人流加速其城镇化发展的进程。从人口流动来看，出现了从“省会独大”省份流出向“政经分离”省份流入的人口迁移路径，从城镇化发展来看，经济发达省份的城镇化发展速度远远高于经济欠发达省份，从产业结构看，“省会独大城市”往往处于产业链的低端，而产业链条高端的城市往往是“政经分离”的，由此带来了中国城市发展的城镇化新格局。现实告诉我们：“政经分离”的省份有两个遥相呼应的城市，更具有协调性、分工性等较好的经济属性，其经济结构的良好变迁决定了城市新格局；而“一家独大”的省份，往往“政经合一”，政治和经济中心纠结在一起，这些地方的经济结构不完善，地方经济的发展严重依赖行政手段的堆砌来实现。①

（四）因地制宜提高不同地区城镇化发展水平，从而保证驱动潜在经济增长的可持续

区域城镇化发展水平及其潜在经济增长的不平衡，决定不同区域城镇化发展驱动潜在经济增长的方式不一样，城镇化发展的侧重点具有差异性。中心城市侧重于提升城市的产业及城市人口素质，拓展空间载体，优化城市生活品质，完善城市功能及改善环境质量等具体目标。中小城镇侧重于依据各区域城镇化率、城乡收入及消费差距、一二三产业增加值比重、资本形成率、全员劳动生产率等指标进行聚类分析。②

---

① 陈长、闫秋利：《基于城市格局下的省会城市“政经分离”现象及其测度》，《贵州社会科学》2017 年第 10 期。

② 侯卫民、李林鹏：《新常态下我国城镇化的发展动力与路径选择》，《经济纵横》2015 年第 4 期。对于区域劳动生产率较为落后、第一产业占比较高且经济发展资源不足的地区，政府可以给予政策和资源上的定点扶持，也可考虑引入外部生产要素，实现“就地城镇化”。对于第二产业占比较高且收入及产出较低的地区，政府应给予更多的资金及相应的政策支持。对于第二产业占比较高、收入与产出较高的地区，在城镇化过程中，政府应关注更多吸收中心区的技术和经济外溢。对于第三产业占比高且收入与产出高的地区，政府应加大城市投资强度及开发力度，以城区为中心形成规模经济效应，带动区域经济的快速发展。

（五）鼓励城市群的发展，拓展城镇化驱动潜在经济增长的空间

城市区域化及区域城市化趋势下最集中和最典型的现象是城市群的形成。它是在一定的城镇密集区内具有紧密内在联系的城市集群。[①] 目前，城市群不仅引领区域经济和本国经济发展，而且已经成为国家参与全球竞争和国际分工的基本地域单元[②]。现阶段，中国主要城市群国土面积为全国的10%且人口为全国的1/3，却承载了中国大约2/3的经济总量[③]，已形成京津冀、长三角[④]、珠三角三大竞争力较强的重点城市群。2012年，这三大城市群的面积仅为中国的2.8%，人口仅为中国的18%，但创造了同期全国36%的国内生产总值。[⑤] 改革开放40年的实践中，东部地区城镇化推动区域经济快速发展的过程使得区域经济发展的差距逐步扩大，通过中西部地区城镇化发展来驱动中西部地区经济发展是解决区域协调发展问题的有效途径之一。在发展东部沿海地区城市群的同时，选择中西部一些资源环境承载力较强的区域，通过整体城镇化水平的提高，加快其产业结构的调整，完善其公共服务体系等；通过整体城镇化推进，有序集聚人口并提高人口素质，培育和发展一批适合中西部经济增长的城市群，有力地推动中西部城镇化发展。[⑥] 城市群是中国推进新型城镇化的重要载体和抓手。在城镇化驱动潜在经济增长过程中，以人为本的人口城镇化、社会城镇化等鼓励发展城市群，为实现

---

① 目前理论界对城市群概念没有统一认识，相关相近概念较多。通过借鉴相关观点，本书将城市群本质上理解为“城市集群”。

② 世界公认的五大城市群为美国波士华城市群、北美五大湖城市群、日本东海道城市群、欧洲西北部城市群、英国中南部城市群。其中单个城市群的经济总量约占其国家经济总量的70%～80%。

③ 《中央明确建设“七大城市群”：东中西定位不同协调发展》，中国经济网，http://district.ce.cn/newarea/roll/201403/18/t20140318_2505230.shtml，最后访问日期：2018年12月18日。

④ 长三角有望成为世界第六大城市群。

⑤ 《国务院关于城镇化建设工作情况的报告》，中国人大网，http://www.npc.gov.cn/npc/xinwen/jdgz/bgjy/2013-06/27/content_1798658.htm，最后访问日期：2018年12月18日。

⑥ 我国还规划了21个城市化地区及成渝、中原、长江中游、哈长四大未来中西部重点培育的城市群。党的十八大报告提出科学规划城市群规模和布局。《国家新型城镇化规划（2014～2020年）》明确提出：“优化提升东部地区城市群，培育发展中西部地区城市群。”

人口城镇化奠定合理的空间基础。城镇化驱动潜在经济增长路径中哪种城市应该是城镇化的空间主体依托是一个重点问题。在有条件的地区培育和发展城市群，坚持大中小城市和小城镇协调发展，并结合中国实际将重点放在中小城市和小城镇的发展。这些会成为农业转移人口流动的合理空间基础。同时，城市群发展不再以单个城市为重心，而是注重城市、城乡之间的联动互补发展，注重城镇基本公共服务常住人口全覆盖的实现，建设一个个城乡发展一体化的示范区，在更大区域范围内建立健全城乡发展一体化体制机制。本质上城市群是一种更大范围、更大规模和更有效率的集聚经济。城市群发展必然要求不断增强综合承载能力，同时实现资源节约和环境友好，真正使人们实现"为了生活来到城市，为了生活得更好留在城市"。

（六）城镇化脱贫是驱动潜在经济增长的核心动力

2014 年底，中国有 14 个集中连片特殊困难地区，有 12.8 万个贫困村，2948.5 万个贫困户，7017 万贫困人口，其中中西部区域的贵州、云南、河南、广西、湖南、四川 6 个省份贫困人口均超过 500 万人。国务院 2015 年末发布《中共中央国务院关于打赢脱贫攻坚战的决定》吹响了脱贫攻坚的"冲锋号"。决定要求在五六年内需要减贫 7000 多万人，平均每年需减贫 1000 多万人。城镇化脱贫可以通过人口城镇化、土地城镇化、产业城镇化、社会城镇化四个方面的联动，充分发挥行业优势，整合社会力量，凝聚各界合力来奏响扶贫脱贫最强音。财政部积极增加中央财政扶贫投入，国土资源部专项安排贫困县等用地的计划指标，各大金融机构加大加紧对贫困地区的金融支持，精准扶贫策施为贫困村、贫困户及贫困人员建档并针对指导脱贫，引入"造血式扶贫"，如村民可以通过土地出租、入股及民营企业共建村企等形式，提供技术指导，协调银行贷款，为特贫农村地区实施扶持对象精准、项目安排精准、资金使用精准的真正意义上的"精准扶贫"。通过实施异地扶贫变迁，把城镇化发展与区域减贫治理结合起来，能够较好地驱动区域潜在经济增长。

（七）三大不平衡的均衡发展促进经济持续增长

三大不平衡是城镇化发展与潜在经济增长的关键所在，实现供给与需求、城镇—农村两部门以及我国东中西各地区及各个区域内的平衡，能够有效提高我国城镇化发展水平，挖掘其驱动潜在经济增长的潜力，促进我国经济持续增长。

改革开放前，东北老工业基地集聚大量劳动力与资本等要素，在政府一系列扶持和保护措施下发展快于其他地区。但是，随着改革开放的深化，市场经济体系逐渐建立并完善，依托于政府投资的东北三省国有企业只能转向银行贷款，且面对市场的开放和企业缺乏竞争自生能力，逐渐成为政策性负担。东北老工业基地企业生产结构单一，其供给已不能匹配如今的社会需求，出现产能过剩、库存累积等问题，企业经济效率低下。这些都影响了东北三省的城镇化发展，制约其潜在经济增长。然而，东北三省土地广阔，辽宁省人均农村居民家庭经营耕地面积是东部其他地区的两倍以上，吉林省为五倍左右，黑龙江则达到八倍左右，农村土地资源十分丰富。但东北三省仍以发展重工业为主，城镇部门与农村部门之间发展不平衡。应当引导城镇部门过剩资源流向农村部门，发展东北地区优势产业，以适应市场的竞争，缩小城镇与农村两部门之间的差距，促进地区潜在经济增长。

近年来，西部地区的迅速发展得益于政策重心向西部的迁移。甘肃省的兰州新区与贵州省的贵安新区属于同一批国务院批复的国家级新区，如今的发展却大相径庭。作为中国首个国家级大数据产业集聚区，贵安新区得到许多政策支持，发展势头迅猛。而兰州新区却发展惨淡，新区缺少产业支撑，大批楼盘滞销，未能带动城镇化发展。然而，依托于政策效应的发展是否能长期有效的持续，东北老工业基地已给我们启示，政策性红利不可能一直持续，产业的发展要适应市场的需求，企业应努力提高自生能力，国家政策起到引导示范的作用即可。

本章主要从以上三个方面，较为宏观地提出了一些政策性指导建议。受时间与篇幅所限，没有针对各省份的实际情况进行预测，没有专门根据各省份而提出城镇化驱动潜在经济增长的具体路径选择和相应的区别政策。这些工作在以后的研究中将逐步完善。

结　语

习近平总书记在2016年开年之际的中央经济工作会议中提出："在适度扩大总需求的同时，着力加强供给侧结构性改革，着力提高供给体系质量和效率，增强经济持续增长动力。"① 实施供给侧改革的前提和机理主要在于：第一，过去执行的总需求导向的政策组合短期效应明显，需求总量放大抬升到有限市场允许的边界后再行刺激，收效微弱；第二，改革开放40多年后的总供给变量的各个分量，即生产要素被不同程度替代或者被抑制；第三，一组能够充分发挥各分量潜力的工具组合，即潜在经济增长是从总供给一侧进行的长期有效的宏观管理，具有必然性和迫切性。从供给角度来看经济增长正是潜在经济增长，这是一种长期经济增长，所关注的重点是供给效率，即让要素再流动起来，让资源从低效率领域转移到高效率领域，从已经过剩领域转移到更有需求的领域。② 与此同时，没有需求的拉力，盲目刺激供给端也是不可取的，如何配套刺激需求是其中的关键问题。正因为如此，本书研究城镇化促进潜在经济增长结果表明，城镇化对潜在经济增长的中长期效应巨大。

---

① 《习近平关于全面建成小康社会论述摘编》，北京：中央文献出版社，2016，第44页。

② 厉以宁：《供给侧改革并非简单关停企业》，搜狐财经，http://business.sohu.com/20151130/n428803137.shtml，最后访问日期：2018年12月18日；《坚定不移推进供给侧结构性改革》，《许昌日报》2016年1月20日。

目前全国、东中西区域及各省份通过城镇化驱动潜在经济增长的战略总体上说是可行并且有效的。但是，由于我国及各区域城镇化水平的滞后性和不均衡性，现行总需求处在中低收入阶段的成长期，大力推进城镇化进程，特别是提升欠发达区域及省份的城镇化水平将是提高总需求最有效的工具，对以潜在经济增长为核心的供给侧改革作用显著。2016 年以后的潜在经济增长还会有小幅波动，但随着新型城镇化和城市群吸引力的加大，及户籍制度、农村土地流转政策的推进等，城镇化将推进中国、各区域及省份潜在经济增长曲线的向外平行移动。本书试图在整理前面结果的基础上，提出以下改进方面。

一　从人口城镇化到缩小城乡差距方面

（一）人口城镇化

前期中国的劳动年龄人口上升趋势及迅速扩大的教育规模为经济的持续增长创造了充足的劳动力供给和必要的人力资本；充足的劳动力供给和必要的人力资本延缓了资本报酬递减现象发生的时间，加上中国长期的高储蓄模式①，这些使中国呈现较长时间里的资本投入推动下的高速经济增长。大规模的劳动力从生产率较低的农业转向生产率较高的非农产业所创造出的资源重新配置效率，使之成为中国改革开放期间全要素生产率提高的重要组成部分，进而成为推动潜在经济增长的源泉。② 然而，现阶段由于中国劳动力供给市场的严峻变化，即便中国的生产率增长速度保持不变，但是资本的边际报酬率也会出现随劳动力供给市场变化而降低的趋势。有序调整生育政策、户籍政策、退休政策等影响劳动力供给结构的政策工具组合需要在给潜在经济增长率一个合理预期的前提下，逐步推进、认真落

---

① 《真正的城市化应实现农民工市民化》，人民论坛，http://theory.rmlt.com.cn/2013/0221/62984.shtml，最后访问日期：2018 年 12 月 18 日。

② 《真正的城市化应实现农民工市民化》，人民论坛，http://theory.rmlt.com.cn/2013/0221/62984.shtml，最后访问日期：2018 年 12 月 18 日。

实，避免潜在经济增长的大起大落。同时，在中国这个教育水平相对落后的区域大力发展职业教育、高等教育是提升国家创新能力的必由之路。然而，这些问题都涉及对中国教育体制和培训形式进行根本性的改革。

（二）土地城镇化

城镇化驱动潜在经济增长的理论及实证表明：通过人口城镇化，带动土地城镇化、产业城镇化的运转，一方面减少农民，把农村部门的农民变成城镇部门的市民；另一方面，让农村土地更有效率，实现农村土地集中、农业发展和农业现代化。然而，城镇化发展水平没有达到一定的标准就实行农村部门的新土改可能不利于社会稳定，只有在大规模城镇化启动后，当城镇部门的经济可以吸纳大量农村部门转移的人口时，农村部门的土地集中过程才是好的，才是有利于中国农业发展和现代化建设实行的。[①]

（三）产业城镇化

城镇化对劳动力的影响首先体现为从总体上增加了城镇部门从事第二、三产业劳动力的数量，并带来一定程度的劳动力素质的提高，因此，产业城镇化是人口城镇化以及土地城镇化后的又一重要表现，可以概括为城镇化引起产值结构、需求结构、投入结构等方面变动，从而促进了产业结构优化。前期特别是滞后的城镇化发展阻碍了生产要素流动的制度性形成，竞争机制下的优胜劣汰市场化程度不高，以产业城镇化为支撑吸引劳动力转移，并留住转移出来的劳动力的产业城镇化亟待加强。目前，从国内经济发展看，出现了经济增速下降、工业品价格下降、实体经济滑坡、财政收入下降、经济风险发生概率增大等问题，再加上人口老龄化问题凸显、劳动人口增长率持续下降、成本不断上升、传统制造业危机重重、新兴产业增长动能尚未积聚等严峻形势下，产业城镇化发展的环境以及自身整体水平欠佳。下一阶段，城镇化下的产业集聚效应将使更有效率的企业生存、

① 王建：《城市化是中国经济走出低谷和长期发展的唯一出路》，《第一财经日报》2009 年 4 月 27 日。

扩大和发展，而长期没有效率的企业则会被淘汰，这样的过程能够从整体上提高行业以及城镇产业的生产率水平。

（四）社会生活城镇化

城镇化不仅是土地的城镇化，而且是农民的市民化；城镇化将重视内涵式发展，即不再一味地“摊大饼”；城镇化还将重视分配关系的改善，要让农民分享到城镇化的“红利”。

（五）缩小城乡发展差距城镇化

城镇化一方面可以促进农村部门的农民增收、社会资源的优化配置；另一方面可以缓解农村部门人地紧张的矛盾，促进以产业结构为代表的经济结构调整等。目前，政府对农业部门实行了大规模的转移支付，如农机具的补贴及耕地的直补政策等，然而较低的城镇化水平，即以较低比重的城镇部门人口补贴较高比重的农村部门人口的政策仍然无法解决农民增收问题。因此，应当通过大规模城镇化过程减少农村人口，在农业物耗上升趋势下，保证大幅提高农户耕地资源的占有量，以此来增加农民收入。随着城镇化的推进，农村部门劳动力逐步向城镇部门转移，减少了农村部门的农业人口，提高了农业部门的生产效率及相应的农村商品化率，促进了现代农业的发展，有利于从根本上改善农村面貌，增加农民收入，带动农村部门发展，进一步实现城乡差距不断缩小的目标。

二　从区域城镇化动态发展来看

整体而言，东部区域城镇化发展水平高于中西部，且综合城镇化水平领先中西部 10 年以上，但是，就东部而言，区域之间的城镇化动态发展水平的不平衡问题较为显著，而中部区域城镇化综合水平明显领先于西部区域。第一，在东部 13 个省份中，东北三省作为率先发展的老工业基地，城镇化基础较好，但在 1991 ~2015 年城镇化发展水平却不如东部地区其他省市。1991 ~1995 年，辽宁省、吉林省和黑龙江省的城镇人口比重、非农就业比重都属于东部地区较高水平，产业结构中第二产业比重较大，尤其是辽宁省的在校大学生数和卫生人员数都处于东部地区领先水平，可以说东北三省的城镇化发展处于优势地位。然而在这二十多年的发展中，辽宁省城镇化发展水平在东部地区排名中等，吉林省和黑龙江省则排名垫底。第二，西部区域中的内蒙古、甘肃、宁夏、云南、贵州等不发达省份，人口城镇化及社会生活城镇化为代表的第一主成分相对较低，同时其他的主成分出现负载荷，说明这些省份不仅本身核心基础如人口城镇化很差，且人口城镇化带动下的产业城镇化或土地城镇化对城镇化发展综合贡献率较差，这些省份城镇化发展存在较大程度的滞后，这些省份在未来城镇化的推进过程中应当更加重视人口城镇化率的提升，并且以人口城镇化为核心整合其他城镇化发展。对于城镇化率处于后 5 位的省份，其人口城镇化率低于全国城镇化率平均水平，尚未进入或刚好进入城镇化加速推进时期，甘肃、宁夏、云南、贵州等西部不发达省份落后于全国平均水平 10 个百分点以上。因此，未来可以通过着力提高以城镇人口比重为重点的人口城镇化率，用人口城镇化整合、促进各省份城镇化综合水平的提高。而其他省份的城镇化率和城镇化综合水平都处于中等，未来应坚持速度与质量并重，着力提高城镇化水平和质量。

针对于此，从区域层面来说，可注重市场作用下的政策引导来缓解城镇化发展对区域潜在经济增长驱动不均衡的矛盾，有序加大中西部大开发的力度，提高其城镇化率，特别是对现行中部发展势头较好的情况，总结其可行经验，在西部区域逐步推广。① 在优化发展东部沿海地区城市群的同时，中西部小城镇数量多、规模小、功能有待提升、人口质量不高、城市群数量不足与质量不高并存等问题都制约着区域城镇化驱动区域经济增长，应选择一些资源环境承载力较强的区域，通过整体城镇化水平的提高，加快其产业结构的调整，完善其公共服务体系等；通过整体城镇化推进，有序集聚人口并提高人口质量，培育和发展一批适合中西部经济增长的城市

① 魏后凯、王业强、苏红健：《中国城镇化质量综合评价报告》，《经济研究参考》2013 年第 31 期。

群，有力地推动中西部城镇化发展。从新型城镇化推进来看，一般来说，随着人口红利的逐步消减，劳动力供给面临挑战，通过新型城镇化继续挖掘劳动力供给潜力，在提高劳动参与率及其稳定性的同时，更好地促进劳动力驱动潜在经济增长。中国未来户籍制度、土地制度及社会保障制度等领域改革深化对进一步推动农村劳动力向城市非农产业转移、促进劳动力资源的再配置及“深度”城镇化具有至关重要的作用。

三 从区域不平衡看

可以实现“飞地经济”式增长，即中央对落后地区增加转移支付用于吸引人才。在经济发展存在落差的行政区域之间建立互助协调关系，实现优势互补、资源流动和更深层次的产业转移，促进经济一体化发展。政策措施有以下几点。第一，要打破要素自由流动的壁垒，促进要素特别是劳动力要素的自由有序流动，加快落后地区吸引和留住人才的创新政策供给，加快统一人口城镇化、土地城镇化、产业城镇化、社会城镇化及缩小城乡差距城镇化建设，努力为劳动力、人才、土地、资本等的自由有序流动提供更可靠保障①，促进飞地区域的要素集聚功能形成。② 第二，要帮助相对落后地区找到产业分工的空隙，让其在全国产业分工的总体格局下，根据自身可挖掘的优势，找到自己的定位。不是简单的模式复制或模仿，而是以自身比较优势塑造核心竞争力，真正融入区域发展以及产业分工的链条之中的产业集聚地和增长极。而这些需要对飞入地和飞出地进行全面摸底调研，了解不同区域在不同阶段的发展定位、资源禀赋和成本差异，使要素流动与区域分工定位相匹配，出台能够吸引资金、人才以及技术留住的举措，更好地承接飞出地的产业转移。以上这一切都可以通过城镇化的合理布局与推进来刺激内需，同时调整人口素质结构。在实现消化过剩目标

---

① 林火灿：《“飞地经济”如何飞得更高》，《经济日报》2017 年 6 月 7 日。

② 陈明：《城镇化进程中农民土地财产产权实现的困境与出路》，《现代经济探讨》2014 年第 11 期。

的同时，一座座有均等教育机会和均等基本公共服务的文明城市相继崛起。城镇—农村部门的差距不断缩小，城镇部门通过人口质量的提高，以人口结构调整下的资源效率配置为中心，去驱动城镇要素实现最优配置，从而实现其累积效应及综合效应。农村部门不断通过土地的集中利用、农业效率的提高以及分配关系的改善等促进农民收入的提高。农业生产率的进一步提高，将推动农业部门劳动力、土地等主要生产要素向城镇部门转移，更进一步促进城镇化发展。

城镇化如何去推动潜在经济增长，城镇化带来的劳动力要素迁移如何去驱动潜在经济增长要素的再流动，这些问题在课题中都做了较为深入的研究，下一步继续研究的方向将会更加关注新时期潜在要素的变动方向，并通过良好城镇化带来的新要素流动去驱动潜在经济增长要素的再流动。只有这样才能够理论联系实际，探究中国城镇化推动下的供给侧结构性改革。

全球经济已经进入了以创新驱动为主题的时代，进入后工业时代更深层次的下一代创新驱动周期。下一阶段的潜在经济增长要素除了劳动力、资本、全要素以外，还需要信息这一重要因素，这是互联网时代的新的潜在经济增长要素。信息技术与数据为中心需要创新驱动，也更需要以“人为中心”的人的质量的整体提高，这对城镇化发展提出了更新的要求。下一阶段的新型城镇化能否成为经济增长的发动机，关系着中国经济下一阶段结构调整的方向；城镇化推进能否推动中国生产可能性边界向外平移关系着中国下一轮潜在经济增长率的可持续提高。因此，未来以新型城镇化为突破口的改革再出发，需要打破过去传统的专业化分工及传统工业化下的产业边界，重构适应全球化更深层次的创新驱动和价值链体系。[①] 未来城镇化发展释放出巨大能量，必将会引领中国的潜在经济增长率迈上新的台阶。

---

① 张振鹏：《文化创意产业推进农村城镇化的功能、路径与对策》，《现代城市研究》2013 年第 11 期。

参考文献

国内部分：

《马克思恩格斯全集》（第2卷），北京：人民出版社，1965。

钱纳里：《发展的形式：1950－1970》，北京：经济科学出版社，1988。

〔美〕保罗·克鲁格曼：《发展、地理学与经济理论》，北京：北京大学出版社、中国人民大学出版社，2000。

世界银行：《世界发展报告（1999年～2000年）》，北京：中国财政经济出版社，2000。

杨小凯、张永生：《新兴古典经济学和超边际分析》，北京：中国人民大学出版社，2000。

谢文蕙、邓卫：《城市经济学》，北京：清华大学出版社，2000。

梅益、陈原：《中国百科大词典》，北京：中国大百科全书出版社，2002。

李树琮：《中国城市化与小城镇发展》，北京：中国财政经济出版社，2002。

刘传江、郑凌云：《城镇化与城乡可持续发展》，北京：科学出版社，2004。

高珮义：《中外城市化比较研究》，天津：南开大学出版社，2004。

曾赛丰：《中国城市化理论专题研究》，长沙：湖南人民出版社，2004。

刘传江、郑凌云：《城镇化与城乡可持续发展》，北京：科学出版社，2004。

刘树成：《现代经济词典》，南京：凤凰出版社、江苏人民出版社，2005。

浦善新：《走向城镇化——新农村建设的时代背景》，北京：中国社会出版社，2006。

郑长德、钟海燕：《现代西方城市经济理论》，北京：经济日报出版社，2007。

〔美〕罗伯特·E. 卢卡斯：《经济周期模型》，北京：中国人民大学出版社，2013。

巴曙松、杨现领：《城镇化大转型的金融视角》，厦门：厦门大学出版社，2013。

张少辉：《河南省城镇化水平的综合测度研究》，博士学位论文，郑州大学，2004。

刘国新：《中国特色城镇化制度变迁与制度创新研究》，博士学位论文，东北师范大学，2009。

杨春平：《吉林省城市化与经济增长关系研究》，博士学位论文，东北师范大学，2009。

罗建玲：《我国城镇化水平与经济发展的协调性研究》，博士学位论文，西北农林科技大学，2012。

杨丽华：《河北省新型城镇化发展研究》，博士学位论文，河北师范大学，2013。

朱芳芳：《黑龙江省新型城镇化发展水平评价研究》，博士学位论文，哈尔滨理工大学，2014。

周一星：《城市化与国民生产总值关系的规律性探讨》，《人口与经济》1982年第1期。

许经勇：《城市化滞后对经济增长的制约》，《学术月刊》1999年第6期。

吴纪宁：《城市化与经济增长速度》，《湖南城建高等专科学校学报》1999年第12期。

杨开忠：《中国城市化驱动经济增长的机制与概念模型》，《城市问题》2001年第3期。

张颖、赵民：《论城市化与经济发展的相关性——对钱纳里研究成果的辨析与延伸》，《城市规划刊》2003年第3期。

陈淑清：《城市化：我国经济长期增长的动力之源》，《经济与管理研究》2003年第5期。

徐雪梅、王燕：《城市化对经济增长推动作用的经济学分析》，《城市发展研究》2004年第2期。

郭庆旺、贾俊雪：《中国潜在产出与产出缺口的估算》，《经济研究》2004年第5期。

钱陈：《城市化与经济增长的主要理论和模型述评》，《浙江社会科学》2005年第2期。

李郇：《中国城市化滞后的经济因素——基于面板数据的国际比较》，《地理研究》2005年第3期。

刘耀彬：《中国城市化发展与经济增长关系的实证分析》，《商业研究》2006年第4期。

简新华、何志扬：《中国工业反哺农业的实现机制和路径选择》，《南京大学学报》（哲学·人文社科·社会科学）2006年第5期。

王彬：《城市化战略的思考》，《贵州工业大学学报》（社会科学版）2006年第6期。

郭松：《我国城市化水平对经济增长影响的实证研究》，《对外经贸》2006年第8期。

李金昌、程开明：《中国城市化与经济增长的动态计量分析》，《财经研究》2006年第9期。

曹龙：《安徽省经济潜在经济增长率的分析与测算》，《经济纵横》2007年第1期。

颜双波、张连城：《潜在产出与产出缺口的界定与测算方法》，《首都经济贸易大学学报》2007年第1期。

张军涛、梁志勇：《城镇化及其可持续发展的内涵解析》，《城市》2007年第2期。

张景华：《城市化驱动经济增长的机制与实证分析》，《财经科学》2007年第5期。

简新华、黄锟:《中国农民工最新生存状况研究——基于765名农民工调查数据的分析》,《人口研究》2007年第6期。

简新华、余江:《基于冗员的中国就业弹性估计》,《经济研究》2007年第6期。

沈坤荣、蒋锐:《中国城市化对经济增长影响机制的实证研究》,《统计研究》2007年第6期。

杨旭、李隽、王哲昊:《对我国潜在经济增长率的测算——基于二元结构奥肯定律的实证分析》,《数量经济技术经济研究》2007年第10期。

胡晓旭:《我国城市化与经济增长关系的实证分析》,《科技情报开发与经济》2007年第17期。

杨顺元:《经济增长中效率测度的参数与非参数方法比较研究》,博士学位论文,天津大学,2008。

易善策:《"双重转型"背景与中国特色城镇化道路》,《济南大学学报》(社会科学版)2008年第6期。

王艾青、安立仁:《中国潜在经济增长率的估计》,《统计与信息论坛》2008年第7期。

周小刚、陈东有:《江西城镇化与经济增长协整关系的实证研究》,《江西社会科学》2008年第8期。

盛来运、王冉:《中国城市农民工社会保障影响因素实证分析》,《中国农村经济》2008年第9期。

马兴杰、陈通:《城市化影响经济增长作用机制研究》,《现代管理科学》2009年第2期。

张连城、韩蓓:《中国潜在经济增长率分析——HP滤波平滑参数的选择及应用》,《经济与管理研究》2009年第3期。

陈明星、陆大道、张华:《中国城市化水平的综合测度及动力因子分析》,《地理学报》2009年第4期。

王建：《论城市化是走出低谷的唯一通道》，《中国经贸导刊》2009 年第 8 期。
徐云鹏、张旭昆：《中国经济潜在经济增长率的再估算》，《重庆大学学报》2009 年第 15 期。
简新华、黄锟：《中国城镇化水平和速度的实证分析与前景预测》，《经济研究》2010 年第 3 期。
汪海波：《试论潜在经济增长率》，《国家行政学院学报》2010 年第 5 期。
刘勇、高建华等：《基于改进熵权法的中原城市群城镇化水平综合评价》，《河南大学学报》2011 年第 1 期。
朱孔来：《中国城镇化进程与经济增长关系的实证研究》，《统计研究》2011 年第 9 期。
李克强：《关于调整经济结构促进持续发展的几个人问题》，《求是》2010 年第 11 期。
约翰·奈特、邓曲恒、李实：《中国的民工荒与农村剩余劳动力》，《管理世界》2011 年第 11 期。
曹广忠、边雪、刘涛：《基于人口、产业和用地结构的城镇化水平评估与解释——以长三角地区为例》，《地理研究》2011 年第 12 期。
谢冰、蔡洋萍：《基于 HP 滤波—生产函数方法的我国潜在产出估计》，《湖南大学学报》2012 年第 2 期。
刘世锦：《我国增长阶段转换与发展方式转型》，《国家行政学院学报》2012 年第 2 期。
曾志伟、汤放华、易纯等：《新型城镇化新型度评价研究——以环长株潭市城市群为例》，《城市发展研究》2012 年第 3 期。
孙雪：《新型城镇化测评指标体系的建立研究》，《地下水》2012 年第 3 期。
冯璇、严俊霞、薛占金：《临汾市农村城镇化发展水平评价》，《山西农业科学》2012 年第 4 期。
田静：《新型城镇化评价指标体系构建》，《四川建筑》2012 年第 4 期。
蔡昉、王美艳：《中国人力资本现状管窥——人口红利消失后如何开发增长新源泉》,《人民论坛·学术前沿》2012 年第 4 期。

马凯:《转变城镇化发展方式提高城镇化发展质量走出一条中国特色城镇化道路》,《国家行政学院学报》2012 年第 5 期。

陈亮、陈霞、吴慧:《中国经济潜在经济增长率的变动分析——基于日韩及金砖四国等典型国家 1961 - 2010 年的经验比较》,《经济理论与经济管理》2012 年第 6 期。

王子博:《中国潜在产出估算模型的设计与应用——基于 Kalman 滤波的实证分析》,《统计与信息论坛》2012 年第 7 期。

张志勇、李连庆:《城镇化水平与经济增长互动效应的动态分析——基于山东省 1978 - 2009 年的数据》,《山东财经大学学报》2012 年第 9 期。

蔡昉:《中国“潜在经济增长率”趋势》,《人民论坛》2012 年第 34 期。

青舟:《以新型城镇化推进城乡统筹一体发展》,《城市观察》2013 年第 1 期。

林毅夫:《解读中国经济》,《南京农业大学学报》(社会科学版)2013 年第 2 期。

牛晓春、杜忠朝、李同昇:《基于新型城镇化视角的区域城镇化水平评价》,《干旱区地理》2013 年第 2 期。

陈明、张云峰:《城镇化发展质量的评价指标体系研究》,《中国名城》2013 年第 2 期。

陆铭、蒋仕卿、陈钊:《摆脱城市化的低水平均衡——制度推动、社会互动与劳动力流动》,《复旦学报》(社会科学版)2013 年第 3 期。

蔡昉:《农民工市民化有利于提高劳动参与率》,《文史博览:理论》2013 年第 3 期。

杨仪青:《国外经验及启示:以政府调控促进新型城镇化健康发展》,《世界农业》2013 年第 9 期。

张振鹏:《文化创意产业推进农村城镇化的功能、路径与对策》,《现代城市研究》2013 年第 11 期。

蔺雪芹、王岱等:《中国城镇化对经济发展的作用机制》,《地理研究》2013

年第 4 期。

孙祁祥、王向楠、韩文龙：《城镇化对经济增长作用的再审视》，《经济学动态》2013 年第 11 期。

魏后凯、王业强、苏红健：《中国城镇化质量综合评价报告》，《经济研究参考》2013 年第 31 期。

张向东、李昌明、高晓秋：《河北省新型城镇化水平测度指标体系及评价》，《中国市场》2013 年第 20 期。

陆旸、蔡昉：《人口结构变化对潜在经济增长率的影响：中国和日本的比较》，《世界经济》2014 年第 1 期。

叶文辉、郭唐兵：《我国农田水利运营效率的实证研究——基于 2003－2010 年省际面板数据的 DEA-TOBIT 两阶段法》，《山西财经大学学报》2014 年第 2 期。

蒋冠、霍强：《中国城镇化与经济增长关系的理论与实证研究》，《工业技术经济》2014 年第 3 期。

巴曙松：《从城镇化看不同地域的基础设施投资重点》，《中国勘察设计》2014 年第 4 期。

马晓河：《城镇化是新时期中国经济增长的发动机》，《国家行政学院学报》2014 年第 4 期。

裴长洪、于燕新：《型城镇化中的产业发展趋势》，《当代经济研究》2014 年第 10 期。

陈长、谢东炎：《对我国 2010 年潜在经济增长率的测算——基于 DEA 法的 BBC 模型》，《品牌》2014 年第 11 期。

陈明：《城镇化进程中农民土地财产产权实现的困境与出路》，《现代经济探讨》2014 年第 11 期。

马孝先：《中国城镇化的关键影响因素及其效应分析》，《中国人口·资源与环境》2014 年第 12 期。

张培丽、于春晖：《我国经济潜在经济增长率的变化及应对》，《中国市场》

2014 年第 16 期。

李妍、薛俭:《中国城镇化水平与经济增长区域差异性分析》,《城市问题》2015 年第 1 期。

卢文璟:《两部门作用下的中国城镇化模式选择研究》,《海派经济学》2015 年第 3 期。

侯卫民、李林鹏:《新常态下我国城镇化的发展动力与路径选择》,《经济纵横》2015 年第 4 期。

王建康、谷国锋、姚丽:《人力资本集聚对我国新型城镇化的影响——以 2000 - 2012 省级面板数据为例》,《人口与发展》2015 年第 4 期。

卓贤:《质量重于速度:对中国城镇化现状与潜力的分析》,《经济学家》2015 年第 8 期。

王周伟:《新常态下中国省域潜在经济增长的市场潜能拉动研究——基于空间面板杜宾误差模型的经验分析》,《经济问题探索》2015 年第 8 期。

杨浩昌:《中国城镇化对经济增长的影响及其区域差异——基于省级面板数据的分析》,《城市问题》2016 年第 1 期。

周艳:《浙江省建筑业发展效率差异性评价研究——基于面板 DEA - Tobit 方法》,《嘉兴学院学报》2017 年第 9 期。

陈长、闫秋利:《基于城市格局下的省会城市"政经分离"现象及其测度》,《贵州社会科学》2017 年第 10 期。

陈长、闫秋利:《DEA 视角下的中国潜在经济增长率测算研究》,《中国集体经济》2017 年第 21 期。

《坚定不移推进供给侧结构性改革》,《许昌日报》2016 年 1 月 20 日。

林火灿:《"飞地经济"如何飞得更高》,《经济日报》2017 年 6 月 7 日。

《国务院关于城镇化建设工作情况的报告》,中国人大网,http://www.npc.gov.cn/npc/xinwen/jdgz/bgjy/2013 - 06/27/content_1798658.htm,最后访问日期:2018 年 12 月 18 日。

国外部分：

M. Levy, "Fiscal Policy, Cycles and Growth," *National Industrial Conference Board*, 1963.

Berry B. J. L. , *City classification handbook*: *Methods and Applications*, New York: John Wiley & Sons, 1971.

Evans A. W. , "The Pure Theory of City Size in an Industrial Economy," *Urban Studies* 19 (1972).

Northam R M, *Urban Geography*, New York: John Wiley & Sons, 1975.

Phazell, Janderson, Nbalzer, "A Bastrop Clemencies and Rissole Potential for Scale andSustainability in Index Insurance for Agriculture and Rural Livelihoods," *International Fund for Agricultural Development and World Food Programmer* (1973).

Northam, "New Approaches to Crop Yield Insurance in Developing Countries," *International Food Research Institute* 2 (1979).

Klauke, "A Two-sided Matching Model of Venture Capital," *Working Paper*, *University of Chicago* 1 (1987).

O. Blanchard, D. , "Quah. The Dynamic Effect of Aggregate Supply and Demand Shocks," *American Economic Review*, 1989.

C. Adams, D. Coe, "A Systems Approach to Estimating the Natural Rate of Unemployment and Potential Output for the United States," *IMF Staff Papers* 2 (1989).

Kenneth N. Kuttner, "Estimating Potential Output as a Latent Variable," *Journal of Business & Economic Statistics* 3 (1994).

Black J. V. , Hendeeson, "A Theory of Urban Growth," *Journal of Political Economy* 2 (1999).

Bertinelli, Luisito & Eric Strobl, *Urbanization*, *Urban Concentration and Eco-*

nomic Growth in DevelopingCountries, CORE Discussion Paper, 2003/7/6.

"Inkeles Rural Areas and Trends Surpass Cities in Growth," *New York Time* 3 (2005).

Watada, "An Alternative Measure of Chinese Urbanization," *Apollonian Teal* 3 (2007).

DEBloom, *David Canning*, *Gunther Fink. Urbanization and the Wealth of Nations*, PGDA Working Paper, 30 (2008).

Poelhekke S. , *Urban Growth*, *Uninsured Risk and the Rrural Origins of Aggregate Volatility* [*N*], EUI Working Paper ECO, 2008/2.

Yet Fhang Lo, Daniel, "Urbanization and Economic Growth: Testing for Causality," *16th Annual Pacific*, 2010.

Shabu, Terwase, "TheRelationship Between Urbanization and Economic Development in Developing Countries," *International Journal of Economic Development Research and Investment* 1 (2010).

Tripathi, Sahyasachi, *An overview of India's Urbanization*, *Urban Economic Growth and Urban Equity*, Mpra Paper 2 (2013).

附录一

29 个省份城镇化发展水平排序

表 4-11　1991~2014 年中国 29 个省份城镇化发展水平综合得分与排序

省份	时段	第一主成分	第二主成分	第三主成分	第四主成分
山东	2011-2014	0.1173	-0.0226	0.0121	-0.0019
山东	2006-2010	0.0976	-0.0164	0.0081	-0.0013
山东	2001-2005	0.0698	-0.0087	0.0074	-0.0006
山东	1996-2000	0.0487	-0.0029	0.0089	-0.0008
山东	1991-1995	0.038	-0.0031	0.0087	-0.001
辽宁	2011-2014	0.128	0.0049	0.004	-0.0197
辽宁	2006-2010	0.0957	0.0026	0.0029	-0.0119
辽宁	2001-2005	0.0681	0.0035	0.0049	-0.0072
辽宁	1996-2000	0.053	0.0039	0.0078	-0.0062
辽宁	1991-1995	0.0456	0.0008	0.0077	-0.0063
北京	2011-2014	0.0956	0.0225	-0.0021	0.0077
北京	2006-2010	0.089	0.0208	-0.0031	0.0072
北京	2001-2005	0.0836	0.0185	-0.0025	0.0053
北京	1996-2000	0.062	0.019	0.0011	0.0041
北京	1991-1995	0.0595	0.0217	0.009	0.0037
海南	2011-2014	0.0555	0.0117	-0.0118	0.0035
海南	2006-2010	0.0438	0.0102	-0.0078	0.0019
海南	2001-2005	0.0378	0.0111	-0.0076	0.0025

续表

省份	时段	第一主成分	第二主成分	第三主成分	第四主成分
海南	1996 - 2000	0.041	0.015	-0.0096	0.0039
海南	1990 - 1995	0.0288	0.0105	-0.0073	0.0015
江苏	2011 - 2014	0.1102	-0.0148	0.0101	-0.0029
江苏	2006 - 2010	0.0929	-0.011	0.007	-0.0013
江苏	2001 - 2005	0.0705	-0.0029	0.0075	-0.0009
江苏	1996 - 2000	0.0529	0.0042	0.0098	0.0002
江苏	1991 - 1995	0.0385	-0.001	0.0108	-0.0012
黑龙江	2011 - 2014	0.0674	-0.0052	-0.0098	-0.0372
黑龙江	2006 - 2010	0.0574	-0.0037	-0.0064	-0.0299
黑龙江	2001 - 2005	0.0452	-0.0012	-0.0037	-0.0253
黑龙江	1996 - 2000	0.0402	0.0012	0.0008	-0.0228
黑龙江	1991 - 1995	0.0366	-0.0004	0.0041	-0.0218
吉林	2011 - 2014	0.0707	-0.0015	-0.0077	-0.0229
吉林	2006 - 2010	0.0588	-0.0009	-0.0082	-0.0177
吉林	2001 - 2005	0.0455	0.0039	-0.0032	-0.0116
吉林	1996 - 2000	0.0358	0.0059	0.0024	-0.0102
吉林	1991 - 1995	0.0288	0.002	0.0034	-0.0127
天津	2011 - 2014	0.0843	0.011	-0.0034	-0.0032
天津	2006 - 2010	0.0753	0.0119	0.0001	-0.0015
天津	2001 - 2005	0.0613	0.0136	0.0041	-0.0011
天津	1996 - 2000	0.0502	0.0136	0.0039	-0.0013
天津	1991 - 1995	0.0454	0.0123	0.0054	-0.0035
上海	2011 - 2014	0.1138	0.0297	0.0054	-0.0053
上海	2006 - 2010	0.0986	0.0246	0.0035	-0.0027
上海	2001 - 2005	0.0826	0.0209	0.0003	-0.0015
上海	1996 - 2000	0.0639	0.0249	0.0056	0.0021
上海	1991 - 1995	0.0599	0.036	0.0195	0.0067
河北	2011 - 2014	0.1151	0.0000	0.0066	-0.0053
河北	2006 - 2010	0.0938	0.0046	0.0069	-0.0015
河北	2001 - 2005	0.0666	0.004	0.0075	0.0000
河北	1996 - 2000	0.0479	0.0043	0.0067	-0.0016

续表

省份	时段	第一主成分	第二主成分	第三主成分	第四主成分
河北	1991－1995	0.0367	－0.0012	0.0056	－0.0032
浙江	2011－2014	0.1048	－0.0014	0.006	－0.001
浙江	2006－2010	0.0889	0.0003	0.0045	－0.0003
浙江	2001－2005	0.0652	0.0031	0.0037	0.0001
浙江	1996－2000	0.0462	0.0054	0.0053	－0.0004
浙江	1991－1995	0.0375	0.002	0.0064	－0.0014
福建	2011－2014	0.0780	0.0004	－0.0023	－0.0004
福建	2006－2010	0.0628	0.0034	－0.0019	0.0002
福建	2001－2005	0.0471	0.0066	0.0003	0.0006
福建	1996－2000	0.0445	0.0046	－0.0016	－0.0012
福建	1991－1995	0.0276	0.0052	0.002	－0.0003
广东	2011－2014	0.1506	－0.0109	0.0187	－0.0029
广东	2006－2010	0.1190	－0.0076	0.015	－0.0019
广东	2001－2005	0.0921	0.0004	0.012	－0.0013
广东	1996－2000	0.0683	0.0032	0.0125	－0.0014
广东	1991－1995	0.0536	0.0000	0.0129	－0.0013
河南	2011－2014	0.1000	－0.0149	0.011	－0.0009
河南	2006－2010	0.0846	－0.0096	0.0084	－0.0015
河南	2001－2005	0.061	－0.0037	0.0086	－0.0003
河南	1996－2000	0.0454	0.0004	0.0095	0.0002
河南	1991－1995	0.031	－0.0012	0.0081	－0.0007
湖北	2011－2014	0.0846	－0.0113	0.0001	－0.0021
湖北	2006－2010	0.0694	－0.0077	0.0003	－0.0004
湖北	2001－2005	0.0531	－0.0026	0.0013	0.0004
湖北	1996－2000	0.0435	0.001	0.0034	－0.0001
湖北	1991－1995	0.0344	－0.0024	0.0054	－0.0006
山西	2011－2014	0.0693	－0.0051	－0.0032	－0.0035
山西	2006－2010	0.0566	－0.003	－0.0009	－0.0031
山西	2001－2005	0.0438	0.0001	0.0009	－0.0027
山西	1996－2000	0.035	0.0027	0.0021	－0.0041
山西	1991－1995	0.0288	0.0008	0.0019	－0.0054

续表

省份	时段	第一主成分	第二主成分	第三主成分	第四主成分
安徽	2011 - 2014	0.0795	-0.011	0.0018	-0.0029
安徽	2006 - 2010	0.0632	-0.0067	0.002	-0.0021
安徽	2001 - 2005	0.0469	-0.0012	0.0035	-0.0013
安徽	1996 - 2000	0.0371	0.0034	0.0068	-0.0009
安徽	1991 - 1995	0.0296	0.002	0.0051	-0.0011
湖南	2011 - 2014	0.08	-0.009	0.0034	-0.0001
湖南	2006 - 2010	0.068	-0.0049	0.0014	0.0008
湖南	2001 - 2005	0.0522	0.0009	0.0017	0.0014
湖南	1996 - 2000	0.0419	0.0039	0.0028	0.0005
湖南	1991 - 1995	0.0339	0.0034	0.0023	-0.0005
江西	2011 - 2014	0.0762	-0.0048	-0.0022	-0.0022
江西	2006 - 2010	0.0631	-0.0029	-0.0019	-0.0012
江西	2001 - 2005	0.0432	0.0032	0.0003	-0.0005
江西	1996 - 2000	0.0328	0.0076	0.0041	-0.0002
江西	1991 - 1995	0.025	0.0045	0.0041	-0.0017
甘肃	2011 - 2014	0.0523	-0.0037	-0.0088	-0.0042
甘肃	2006 - 2010	0.0419	-0.0023	-0.0056	-0.0039
甘肃	2001 - 2005	0.0333	0.0003	-0.0036	-0.003
甘肃	1996 - 2000	0.0252	0.0019	-0.002	-0.0063
甘肃	1991 - 1995	0.0195	0.0005	-0.0006	-0.0054
宁夏	2011 - 2014	0.0601	0.0033	-0.0158	-0.0135
宁夏	2006 - 2010	0.0481	0.0029	-0.0124	-0.0115
宁夏	2001 - 2005	0.0364	0.0042	-0.0097	-0.0101
宁夏	1996 - 2000	0.031	0.0066	-0.0065	-0.0089
宁夏	1991 - 1995	0.0246	0.0046	-0.0041	-0.0052
贵州	2011 - 2014	0.0499	0.002	-0.0061	0.0002
贵州	2006 - 2010	0.0403	0.0044	-0.0053	0.0016
贵州	2001 - 2005	0.0308	0.0048	-0.0038	0.0016
贵州	1996 - 2000	0.025	0.0048	-0.0012	0.001
贵州	1991 - 1995	0.022	0.0054	0.0013	0.001
青海	2011 - 2014	0.0591	0.0125	-0.01	-0.001

续表

省份	时段	第一主成分	第二主成分	第三主成分	第四主成分
青海	2006 - 2010	0.0547	0.0204	-0.0029	0.0016
青海	2001 - 2005	0.0453	0.0191	-0.0019	0.0026
青海	1996 - 2000	0.0348	0.0152	-0.0023	-0.0009
青海	1991 - 1995	0.0291	0.0125	0.0002	-0.0023
四川	2011 - 2014	0.0784	-0.0136	0.0058	-0.0001
四川	2006 - 2010	0.0611	-0.0085	0.0032	0.0009
四川	2001 - 2005	0.0468	-0.0035	0.0037	0.0018
四川	1996 - 2000	0.0352	-0.001	0.0051	0.0015
四川	1991 - 1995	0.033	0.0003	0.0057	0.0016
陕西	2011 - 2014	0.0766	-0.007	-0.0045	-0.0026
陕西	2006 - 2010	0.0585	-0.0046	-0.0046	-0.0021
陕西	2001 - 2005	0.0416	-0.0006	-0.0018	-0.0006
陕西	1996 - 2000	0.034	0.0048	-0.0006	-0.0025
陕西	1991 - 1995	0.0282	0.0028	0.0002	-0.0047
重庆	2011 - 2014	0.0758	-0.0103	-0.0049	0.0001
重庆	2006 - 2010	0.0621	-0.0067	-0.0036	0.0006
重庆	2001 - 2005	0.0447	0.002	-0.001	0.0021
重庆	1996 - 2000	0.032	0.0043	0.0002	0.0018
重庆	1991 - 1995	0.0293	0.0036	0.0026	0.0019
云南	2011 - 2014	0.0597	-0.0027	-0.0076	-0.0007
云南	2006 - 2010	0.0481	-0.0003	-0.007	-0.0001
云南	2001 - 2005	0.0341	0.0022	-0.0033	0.0006
云南	1996 - 2000	0.033	0.0058	-0.0018	-0.0011
云南	1991 - 1995	0.0234	0.0047	0.0003	-0.0022
内蒙古	2011 - 2014	0.0801	-0.0001	-0.0134	-0.0317
内蒙古	2006 - 2010	0.0619	0.0011	-0.0107	-0.0268
内蒙古	2001 - 2005	0.0393	0.0025	-0.0063	-0.0198
内蒙古	1996 - 2000	0.0291	0.0041	-0.0022	-0.019
内蒙古	1991 - 1995	0.0273	0.0029	-0.002	-0.0179
广西	2011 - 2014	0.0707	-0.0059	0.0023	-0.004
广西	2006 - 2010	0.0563	-0.0032	-0.0005	-0.002

续表

省份	时段	第一主成分	第二主成分	第三主成分	第四主成分
广西	2001 - 2005	0.0422	0.0022	-0.0001	-0.0003
广西	1996 - 2000	0.0366	0.0051	0.0011	-0.0009
广西	1991 - 1995	0.0288	0.0037	0.0016	-0.0001

省份	时段	第五主成分	第六主成分	第七主成分	第八主成分	总得分	排名
山东	2011 - 2014	0.0033	-0.0082	-0.0005	-0.0006	0.0989	18
山东	2006 - 2010	0.0049	-0.0059	-0.002	0.0004	0.0852	28
山东	2001 - 2005	0.0056	-0.0054	-0.0042	-0.0002	0.0636	50
山东	1996 - 2000	0.0055	-0.0068	-0.0054	0.0006	0.0477	72
山东	1991 - 1995	0.0051	-0.0072	-0.0046	0.0013	0.037	98
辽宁	2011 - 2014	0.0025	-0.0038	0.0259	0.0058	0.1476	5
辽宁	2006 - 2010	0.0046	-0.0037	0.0105	0.0045	0.1052	15
辽宁	2001 - 2005	0.0053	-0.0053	0.0007	0.0033	0.0733	35
辽宁	1996 - 2000	0.0053	-0.0064	-0.0039	0.0033	0.0569	58
辽宁	1991 - 1995	0.0047	-0.0072	-0.006	0.0033	0.0425	84
北京	2011 - 2014	-0.0014	-0.0135	-0.0027	0.0012	0.1073	13
北京	2006 - 2010	0.0009	-0.0121	-0.0059	0.0005	0.0974	19
北京	2001 - 2005	0.0041	-0.0081	-0.0086	-0.0011	0.0912	23
北京	1996 - 2000	0.0082	-0.0054	-0.0082	0.0022	0.0829	30
北京	1991 - 1995	0.0172	0.0008	-0.0057	0.0043	0.1105	11
海南	2011 - 2014	0.0064	-0.0059	-0.0085	0.0000	0.051	68
海南	2006 - 2010	0.005	-0.0062	-0.0074	0.0015	0.041	88
海南	2001 - 2005	0.0037	-0.007	-0.0071	0.0005	0.034	107
海南	1996 - 2000	0.0031	-0.009	-0.0075	-0.0013	0.0355	103
海南	1991 - 1995	0.004	-0.0081	-0.0079	-0.0004	0.021	127
江苏	2011 - 2014	0.0071	-0.0128	0.0035	0.003	0.1034	16
江苏	2006 - 2010	0.0074	-0.0089	0.0006	0.0036	0.0903	24
江苏	2001 - 2005	0.0091	-0.0066	-0.002	0.0028	0.0774	32
江苏	1996 - 2000	0.0117	-0.0062	-0.0028	0.0019	0.0718	39
江苏	1991 - 1995	0.0082	-0.0075	-0.0045	0.0023	0.0455	76
黑龙江	2011 - 2014	0.0045	-0.0124	-0.0073	0.0027	0.0027	143
黑龙江	2006 - 2010	0.0037	-0.0108	-0.0059	0.0036	0.0079	139

续表

省份	时段	第五主成分	第六主成分	第七主成分	第八主成分	总得分	排名
黑龙江	2001－2005	0.0026	－0.0101	－0.0058	0.0033	0.0049	142
黑龙江	1996－2000	0.0041	－0.0109	－0.0077	0.0034	0.0082	138
黑龙江	1991－1995	0.0044	－0.0117	－0.0092	0.0039	0.0058	141
吉林	2011－2014	0.0086	－0.0071	－0.0035	0.0024	0.0389	92
吉林	2006－2010	0.0079	－0.0062	－0.0058	0.0035	0.0313	111
吉林	2001－2005	0.0056	－0.0077	－0.0067	0.0038	0.0296	115
吉林	1996－2000	0.0048	－0.0088	－0.0079	0.0036	0.0256	124
吉林	1991－1995	0.0044	－0.01	－0.0089	0.0038	0.0109	136
天津	2011－2014	0.0121	－0.0031	－0.0075	－0.001	0.0893	26
天津	2006－2010	0.0109	－0.0017	－0.01	－0.0015	0.0835	29
天津	2001－2005	0.0101	－0.0025	－0.0113	－0.0017	0.0726	36
天津	1996－2000	0.0111	－0.0023	－0.0098	0.0003	0.0656	47
天津	1991－1995	0.0125	－0.0016	－0.0104	0.0008	0.0609	53
上海	2011－2014	0.007	－0.0019	0.028	0.0097	0.1865	1
上海	2006－2010	0.0095	－0.0013	0.0181	0.0083	0.1586	4
上海	2001－2005	0.0127	－0.0013	0.0085	0.0049	0.1272	7
上海	1996－2000	0.0192	0.0015	0.0041	0.0055	0.1269	8
上海	1991－1995	0.0337	0.0128	0.0081	0.0091	0.1858	2
河北	2011－2014	0.0109	0.0023	0.0099	－0.0004	0.139	6
河北	2006－2010	0.012	0.0038	0.0059	0.001	0.1265	9
河北	2001－2005	0.0113	0.0014	－0.0011	－0.0004	0.0893	25
河北	1996－2000	0.0108	－0.0022	－0.0046	－0.0011	0.0603	54
河北	1991－1995	0.0065	－0.0047	－0.0055	0.0002	0.0344	106
浙江	2011－2014	0.0062	－0.0068	0.0018	－0.0003	0.1093	12
浙江	2006－2010	0.0065	－0.0052	－0.0012	0.0002	0.0939	21
浙江	2001－2005	0.0081	－0.0052	－0.0044	0.0012	0.0718	40
浙江	1996－2000	0.0085	－0.0041	－0.0057	0.0015	0.0567	59
浙江	1991－1995	0.007	－0.0054	－0.007	0.0014	0.0404	89
福建	2011－2014	0.0088	－0.0063	－0.0034	0.0018	0.0766	33
福建	2006－2010	0.0072	－0.0056	－0.0045	0.0021	0.0637	49
福建	2001－2005	0.0063	－0.0059	－0.0048	0.0023	0.0525	66

续表

省份	时段	第五主成分	第六主成分	第七主成分	第八主成分	总得分	排名
福建	1996 - 2000	0.0077	-0.0066	-0.0069	-0.001	0.0395	90
福建	1991 - 1995	0.0058	-0.0074	-0.007	0.0022	0.0282	120
广东	2011 - 2014	-0.0026	-0.0065	0.0137	-0.0013	0.159	3
广东	2006 - 2010	-0.0003	-0.0049	0.0061	-0.0011	0.1244	10
广东	2001 - 2005	0.0026	-0.0039	0.0011	-0.0028	0.1002	17
广东	1996 - 2000	0.0049	-0.0031	-0.003	-0.0038	0.0776	31
广东	1991 - 1995	0.0042	-0.0037	-0.0073	-0.003	0.0554	62
河南	2011 - 2014	0.0068	-0.0038	0.0044	0.004	0.1065	14
河南	2006 - 2010	0.0064	-0.003	0.0039	0.0032	0.0924	22
河南	2001 - 2005	0.0057	-0.0041	0.0002	0.0016	0.0691	42
河南	1996 - 2000	0.0069	-0.0046	-0.0025	0.001	0.0563	61
河南	1991 - 1995	0.0055	-0.0057	-0.0035	0.002	0.0356	102
湖北	2011 - 2014	0.0067	-0.0062	-0.002	0.0037	0.0736	34
湖北	2006 - 2010	0.0052	-0.0063	-0.0031	0.0039	0.0613	52
湖北	2001 - 2005	0.0036	-0.0063	-0.0049	0.0044	0.049	71
湖北	1996 - 2000	0.004	-0.006	-0.0056	0.0033	0.0435	81
湖北	1991 - 1995	0.0038	-0.0082	-0.0055	0.0031	0.0298	114
山西	2011 - 2014	0.0089	-0.0053	-0.0048	0.0002	0.0566	60
山西	2006 - 2010	0.007	-0.0046	-0.0055	0.0012	0.0477	73
山西	2001 - 2005	0.0063	-0.0055	-0.007	0.0015	0.0373	97
山西	1996 - 2000	0.0058	-0.0057	-0.0082	0.0016	0.0293	117
山西	1991 - 1995	0.0054	-0.0058	-0.0082	0.0024	0.0199	128
安徽	2011 - 2014	0.0077	-0.0052	-0.0053	0.0019	0.0665	46
安徽	2006 - 2010	0.007	-0.0046	-0.0061	0.0025	0.0554	63
安徽	2001 - 2005	0.0058	-0.0051	-0.0063	0.0015	0.0439	80
安徽	1996 - 2000	0.007	-0.007	-0.0061	0.0011	0.0413	86
安徽	1991 - 1995	0.0051	-0.0065	-0.006	0.0017	0.0299	113
湖南	2011 - 2014	0.005	-0.0064	-0.0029	0.0021	0.0722	38
湖南	2006 - 2010	0.0051	-0.0064	-0.0044	0.0033	0.0628	51
湖南	2001 - 2005	0.0043	-0.0077	-0.0051	0.004	0.0517	67
湖南	1996 - 2000	0.0054	-0.0086	-0.0055	0.0046	0.0451	79

续表

省份	时段	第五主成分	第六主成分	第七主成分	第八主成分	总得分	排名
湖南	1991 - 1995	0.0047	-0.0084	-0.0055	0.0057	0.0356	101
江西	2011 - 2014	0.0105	-0.0051	-0.0057	0.0005	0.0672	44
江西	2006 - 2010	0.0086	-0.0038	-0.0058	0.0014	0.0575	57
江西	2001 - 2005	0.0069	-0.0064	-0.0051	0.0018	0.0434	82
江西	1996 - 2000	0.0068	-0.008	-0.0052	0.0016	0.0394	91
江西	1991 - 1995	0.0059	-0.0085	-0.0058	0.002	0.0256	123
甘肃	2011 - 2014	0.0076	-0.0046	-0.0076	0.0006	0.0317	109
甘肃	2006 - 2010	0.0057	-0.0052	-0.0075	0.0009	0.024	125
甘肃	2001 - 2005	0.0043	-0.0057	-0.008	0.001	0.0187	131
甘肃	1996 - 2000	0.0053	-0.0063	-0.0079	0.0013	0.0112	135
甘肃	1991 - 1995	0.0048	-0.0071	-0.0074	0.0018	0.0061	140
宁夏	2011 - 2014	0.0099	-0.0053	-0.0083	-0.001	0.0295	116
宁夏	2006 - 2010	0.0083	-0.0053	-0.0106	-0.0002	0.0194	129
宁夏	2001 - 2005	0.0075	-0.0053	-0.0106	0.0007	0.0132	133
宁夏	1996 - 2000	0.0074	-0.0068	-0.0099	0.0008	0.0138	132
宁夏	1991 - 1995	0.0069	-0.0063	-0.009	0.0016	0.0131	134
贵州	2011 - 2014	0.0066	-0.0036	-0.0018	0.0021	0.0493	70
贵州	2006 - 2010	0.0056	-0.0035	-0.0031	0.0012	0.0412	87
贵州	2001 - 2005	0.0061	-0.003	-0.0032	0.0017	0.035	105
贵州	1996 - 2000	0.0055	-0.0048	-0.0049	0.0016	0.0271	121
贵州	1991 - 1995	0.0067	-0.0037	-0.0032	0.0021	0.0316	110
青海	2011 - 2014	0.0145	0.0001	-0.0052	-0.0015	0.0687	43
青海	2006 - 2010	0.0177	0.005	-0.0019	-0.0001	0.0945	20
青海	2001 - 2005	0.0163	0.0054	-0.0025	0.0013	0.0856	27
青海	1996 - 2000	0.0116	0	-0.0047	0.0015	0.0552	64
青海	1991 - 1995	0.0123	-0.0023	-0.0045	0.0018	0.0468	75
四川	2011 - 2014	0.0055	-0.0074	-0.0002	0.004	0.0722	37
四川	2006 - 2010	0.0047	-0.0056	-0.0023	0.0044	0.058	56
四川	2001 - 2005	0.0034	-0.0067	-0.0038	0.0036	0.0453	77
四川	1996 - 2000	0.0038	-0.0068	-0.0042	0.003	0.0365	100
四川	1991 - 1995	0.007	-0.0048	-0.0026	0.0028	0.043	83

续表

省份	时段	第五主成分	第六主成分	第七主成分	第八主成分	总得分	排名
陕西	2011 - 2014	0.0065	-0.0037	-0.0013	0.0028	0.0668	45
陕西	2006 - 2010	0.0054	-0.0042	-0.0043	0.0031	0.0472	74
陕西	2001 - 2005	0.0037	-0.005	-0.0051	0.0032	0.0354	104
陕西	1996 - 2000	0.0045	-0.0063	-0.0059	0.0049	0.0329	108
陕西	1991 - 1995	0.0044	-0.0068	-0.0065	0.0043	0.0219	126
重庆	2011 - 2014	0.0064	-0.0038	-0.0011	0.0086	0.0707	41
重庆	2006 - 2010	0.0054	-0.003	-0.0022	0.0069	0.0596	55
重庆	2001 - 2005	0.007	-0.0023	-0.0031	0.0054	0.0549	65
重庆	1996 - 2000	0.0056	-0.0046	-0.0047	0.0041	0.0386	93
重庆	1991 - 1995	0.007	-0.003	-0.0026	0.0032	0.042	85
云南	2011 - 2014	0.0083	-0.0079	-0.0043	0.0006	0.0453	78
云南	2006 - 2010	0.0092	-0.0088	-0.0042	0.0001	0.0369	99
云南	2001 - 2005	0.0088	-0.01	-0.0036	0.0003	0.0291	118
云南	1996 - 2000	0.0199	-0.0218	-0.0011	-0.0018	0.0311	112
云南	1991 - 1995	0.0198	-0.0243	-0.0018	-0.0005	0.0193	130
内蒙古	2011 - 2014	0.0071	-0.0072	0.0012	0.0014	0.0374	96
内蒙古	2006 - 2010	0.0056	-0.0065	-0.001	0.0021	0.0258	122
内蒙古	2001 - 2005	0.0052	-0.0078	-0.0059	0.0023	0.0096	137
内蒙古	1996 - 2000	0.0059	-0.0108	-0.008	0.0026	0.0017	144
内蒙古	1991 - 1995	0.0054	-0.0106	-0.009	0.0024	-0.0015	145
广西	2011 - 2014	0.0024	-0.0057	0.0031	0.002	0.0649	48
广西	2006 - 2010	0.0037	-0.0054	-0.0014	0.0027	0.0503	69
广西	2001 - 2005	0.0032	-0.0076	-0.0049	0.0037	0.0382	94
广西	1996 - 2000	0.0043	-0.0077	-0.0063	0.0058	0.038	95
广西	1991 - 1995	0.0031	-0.0068	-0.0069	0.005	0.0283	119

附录二

第四章城镇化水平测算

一　中国城镇化指标体系原数据及其主成分分析结果

年份	城镇人口比重	非农业人口比重	劳动参与率	万人大学生数	城市人口密度	农村居民家庭经营耕地面积	农村土地机械化耕种率	城市建成区面积
	%	%	%	人	人/平方公里	亩/人	万千瓦/千公顷	平方公里
2011～2014	53.09	67.67	78.82	2373.47	2328.50	2.35	0.63	46792.27
2006～2010	47.10	60.44	79.60	2019.67	2155.63	2.20	0.53	36718.00
2001～2005	40.41	51.84	81.92	1281.64	784.84	2.01	0.40	28246.98
1996～2000	33.35	49.94	84.78	554.60	434.00	2.10	0.29	21269.77
1991～1995	27.99	43.78	85.47	376.60	304.31	2.15	0.22	16494.06
1986～1990	25.66	39.91	76.37	210.20	272.11	2.08	0.18	11380.82
1981～1985	21.93	34.04	72.08	130.80	251.52	1.30	0.13	8170.90

续前表：

年份	三产与二产比重	全员劳动生产率	资本形成率	建成区绿化覆盖率	人均城市道路	每万人拥有公共交通车辆	卫生技术人员数	城镇和农村居民人均可支配收入比	城乡居民人均消费差距
		元/人	%	%	平方米	台	万人		
2011～2014	1.04	72940.09	72.74	39.58	14.59	12.54	691.99	3.05	3.13

续表

年份	三产与二产比重	全员劳动生产率	资本形成率	建成区绿化覆盖率	人均城市道路	每万人拥有公共交通车辆	卫生技术人员数	城镇和农村居民人均可支配收入比	城乡居民人均消费差距
		元/人	%	%	平方米	台	万人		
2006～2010	0.93	41168.17	56.57	36.92	12.14	10.55	524.54	3.30	3.56
2001～2005	0.92	19344.99	40.40	32.82	10.02	8.30	444.17	3.13	3.71
1996～2000	0.80	12049.48	32.59	28.72	8.31	8.73	441.66	2.59	3.52
1991～1995	0.78	5783.51	32.02	24.62	4.97	14.25	412.64	2.67	3.49
1986～1990	0.74	2614.15	28.59	20.52	3.82	12.29	370.92	2.19	2.55
1981～1985	0.56	1379.27	24.02	16.42	2.94	10.60	323.23	1.95	2.31

二　东中西地区城镇化指标体系原数据及其主成分分析结果

地区	年份	城镇人口比重	非农业就业比重	劳动参与率	在校大学生数	城市人口密度	农村居民家庭经营耕地面积	农村土地机械化耕种率	城市建成区面积
		%	%	%	万人	人/平方公里	亩/人	万千瓦/千公顷	平方公里
东部	2011－2014	61.87	73.69	80.54	120.70	1049.75	2.38	0.73	2162.18
中部	2011－2014	49.40	58.29	91.76	119.50	906.85	1.71	0.66	1617.09
西部	2011－2014	45.85	50.10	77.29	86.02	479.95	2.18	0.51	909.09
东部	2006－2010	55.38	68.87	78.13	102.59	1128.24	2.19	0.66	1724.97
中部	2006－2010	44.00	53.29	87.73	97.58	858.36	1.64	0.56	1285.43
西部	2006－2010	38.86	46.29	79.75	64.62	509.94	2.03	0.41	715.09
东部	2001－2005	44.21	59.78	75.18	57.36	1095.69	2.06	0.55	1257.23
中部	2001－2005	38.46	46.31	82.09	51.92	798.57	1.49	0.38	970.96
西部	2001－2005	34.98	40.46	79.35	35.10	556.84	1.83	0.31	550.04
东部	1996－2000	33.34	56.85	77.57	18.87	1049.57	2.06	0.43	907.34
中部	1996－2000	33.31	43.89	81.69	15.95	837.10	1.54	0.27	755.23
西部	1996－2000	43.16	37.49	82.18	12.25	510.79	2.04	0.22	402.49
东部	1991－1995	29.77	51.68	80.54	11.97	832.98	2.11	0.35	985.30
中部	1991－1995	30.81	37.95	78.57	10.07	567.97	1.62	0.19	643.68
西部	1991－1995	36.73	32.15	81.63	10.75	662.04	2.05	0.17	381.10

续前表：

地区	年份	三产与二产比重	工业全员劳动生产率	资本形成率	建成区绿化覆盖率	人均城市道路	每万人拥有公共交通车辆	卫生技术人员数	城镇和农村居民人均可支配收入比	城乡居民人均消费差距
			元/人	%	%	平方米	台	万人		
东部	2011 - 2014	0.94	478609.65	55.98	40.34	13.88	11.87	36.14	2.42	2.19
中部	2011 - 2014	0.71	139483.87	75.90	39.02	10.71	8.34	30.74	2.66	2.48
西部	2011 - 2014	0.81	179164.80	80.52	36.53	8.99	7.39	23.89	3.26	2.60
东部	2006 - 2010	0.84	297260.51	48.96	38.38	11.43	10.05	26.55	2.57	2.63
中部	2006 - 2010	0.71	109033.02	60.06	36.47	8.10	7.35	23.19	2.83	2.93
西部	2006 - 2010	0.84	105608.45	64.07	32.12	7.02	6.39	16.40	3.59	3.03
东部	2001 - 2005	0.83	158857.36	38.50	33.30	8.83	8.11	21.63	2.34	2.69
中部	2001 - 2005	0.87	55762.53	39.37	30.85	5.68	5.92	20.28	2.72	3.08
西部	2001 - 2005	0.98	44286.40	43.84	26.23	4.63	5.07	13.97	3.52	3.08
东部	1996 - 2000	0.79	87636.90	33.43	28.53	6.22	6.14	20.87	1.96	2.41
中部	1996 - 2000	0.87	21927.16	29.73	28.08	3.70	5.42	20.83	2.26	2.71
西部	1996 - 2000	0.91	22927.94	31.45	24.15	3.11	4.31	14.29	3.04	2.16
东部	1991 - 1995	0.71	42731.98	33.56	22.46	3.61	2.51	19.12	2.01	2.51
中部	1991 - 1995	0.81	9221.92	28.76	24.75	2.00	1.83	18.83	2.56	2.78
西部	1991 - 1995	0.84	10370.57	27.47	20.01	2.91	2.74	13.66	3.14	2.10

三　各省份城镇化指标体系原数据及其主成分分析结果

地区	年份	城镇人口比重	非农业就业比重	劳动参与率	在校大学生数（人）	城市人口密度（人/平方公里）	农村居民家庭经营耕地面积（亩/人）	农村土地机械化耕种率（万千瓦/千公顷）	城市建成区面积（平方公里）
山东	2011 - 2014	53.04	67.64	93.20	1680780.33	806.06	1.66	1.15	2901.17
山东	2006 - 2010	47.69	62.84	89.58	1507371.20	819.026	1.51	0.98	2171.00
山东	2001 - 2005	33.01	53.21	86.22	782357.20	795.49	1.45	0.77	1469.40

续表

地区	年份	城镇人口比重	非农业就业比重	劳动参与率	在校大学生数（人）	城市人口密度（人/平方公里）	农村居民家庭经营耕地面积（亩/人）	农村土地机械化耕种率（万千瓦/千公顷）	城市建成区面积（平方公里）
山东	1996 - 2000	26. 22	51. 99	86. 94	210016. 40	735. 2	1. 45	0. 49	1045. 60
山东	1991 - 1995	22. 11	39. 83	78. 73	141215. 20	631. 4	1. 41	0. 33	1046. 50
辽宁	2011 - 2014	65. 80	72. 19	77. 44	951211. 92	1063. 748	3. 81	0. 64	1923. 17
辽宁	2006 - 2010	60. 16	68. 24	70. 65	810256. 20	1151. 02	3. 38	0. 56	1623. 60
辽宁	2001 - 2005	49. 35	65. 84	67. 56	515975. 80	1162. 97	3. 16	0. 43	1370. 40
辽宁	1996 - 2000	47. 12	67. 22	67. 76	220719. 00	1024. 4	2. 91	0. 32	1242. 40
辽宁	1991 - 1995	43. 47	67. 60	71. 24	153139. 60	643. 4	2. 78	0. 28	1264. 20
北京	2011 - 2014	86. 26	94. 98	68. 51	585887. 25	1014. 024	0. 51	0. 86	1284. 75
北京	2006 - 2010	84. 94	93. 68	71. 32	570639. 60	950. 172	0. 56	0. 92	1272. 40
北京	2001 - 2005	79. 76	91. 11	70. 91	446944. 80	1001. 22	0. 71	1. 09	1066. 00
北京	1996 - 2000	76. 85	88. 58	66. 04	223079. 40	1459. 4	0. 86	0. 82	488. 00
北京	1991 - 1995	74. 75	88. 13	79. 87	158640. 00	3023. 6	0. 96	0. 76	444. 10
海南	2011 - 2014	52. 15	54. 38	79. 37	169565. 08	521. 9363	0. 73	0. 58	167. 75
海南	2006 - 2010	48. 05	46. 07	74. 46	124044. 60	527. 636	1. 12	0. 44	135. 60
海南	2001 - 2005	32. 71	41. 62	66. 35	46338. 60	478. 116	1. 03	0. 27	65. 60
海南	1996 - 2000	23. 03	39. 58	68. 97	14368. 00	427	1. 24	0. 21	87. 80
海南	1991 - 1995	19. 27	36. 06	69. 45	10024. 20	260. 4	1. 44	0. 18	104. 20
江苏	2011 - 2014	63. 56	79. 57	80. 18	1678557. 00	999. 5163	1. 27	0. 56	2851. 25
江苏	2006 - 2010	54. 60	74. 80	81. 71	1530794. 80	1046. 36	1. 12	0. 48	2065. 80
江苏	2001 - 2005	46. 10	63. 94	82. 65	860107. 60	1282. 448	1. 18	0. 40	1415. 40
江苏	1996 - 2000	33. 02	55. 67	85. 06	308834. 80	1588. 6	1. 25	0. 33	900. 00
江苏	1991 - 1995	24. 60	48. 48	88. 14	177636. 80	893. 2	1. 33	0. 26	1090. 00
黑龙江	2011 - 2014	57. 20	53. 91	68. 97	720317. 75	195. 0342	13. 92	0. 36	1415. 83
黑龙江	2006 - 2010	54. 79	54. 35	58. 37	665041. 00	201. 408	11. 23	0. 26	1240. 00
黑龙江	2001 - 2005	52. 64	40. 50	50. 81	400975. 60	194. 302	9. 55	0. 19	1087. 60
黑龙江	1996 - 2000	53. 57	55. 68	60. 71	142947. 00	171. 6	8. 34	0. 16	1055. 00
黑龙江	1991 - 1995	51. 30	67. 45	73. 64	96615. 40	134. 2	7. 85	0. 14	1267. 70

续表

地区	年份	城镇人口比重	非农业就业比重	劳动参与率	在校大学生数（人）	城市人口密度（人/平方公里）	农村居民家庭经营耕地面积（亩/人）	农村土地机械化耕种率（万千瓦/千公顷）	城市建成区面积（平方公里）
吉林	2011－2014	54.03	60.01	89.99	589529.13	500.2575	8.32	0.49	894.50
吉林	2006－2010	53.20	55.82	90.17	496941.60	513.288	7.11	0.36	821.40
吉林	2001－2005	51.45	51.86	90.29	314293.40	617.862	5.63	0.26	546.00
吉林	1996－2000	44.28	52.63	90.46	129600.00	540.4	4.92	0.20	542.00
吉林	1991－1995	40.82	53.48	89.95	86100.00	172.4	5.28	0.15	638.50
天津	2011－2014	81.73	91.50	75.54	480965.92	1105.805	1.67	1.18	729.25
天津	2006－2010	77.37	87.99	71.23	390029.40	1072.048	1.36	1.34	620.40
天津	2001－2005	58.17	83.86	68.03	242960.20	1051.76	1.37	1.18	479.00
天津	1996－2000	54.20	83.97	74.21	86355.00	1301.8	1.57	0.84	377.80
天津	1991－1995	53.88	82.17	78.95	60000.00	1371.8	2.14	0.84	342.00
上海	2011－2014	89.88	86.92	59.27	505922.00	2640.328	0.26	0.29	886.00
上海	2006－2010	87.46	82.40	60.99	496666.60	2562.172	0.29	0.25	876.80
上海	2001－2005	79.00	65.00	62.13	369929.80	2422.156	0.67	0.26	650.20
上海	1996－2000	73.02	56.80	75.17	176301.20	3415.2	1.00	0.28	494.80
上海	1991－1995	69.08	49.80	82.96	130398.20	6872	1.09	0.34	313.80
河北	2011－2014	47.47	65.69	78.02	1170827.08	2063.853	1.90	1.23	1268.67
河北	2006－2010	41.83	60.14	71.74	972941.00	2735.19	1.95	1.00	1097.00
河北	2001－2005	26.53	52.91	70.82	572801.00	2217.628	1.81	0.89	840.80
河北	1996－2000	18.63	50.59	74.26	146349.00	1487	1.97	0.69	723.60
河北	1991－1995	15.75	41.96	77.13	101869.80	763.2	2.04	0.39	848.80
浙江	2011－2014	63.59	86.10	86.26	946171.08	825.9983	0.55	1.06	1644.83
浙江	2006－2010	58.16	80.75	88.27	816287.60	817.064	0.63	0.96	1326.80
浙江	2001－2005	52.53	71.35	83.44	493158.60	843.206	0.75	0.70	954.20
浙江	1996－2000	41.74	59.08	82.67	139872.80	918.2	0.90	0.48	639.00
浙江	1991－1995	32.04	51.57	87.18	75183.80	606.2	0.93	0.36	773.60
福建	2011－2014	60.06	75.33	90.99	713800.00	631.8525	0.74	0.57	960.75
福建	2006－2010	53.40	68.63	78.84	557500.00	633.966	0.83	0.50	675.80

续表

地区	年份	城镇人口比重	非农业就业比重	劳动参与率	在校大学生数（人）	城市人口密度（人/平方公里）	农村居民家庭经营耕地面积（亩/人）	农村土地机械化耕种率（万千瓦/千公顷）	城市建成区面积（平方公里）
福建	2001－2005	46. 37	57. 87	70. 98	270960. 00	647. 752	0. 76	0. 37	438. 60
福建	1996－2000	26. 45	51. 73	74. 62	94140. 00	492. 6	0. 82	0. 28	311. 40
福建	1991－1995	33. 84	46. 21	77. 79	64823. 20	307. 6	0. 98	0. 24	379. 80
广东	2011－2014	67. 41	76. 68	75. 24	1663887. 67	1005. 336	0. 53	1. 54	3799. 83
广东	2006－2010	56. 73	71. 79	76. 91	1223280. 00	992. 396	0. 66	1. 30	3105. 20
广东	2001－2005	40. 64	63. 24	72. 43	609278. 60	1020. 242	0. 69	1. 15	2288. 40
广东	1996－2000	15. 47	59. 20	73. 84	208822. 80	964. 2	0. 87	1. 01	1470. 60
广东	1991－1995	13. 50	54. 86	81. 96	119286. 40	606. 6	1. 02	0. 98	1548. 30
河南	2011－2014	46. 80	59. 07	96. 25	1588683. 33	1473. 268	1. 67	0. 77	2249. 75
河南	2006－2010	38. 15	51. 19	87. 53	1229000. 00	1349. 142	1. 64	0. 66	1847. 60
河南	2001－2005	27. 65	40. 34	83. 86	589800. 00	1233. 026	1. 51	0. 52	1348. 00
河南	1996－2000	20. 79	38. 48	81. 73	171640. 00	1232. 8	1. 51	0. 38	991. 58
河南	1991－1995	16. 51	33. 91	77. 61	103040. 00	840. 2	1. 58	0. 22	748. 40
湖北	2011－2014	53. 88	57. 33	93. 14	1391879. 25	676. 1817	1. 76	0. 49	1375. 25
湖北	2006－2010	45. 80	52. 87	88. 37	1197371. 20	645. 636	1. 61	0. 38	1103. 00
湖北	2001－2005	42. 00	52. 16	88. 20	732899. 20	595. 476	1. 49	0. 23	781. 00
湖北	1996－2000	34. 17	50. 82	84. 25	240555. 40	661. 4	1. 51	0. 17	711. 60
湖北	1991－1995	29. 05	42. 67	87. 49	155182. 20	403	1. 47	0. 16	849. 40
山西	2011－2014	51. 82	35. 74	93. 02	656792. 33	623. 7267	2. 45	0. 82	1034. 83
山西	2006－2010	45. 24	39. 52	92. 54	513597. 80	587. 464	2. 36	0. 70	796. 00
山西	2001－2005	38. 75	45. 07	95. 07	279947. 60	555. 974	2. 29	0. 53	586. 60
山西	1996－2000	31. 88	45. 88	95. 47	87845. 00	569. 6	2. 81	0. 39	424. 80
山西	1991－1995	29. 56	46. 33	95. 47	60645. 20	408. 6	3. 15	0. 31	456. 40
安徽	2011－2014	47. 09	65. 95	97. 93	1037355. 00	736. 555	1. 90	0. 67	1735. 21
安徽	2006－2010	40. 28	57. 83	92. 97	803848. 40	698. 338	1. 77	0. 53	1303. 47
安徽	2001－2005	32. 20	45. 92	78. 87	416555. 00	662. 744	1. 51	0. 41	1063. 72
安徽	1996－2000	24. 01	40. 61	80. 57	121152. 80	807	1. 46	0. 30	823. 61

续表

地区	年份	城镇人口比重	非农业就业比重	劳动参与率	在校大学生数（人）	城市人口密度（人/平方公里）	农村居民家庭经营耕地面积（亩/人）	农村土地机械化耕种率（万千瓦/千公顷）	城市建成区面积（平方公里）
安徽	1991 - 1995	18.50	35.25	74.51	76855.40	604.2	1.51	0.19	740.44
湖南	2011 - 2014	50.78	58.52	85.74	1132902.50	696.6375	1.24	0.62	1483.58
湖南	2006 - 2010	55.28	55.81	89.05	949042.40	690.594	1.21	0.49	1180.75
湖南	2001 - 2005	60.28	46.92	82.78	533752.40	656.618	1.11	0.34	947.75
湖南	1996 - 2000	65.28	43.20	84.55	176640.00	603.6	1.20	0.23	707.67
湖南	1991 - 1995	70.28	35.76	77.28	109700.00	452.8	1.30	0.18	511.73
江西	2011 - 2014	48.15	65.39	80.33	855501.50	787.6933	1.60	0.72	1115.85
江西	2006 - 2010	41.41	59.06	74.32	785273.00	769.156	1.55	0.62	833.68
江西	2001 - 2005	33.83	52.61	63.53	391453.60	698.832	1.35	0.29	571.74
江西	1996 - 2000	26.09	50.69	64.80	104370.80	803.8	1.29	0.14	510.62
江西	1991 - 1995	22.52	41.41	63.28	69237.80	438	1.46	0.11	321.32
甘肃	2011 - 2014	39.43	40.18	89.17	435860.25	203.2517	2.72	0.57	638.42
甘肃	2006 - 2010	33.58	37.63	90.14	326918.80	192.971	2.60	0.44	541.80
甘肃	2001 - 2005	27.30	40.01	89.74	171407.80	198.896	2.45	0.34	496.00
甘肃	1996 - 2000	23.56	39.30	90.49	59328.20	208	3.50	0.24	329.60
甘肃	1991 - 1995	22.72	32.96	89.39	39944.20	81.8	3.03	0.18	367.20
宁夏	2011 - 2014	51.53	49.71	91.76	100332.25	158.5759	5.34	0.63	365.00
宁夏	2006 - 2010	45.20	55.14	91.77	68913.20	162.324	5.00	0.55	287.00
宁夏	2001 - 2005	37.46	48.90	91.89	35537.40	260.988	4.85	0.44	179.40
宁夏	1996 - 2000	28.85	48.00	91.97	12627.60	347.8	4.66	0.32	121.80
宁夏	1991 - 1995	25.23	47.96	91.74	9433.00	269.2	3.11	0.24	98.60
贵州	2011 - 2014	37.12	35.82	73.12	401025.00	582.7225	1.22	0.41	328.67
贵州	2006 - 2010	29.70	27.71	74.20	270620.00	655.1796	1.08	0.32	300.80
贵州	2001 - 2005	25.23	21.22	70.40	153400.00	735.95	1.06	0.17	232.00
贵州	1996 - 2000	22.45	30.11	76.42	49760.00	486	1.10	0.14	200.00
贵州	1991 - 1995	19.57	23.88	72.28	29740.00	915.2	1.20	0.09	247.20
青海	2011 - 2014	47.99	62.73	68.99	49593.17	1116.483	1.55	0.76	102.42

续表

地区	年份	城镇人口比重	非农业就业比重	劳动参与率	在校大学生数（人）	城市人口密度（人/平方公里）	农村居民家庭经营耕地面积（亩/人）	农村土地机械化耕种率（万千瓦/千公顷）	城市建成区面积（平方公里）
青海	2006 - 2010	41.36	55.90	70.76	40921.20	2852.712	2.13	0.72	61.00
青海	2001 - 2005	37.99	45.84	69.35	25695.80	2934.458	2.01	0.62	61.80
青海	1996 - 2000	34.57	44.24	71.27	9501.00	1851.2	2.62	0.40	74.00
青海	1991 - 1995	33.99	42.16	69.00	6752.40	1692.519	2.42	0.29	79.40
四川	2011 - 2014	45.60	58.93	77.18	1244141.67	722.625	1.14	0.40	1618.42
四川	2006 - 2010	38.74	53.66	78.07	978440.00	725.574	1.03	0.29	1178.60
四川	2001 - 2005	31.71	46.75	79.60	530900.00	678.756	0.97	0.20	977.80
四川	1996 - 2000	24.59	39.89	82.58	169960.00	636.8	1.07	0.15	689.40
四川	1991 - 1995	19.35	31.62	84.85	144300.00	1199.2	1.17	0.11	532.60
陕西	2011 - 2014	50.29	61.69	71.06	1051100.00	451.69	1.52	0.57	888.58
陕西	2006 - 2010	42.20	55.43	74.84	832780.00	428.01	1.93	0.41	682.40
陕西	2001 - 2005	35.47	48.10	73.61	495900.00	411.036	1.68	0.29	486.20
陕西	1996 - 2000	58.50	41.81	75.26	170220.00	546.8	2.23	0.20	364.40
陕西	1991 - 1995	47.50	41.56	76.29	113500.00	361.8	2.74	0.16	377.80
重庆	2011 - 2014	57.61	64.60	78.24	2050833.33	609.3617	1.30	0.34	504.00
重庆	2006 - 2010	49.93	56.67	76.03	1494480.00	615.528	1.05	0.29	716.80
重庆	2001 - 2005	41.60	50.11	80.33	829920.00	1098.196	0.97	0.20	414.80
重庆	1996 - 2000	32.59	42.98	82.39	316040.00	756.4	1.01	0.14	223.60
重庆	1991 - 1995	17.80	35.26	71.90	394000.00	1115.6	0.99	0.10	292.70
云南	2011 - 2014	39.58	43.24	91.35	531358.58	287.4717	1.62	0.40	587.33
云南	2006 - 2010	32.86	36.16	89.42	355143.60	271.21	1.46	0.31	426.80
云南	2001 - 2005	27.01	27.94	85.74	178598.20	294.362	1.43	0.25	289.00
云南	1996 - 2000	42.25	25.35	86.34	67620.00	359	1.72	0.21	223.40
云南	1991 - 1995	43.36	21.42	88.01	48160.00	198	2.05	0.16	215.90
内蒙古	2011 - 2014	58.14	55.16	75.54	394964.25	285.4483	10.24	0.47	932.67
内蒙古	2006 - 2010	51.88	49.22	61.98	315352.40	279.566	9.07	0.38	720.20
内蒙古	2001 - 2005	45.08	46.92	60.03	161011.60	269.026	7.59	0.28	501.00

续表

地区	年份	城镇人口比重	非农业就业比重	劳动参与率	在校大学生数（人）	城市人口密度（人/平方公里）	农村居民家庭经营耕地面积（亩/人）	农村土地机械化耕种率（万千瓦/千公顷）	城市建成区面积（平方公里）
内蒙古	1996－2000	40.11	47.83	70.60	48868.40	231.4	7.62	0.20	413.40
内蒙古	1991－1995	37.41	45.98	72.00	35308.60	138.4	7.17	0.17	554.60
广西	2011－2014	44.04	35.12	64.42	646841.00	338.1667	1.41	0.54	1015.79
广西	2006－2010	37.65	45.19	86.59	480368.20	322.758	1.37	0.41	764.40
广西	2001－2005	49.89	40.61	87.66	236892.20	347.446	1.32	0.28	598.20
广西	1996－2000	73.19	34.99	89.00	83960.00	440.6	1.31	0.21	454.00
广西	1991－1995	56.03	29.29	89.00	49560.00	335.4	1.20	0.17	398.80

续前表：

地区	年份	三产与二产比重	工业全员劳动生产率（元/人）	资本形成率	建成区绿化覆盖率	人均城市道路（平方米）	每万人拥有公共交通车辆（台）	卫生技术人员数（万人）	农村和城镇居民人均可支配收入比	农村和城镇居民人均消费比
山东	2011－2014	0.81	183640.78	64.53	42.34	17.09	9.25	56.57	0.38	0.43
山东	2006－2010	0.61	134911.77	52.99	39.70	14.28	8.33	38.12	0.35	0.37
山东	2001－2005	0.64	71463.39	43.40	35.05	9.54	6.31	31.98	0.38	0.36
山东	1996－2000	0.70	41859.75	28.67	32.09	5.66	3.64	30.10	0.43	0.39
山东	1991－1995	0.66	20605.89	27.88	27.68	3.06	1.65	25.62	0.40	0.40
辽宁	2011－2014	0.72	1315580.41	62.41	40.14	11.81	9.86	25.05	0.41	0.40
辽宁	2006－2010	0.76	658841.03	61.04	38.03	9.13	9.20	22.17	0.39	0.34
辽宁	2001－2005	0.87	250716.50	41.82	33.94	6.12	8.02	21.34	0.42	0.35
辽宁	1996－2000	0.79	93645.46	32.02	30.62	4.44	5.62	23.15	0.51	0.35
辽宁	1991－1995	0.71	41358.45	39.95	26.46	2.83	3.24	23.40	0.50	0.35
北京	2011－2014	3.41	290595.86	35.14	46.50	7.65	18.57	22.24	0.45	0.47
北京	2006－2010	3.02	183312.92	38.88	43.68	7.79	18.07	14.95	0.44	0.47
北京	2001－2005	2.29	117199.67	41.77	40.83	9.26	16.93	11.48	0.46	0.40

续表

地区	年份	三产与二产比重	工业全员劳动生产率（元/人）	资本形成率	建成区绿化覆盖率	人均城市道路（平方米）	每万人拥有公共交通车辆（台）	卫生技术人员数（万人）	农村和城镇居民人均可支配收入比	农村和城镇居民人均消费比
北京	1996－2000	1.71	43594.89	45.47	35.17	4.02	10.18	11.68	0.48	0.43
北京	1991－1995	1.02	20993.83	45.67	31.03	3.91	7.37	11.58	0.60	0.49
海南	2011－2014	1.85	80530.64	76.29	41.75	10.26	9.98	2.41	0.33	0.36
海南	2006－2010	1.55	65196.98	47.46	41.20	7.42	6.27	1.99	0.30	0.32
海南	2001－2005	1.71	37500.98	37.35	38.86	7.78	7.22	2.45	0.32	0.31
海南	1996－2000	2.14	17304.37	37.22	39.72	7.78	14.14	3.16	0.39	0.37
海南	1991－1995	1.95	8523.49	52.05	17.24	5.82	6.78	3.06	0.38	0.38
江苏	2011－2014	0.90	234636.32	59.19	42.00	16.25	8.44	40.79	0.42	0.76
江苏	2006－2010	0.71	148050.66	50.77	42.64	13.70	8.05	29.82	0.40	0.58
江苏	2001－2005	0.66	82056.06	39.58	36.06	10.90	6.99	24.89	0.47	0.51
江苏	1996－2000	0.67	45930.36	33.98	32.08	5.84	7.14	25.43	0.56	0.59
江苏	1991－1995	0.57	21920.79	32.87	24.46	1.99	1.85	23.43	0.51	0.52
黑龙江	2011－2014	0.99	128506.75	66.80	36.21	12.23	9.47	20.05	0.48	0.45
黑龙江	2006－2010	0.71	96474.97	48.89	34.00	8.26	8.41	16.67	0.41	0.39
黑龙江	2001－2005	0.68	57558.81	29.86	28.97	6.54	7.01	15.49	0.40	0.32
黑龙江	1996－2000	0.57	32797.64	26.57	25.00	4.62	5.72	17.57	0.52	0.40
黑龙江	1991－1995	0.57	11644.86	25.13	18.54	3.83	2.27	17.97	0.54	0.44
吉林	2011－2014	0.67	268459.49	77.73	32.47	12.41	9.28	16.22	0.43	0.44
吉林	2006－2010	0.79	141172.38	82.84	32.26	8.70	8.16	12.94	0.38	0.36
吉林	2001－2005	0.96	59407.94	32.94	31.12	6.03	7.93	13.07	0.38	0.32
吉林	1996－2000	0.93	28152.40	10.30	26.40	3.56	6.14	13.48	0.51	0.34
吉林	1991－1995	0.68	11426.79	11.24	22.98	2.29	2.50	12.95	0.50	0.38
天津	2011－2014	0.93	189901.97	69.55	34.87	14.67	11.08	7.90	0.46	0.48
天津	2006－2010	0.81	122179.28	54.95	33.28	10.69	9.53	6.58	0.51	0.39
天津	2001－2005	0.85	60989.83	38.87	31.14	7.00	8.06	5.96	0.65	0.40
天津	1996－2000	0.83	31000.34	38.75	22.33	6.26	6.04	6.81	0.54	0.40
天津	1991－1995	0.64	18017.33	41.26	15.21	5.57	3.60	7.05	0.57	0.41
上海	2011－2014	1.61	1240585.98	38.61	38.33	7.30	12.26	15.43	0.44	0.48

续表

地区	年份	三产与二产比重	工业全员劳动生产率（元/人）	资本形成率	建成区绿化覆盖率	人均城市道路（平方米）	每万人拥有公共交通车辆（台）	卫生技术人员数（万人）	农村和城镇居民人均可支配收入比	农村和城镇居民人均消费比
上海	2006－2010	1.30	834183.54	44.76	44.76	8.75	12.80	12.58	0.43	0.44
上海	2001－2005	1.10	462606.37	45.56	32.94	13.27	14.29	10.28	0.45	0.45
上海	1996－2000	0.98	201122.22	54.53	20.51	5.76	14.50	10.84	0.56	0.53
上海	1991－1995	0.64	86739.03	50.37	19.41	3.28	9.63	11.51	0.73	0.61
河北	2011－2014	0.32	600488.92	57.63	41.21	15.93	13.63	32.44	0.40	0.36
河北	2006－2010	0.65	354780.88	51.35	38.70	12.49	11.01	25.70	0.36	0.30
河北	2001－2005	0.69	131931.86	42.87	32.93	8.99	6.65	21.81	0.40	0.34
河北	1996－2000	0.66	60786.80	46.41	25.90	5.32	5.04	19.18	0.46	0.44
河北	1991－1995	0.71	35004.51	39.51	18.94	5.64	1.35	19.42	0.40	0.35
浙江	2011－2014	0.92	403062.63	52.90	39.98	13.80	12.17	34.08	0.42	0.50
浙江	2006－2010	0.79	293475.99	45.60	37.16	11.37	10.93	24.73	0.40	0.41
浙江	2001－2005	0.76	143806.03	46.32	30.59	7.84	7.61	17.68	0.42	0.43
浙江	1996－2000	0.62	71695.34	36.93	24.20	5.38	5.52	15.45	0.48	0.37
浙江	1991－1995	0.66	46753.34	31.87	18.36	6.11	1.42	14.05	0.50	0.36
福建	2011－2014	0.76	179855.47	67.46	42.42	12.11	11.25	18.10	0.38	0.47
福建	2006－2010	0.82	122214.22	48.98	39.22	8.94	8.97	12.09	0.35	0.39
福建	2001－2005	0.84	84239.53	30.88	35.53	5.72	6.79	9.86	0.38	0.37
福建	1996－2000	0.91	56749.68	31.10	31.02	14.56	5.28	9.62	0.45	0.43
福建	1991－1995	0.92	24123.63	30.17	18.68	2.39	1.90	7.31	0.42	0.41
广东	2011－2014	1.01	764115.96	34.46	39.63	13.17	16.90	53.63	0.42	0.32
广东	2006－2010	0.89	505536.05	31.10	36.92	11.78	12.45	39.07	0.41	0.26
广东	2001－2005	0.95	368178.77	29.98	30.86	10.43	10.77	27.71	0.49	0.29
广东	1996－2000	0.86	259875.23	31.21	26.46	7.76	7.12	25.19	0.64	0.33
广东	1991－1995	0.78	133913.85	39.06	21.68	3.41	3.16	21.32	0.64	0.30
河南	2011－2014	0.59	254149.72	76.92	37.28	7.31	9.39	44.95	0.38	0.39
河南	2006－2010	0.52	256979.56	60.31	35.06	6.54	8.61	32.56	0.34	0.34
河南	2001－2005	0.67	144676.24	34.16	32.10	5.32	6.94	29.10	0.35	0.32
河南	1996－2000	0.66	48430.55	28.81	28.48	3.14	6.58	29.00	0.43	0.36

续表

地区	年份	三产与二产比重	工业全员劳动生产率（元/人）	资本形成率	建成区绿化覆盖率	人均城市道路（平方米）	每万人拥有公共交通车辆（台）	卫生技术人员数（万人）	农村和城镇居民人均可支配收入比	农村和城镇居民人均消费比
河南	1991－1995	0.67	17923.23	26.37	22.70	1.31	1.83	24.39	0.37	0.35
湖北	2011－2014	0.80	123691.94	78.78	38.00	12.65	9.39	30.00	0.39	0.39
湖北	2006－2010	0.87	61619.04	55.54	37.41	9.21	8.61	23.50	0.35	0.33
湖北	2001－2005	1.00	25110.08	40.93	35.70	5.86	6.94	21.54	0.37	0.25
湖北	1996－2000	0.96	14387.71	39.45	32.81	4.06	6.58	23.85	0.43	0.25
湖北	1991－1995	0.82	7128.87	28.70	30.24	2.39	1.82	22.44	0.36	0.35
山西	2011－2014	0.75	118285.88	79.90	39.40	10.18	7.69	20.11	0.32	0.44
山西	2006－2010	0.67	95766.52	55.02	34.84	7.49	5.66	16.69	0.31	0.33
山西	2001－2005	0.80	48946.15	37.97	26.88	6.10	3.98	15.01	0.34	0.32
山西	1996－2000	0.87	21478.71	27.25	21.92	5.28	3.76	14.62	0.42	0.29
山西	1991－1995	0.75	8821.43	32.11	18.36	2.87	1.91	13.66	0.37	0.28
安徽	2011－2014	0.67	80690.25	82.49	39.47	12.15	6.07	24.48	0.39	0.39
安徽	2006－2010	0.69	45675.01	70.47	35.86	8.05	5.00	19.04	0.42	0.34
安徽	2001－2005	0.81	14834.44	48.31	26.45	5.75	4.53	15.44	0.44	0.32
安徽	1996－2000	0.83	8862.52	25.53	28.52	3.92	4.12	15.30	0.54	0.44
安徽	1991－1995	0.93	4532.94	33.85	24.02	2.36	1.83	14.47	0.48	0.36
湖南	2011－2014	0.85	99011.47	56.72	37.36	11.36	8.82	31.03	0.36	0.35
湖南	2006－2010	0.93	48847.04	48.64	35.89	9.15	8.11	23.07	0.33	0.32
湖南	2001－2005	1.13	20150.90	35.30	31.84	5.72	6.31	19.13	0.33	0.33
湖南	1996－2000	0.99	11553.25	31.70	29.24	3.02	5.48	20.28	0.37	0.38
湖南	1991－1995	0.89	6065.59	29.40	26.78	1.71	2.23	18.55	0.33	0.34
江西	2011－2014	0.65	76101.50	86.55	45.52	12.88	7.62	18.47	0.40	0.51
江西	2006－2010	0.65	42416.57	72.05	41.28	8.94	6.44	13.76	0.36	0.39
江西	2001－2005	0.91	16952.61	42.99	29.68	5.78	5.21	11.79	0.37	0.43
江西	1996－2000	1.09	8790.48	23.32	22.84	3.92	4.32	12.11	0.47	0.49
江西	1991－1995	0.88	4813.22	23.15	24.30	2.28	1.19	11.96	0.48	0.48
甘肃	2011－2014	0.91	57770.15	97.09	31.04	8.22	6.03	11.49	0.27	0.34
甘肃	2006－2010	0.84	36061.57	58.72	26.61	7.76	4.71	8.97	0.25	0.28

续表

地区	年份	三产与二产比重	工业全员劳动生产率（元/人）	资本形成率	建成区绿化覆盖率	人均城市道路（平方米）	每万人拥有公共交通车辆（台）	卫生技术人员数（万人）	农村和城镇居民人均可支配收入比	农村和城镇居民人均消费比
甘肃	2001 - 2005	0.99	15028.35	43.24	20.16	5.83	4.04	7.97	0.26	0.25
甘肃	1996 - 2000	0.85	10303.99	34.35	11.28	3.80	4.04	8.11	0.32	0.30
甘肃	1991 - 1995	0.80	6495.77	29.31	7.74	2.41	1.69	7.83	0.29	0.32
宁夏	2011 - 2014	0.86	164933.15	96.37	38.36	14.35	10.57	3.48	0.31	0.40
宁夏	2006 - 2010	0.82	62378.77	73.54	35.56	11.70	7.62	2.68	0.29	0.33
宁夏	2001 - 2005	1.02	29364.20	66.38	23.75	8.13	5.18	2.18	0.32	0.31
宁夏	1996 - 2000	1.04	13212.32	44.78	24.20	5.58	6.40	1.97	0.39	0.38
宁夏	1991 - 1995	0.89	8511.93	39.13	19.16	4.28	3.10	2.09	0.33	0.36
贵州	2011 - 2014	1.19	170401.27	88.99	24.95	5.05	5.96	15.15	0.26	0.33
贵州	2006 - 2010	1.18	90660.55	57.41	21.68	5.52	7.53	9.09	0.23	0.26
贵州	2001 - 2005	0.98	38065.04	50.68	18.73	3.55	7.07	7.96	0.24	0.24
贵州	1996 - 2000	0.88	14299.68	33.91	16.18	2.30	5.98	8.48	0.29	0.28
贵州	1991 - 1995	0.78	8198.57	24.51	13.98	2.08	4.63	8.70	0.27	0.29
青海	2011 - 2014	0.62	122359.93	101.54	31.62	7.21	15.37	3.10	0.31	0.44
青海	2006 - 2010	0.68	67024.77	58.27	28.15	6.04	16.43	2.22	0.27	0.35
青海	2001 - 2005	0.96	29142.73	63.68	22.98	4.61	10.88	1.97	0.27	0.29
青海	1996 - 2000	1.08	16170.59	46.97	15.60	4.00	8.61	2.12	0.32	0.31
青海	1991 - 1995	0.88	8370.05	31.46	11.74	6.07	3.99	2.01	0.33	0.43
四川	2011 - 2014	0.68	88715.04	74.44	38.48	7.80	7.06	40.82	0.35	0.44
四川	2006 - 2010	0.79	45401.55	63.48	35.46	5.65	5.08	27.84	0.32	0.32
四川	2001 - 2005	1.05	19344.43	42.90	32.54	4.52	3.76	24.13	0.32	0.30
四川	1996 - 2000	0.94	13370.42	31.98	29.29	2.20	3.18	25.11	0.34	0.31
四川	1991 - 1995	0.80	7730.60	26.66	26.36	4.19	2.85	23.67	0.31	0.34
陕西	2011 - 2014	0.64	187687.15	93.45	40.13	9.63	8.43	22.64	0.28	0.33
陕西	2006 - 2010	0.72	69908.36	69.88	37.81	7.32	6.94	15.39	0.25	0.27
陕西	2001 - 2005	0.88	31821.45	43.47	29.40	4.01	4.94	13.53	0.25	0.23
陕西	1996 - 2000	0.95	16621.98	33.06	25.28	2.54	3.68	13.11	0.31	0.26
陕西	1991 - 1995	0.81	7864.99	30.43	20.62	2.09	2.14	12.40	0.32	0.28

续表

地区	年份	三产与二产比重	工业全员劳动生产率（元/人）	资本形成率	建成区绿化覆盖率	人均城市道路（平方米）	每万人拥有公共交通车辆（台）	卫生技术人员数（万人）	农村和城镇居民人均可支配收入比	农村和城镇居民人均消费比
重庆	2011－2014	0.78	116996.81	85.44	41.55	6.90	5.30	13.69	0.33	0.32
重庆	2006－2010	0.75	80418.44	73.82	32.64	5.25	5.09	9.21	0.28	0.24
重庆	2001－2005	0.95	34229.26	49.22	18.58	4.55	5.25	8.02	0.28	0.24
重庆	1996－2000	0.91	18894.23	30.10	26.74	2.34	4.30	8.74	0.31	0.27
重庆	1991－1995	0.73	8951.61	23.95	19.80	2.52	4.26	8.50	0.30	0.29
云南	2011－2014	1.00	91942.18	80.27	38.35	10.27	9.82	18.09	0.26	0.51
云南	2006－2010	0.92	64487.81	64.69	32.48	8.41	9.45	12.99	0.23	0.58
云南	2001－2005	0.86	42373.40	39.98	25.70	3.63	7.83	11.55	0.22	0.63
云南	1996－2000	0.73	30233.20	29.29	22.10	4.72	7.96	11.88	0.24	1.55
云南	1991－1995	0.84	14447.16	26.76	18.20	1.58	2.41	10.82	0.27	1.66
内蒙古	2011－2014	0.67	498400.08	82.49	36.01	17.90	9.73	13.49	0.34	0.41
内蒙古	2006－2010	0.69	349808.60	70.47	30.20	12.13	7.17	11.35	0.32	0.34
内蒙古	2001－2005	0.81	110518.63	48.31	22.22	6.66	4.43	10.40	0.33	0.36
内蒙古	1996－2000	0.83	37581.96	25.53	22.34	3.70	3.16	10.27	0.44	0.49
内蒙古	1991－1995	0.93	9404.39	33.85	17.70	3.95	2.32	10.14	0.46	0.46
广西	2011－2014	0.75	340605.37	56.68	37.58	8.69	5.16	32.02	0.33	0.30
广西	2006－2010	0.87	225255.29	58.31	33.26	6.51	4.35	20.86	0.30	0.28
广西	2001－2005	1.16	95239.51	33.77	30.05	5.04	3.38	15.36	0.32	0.29
广西	1996－2000	1.02	49013.86	28.26	29.50	3.78	2.22	14.28	0.39	0.28
广西	1991－1995	1.05	19112.46	25.97	23.04	2.51	1.46	13.61	0.38	0.21

附录三

第五章潜在产出测算

一　全国潜在产出的计算数据及结果

（1）2005 年全国原始数据

附表 1　2005 年原始数据

省份	全社会固定资产投入（亿元）	当年价格 GDP（亿元）	价格指数（1978 = 100）	从业人员（万人）
北京市	635.68	6969.50	1440.30	878.00
天津市	448.87	3905.64	1398.40	542.52
河北省	1164.06	10043.42	1516.90	3568.97
山西省	490.07	4230.53	1267.20	1500.20
内蒙古自治区	743.08	3905.03	1860.08	1041.10
辽宁省	1288.45	8047.30	1068.43	2120.30
吉林省	485.57	3620.27	1189.68	1238.90
黑龙江省	440.40	5513.70	802.10	1748.90
上海市	1389.10	9247.66	1329.20	427.61
江苏省	2808.24	18598.69	2397.74	4578.75
浙江省	1742.35	13417.68	2821.90	3100.76
安徽省	739.89	5350.17	1377.89	3712.80
福建省	582.98	6554.69	2455.52	1868.50

续表

省份	全社会固定资产投入（亿元）	当年价格 GDP（亿元）	价格指数（1978 = 100）	从业人员（万人）
江西省	583.21	4056.76	1253.80	2276.70
山东省	2675.58	18366.87	2067.69	5840.70
河南省	1109.06	10587.42	1645.99	5662.00
湖北省	876.38	6590.19	1349.27	3537.00
湖南省	597.05	6596.10	1044.96	3801.48
广东省	1912.22	22557.37	3239.67	5022.97
广西	390.52	3984.10	1159.50	2703.00
海南省	112.17	918.75	1656.10	379.55
重庆市	560.44	3467.72	1351.00	1456.30
四川省	1055.55	7385.10	1214.20	4702.00
贵州省	257.55	2005.42	1088.01	1618.45
云南省	410.29	3462.73	1172.18	2461.30
西藏	68.45	248.80	1305.41	143.60
陕西省	556.88	3933.72	1363.30	1976.00
甘肃省	322.25	1933.98	1100.96	1391.36
青海省	86.10	543.32	819.95	291.04
宁夏	106.15	612.61	1124.54	299.60
新疆	287.67	2604.14	1417.89	791.62

数据来源：根据 2014 年各省份统计年鉴计算。

（2）2005 年全国处理后数据

附表 2 2005 年处理后数据

省份	当年价格 GDP（亿元）	系数	从业人员（万人）	调整后固定资产投入（亿元）	不变价 GDP（亿元）
北京市	6969.50	0.2248	878.00	635.68	1567.05
天津市	3905.64	0.2959	542.52	448.87	1155.78
河北省	10043.42	0.2765	3568.97	1164.06	2776.84
山西省	4230.53	0.2636	1500.20	490.07	1115.01
内蒙古自治区	3905.03	0.2765	1041.10	743.08	1079.59

续表

省份	当年价格 GDP（亿元）	系数	从业人员（万人）	调整后固定资产投入（亿元）	不变价 GDP（亿元）
辽宁省	8047.30	0.3043	2120.30	1288.45	2448.84
吉林省	3620.27	0.2694	1238.90	485.57	975.30
黑龙江省	5513.70	0.2543	1748.90	440.40	1402.07
上海市	9247.66	0.3921	427.61	1389.10	3626.19
江苏省	18598.69	0.3213	4578.75	2808.24	5976.12
浙江省	13417.68	0.2602	3100.76	1742.35	3491.25
安徽省	5350.17	0.2935	3712.80	739.89	1570.24
福建省	6554.69	0.2486	1868.50	582.98	1629.73
江西省	4056.76	0.2689	2276.70	583.21	1090.81
山东省	18366.87	0.2538	5840.70	2675.58	4661.60
河南省	10587.42	0.2533	5662.00	1109.06	2681.64
湖北省	6590.19	0.3092	3537.00	876.38	2037.40
湖南省	6596.10	0.2329	3801.48	597.05	1535.99
广东省	22557.37	0.2669	5022.97	1912.22	6020.93
广西	3984.10	0.2207	2703.00	390.52	879.48
海南省	918.75	0.2956	379.55	112.17	271.60
重庆市	3467.72	0.2793	1456.30	560.44	968.67
四川省	7385.10	0.3035	4702.00	1055.55	2241.53
贵州省	2005.42	0.2529	1618.45	257.55	507.23
云南省	3462.73	0.2337	2461.30	410.29	809.39
西藏	248.80	0.3489	143.60	68.45	86.81
陕西省	3933.72	0.2810	1976.00	556.88	1105.23
甘肃省	1933.98	0.3685	1391.36	322.25	712.65
青海省	543.32	0.2345	291.04	86.10	127.42
宁夏	612.61	0.2386	299.60	106.15	146.19
新疆	2604.14	0.2127	791.62	287.67	553.97

数据来源：根据 2014 年各省份统计年鉴计算。

（3）2005 年全国经济效率测度值和潜在产出

效率值				
样本	综合	技术	规模	规模报酬
1	0. 862	0. 894	0. 965	irs
2	0. 913	0. 972	0. 940	irs
3	0. 755	0. 756	0. 999	drs
4	0. 720	0. 743	0. 970	irs
5	0. 507	0. 521	0. 973	irs
6	0. 651	0. 655	0. 994	irs
7	0. 641	0. 677	0. 948	irs
8	1. 000	1. 000	1. 000	—
9	1. 000	1. 000	1. 000	—
10	0. 729	1. 000	0. 729	drs
11	0. 679	0. 694	0. 978	drs
12	0. 667	0. 670	0. 994	drs
13	0. 884	0. 896	0. 986	irs
14	0. 588	0. 590	0. 997	drs
15	0. 572	0. 774	0. 739	drs
16	0. 759	0. 766	0. 991	drs
17	0. 730	0. 735	0. 993	drs
18	0. 808	0. 811	0. 996	drs
19	1. 000	1. 000	1. 000	-
20	0. 707	0. 715	0. 990	irs
21	0. 764	1. 000	0. 764	irs
22	0. 550	0. 575	0. 957	irs
23	0. 667	0. 673	0. 992	drs
24	0. 619	0. 657	0. 942	irs
25	0. 620	0. 623	0. 994	irs
26	0. 419	1. 000	0. 419	irs
27	0. 626	0. 627	0. 998	irs
28	0. 695	0. 716	0. 970	irs
29	0. 467	0. 789	0. 592	irs
30	0. 437	0. 630	0. 693	irs
31	0. 589	0. 649	0. 908	irs
平均值	0. 698	0. 768	0. 916	

投入冗余程度		
样本　投入	1	2
1	0. 000	0. 000
2	0. 000	0. 000
3	210. 285	0. 000
4	0. 000	0. 000
5	0. 000	0. 000
6	0. 000	0. 000
7	0. 000	0. 000
8	0. 000	0. 000
9	0. 000	0. 000
10	0. 000	0. 000
11	0. 000	0. 000
12	1297. 683	0. 000
13	0. 000	0. 000
14	210. 119	0. 000
15	817. 730	763. 360
16	2425. 663	0. 000
17	818. 261	0. 000
18	1704. 111	0. 000
19	0. 000	0. 000
20	1162. 195	0. 000
21	0. 000	0. 000
22	0. 000	0. 000
23	1584. 696	0. 000
24	632. 386	0. 000
25	838. 017	0. 000
26	0. 000	0. 000
27	0. 000	0. 000
28	135. 373	0. 000
29	52. 186	0. 000
30	0. 000	0. 000
31	0. 000	0. 000
平均值	383. 507	24. 625

产出冗余	
样本　产出	1
1	1753.670
2	1189.655
3	3673.057
4	1501.515
5	2071.290
6	3740.123
7	1441.067
8	1402.070
9	3626.190
10	5976.120
11	5028.879
12	2341.928
13	1818.475
14	1850.236
15	6020.930
16	3500.456
17	2770.261
18	1893.668
19	6020.930
20	1230.276
21	271.600
22	1685.612
23	3332.531
24	772.309
25	1298.367
26	86.810
27	1762.578
28	995.145
29	161.411
30	231.989
31	823.078

投入冗余		
样本　投入	1	2
1	878.000	635.680
2	542.520	448.870
3	3358.685	1164.060
4	1500.200	490.070
5	1041.100	743.080
6	2120.300	1288.450
7	1238.900	485.570
8	1748.900	440.400
9	427.610	1389.100
10	4578.750	2808.240
11	3100.760	1742.350
12	2415.117	739.890
13	1868.500	582.980
14	2066.581	583.210
15	5022.970	1912.220
16	3236.337	1109.060
17	2718.739	876.380
18	2097.369	597.050
19	5022.970	1912.220
20	1540.805	390.520
21	379.550	112.170
22	1456.300	560.440
23	3117.304	1055.550
24	986.064	257.550
25	1623.283	410.290
26	143.600	68.450
27	1976.000	556.880
28	1255.987	322.250
29	238.854	86.100
30	299.600	106.150
31	791.620	287.670

二 东部地区潜在产出的计算数据

（1）2010 年东部原始数据

附表 3 2010 年原始数据

省份	全社会固定资产投入（亿元）	当年价格 GDP（亿元）	从业人员（万元）	价格指数（1978 = 100）
北京市	5493.50	14113.60	1031.60	2471
天津市	6511.42	9224.46	728.70	2952
河北省	15083.35	20449.12	3865.14	2637
辽宁省	16043.03	18457.30	2317.50	2055
吉林省	9621.80	8667.58	1311.60	2382
黑龙江省	6801.70	10368.60	1932.00	1414
上海市	5317.67	17165.98	645.58	2259
江苏省	23184.28	41425.48	4754.68	4521
浙江省	12376.04	27722.31	3636.02	4945
福建省	8273.42	14737.12	2241.59	4694
山东省	23276.69	39169.92	6401.90	3824
广东省	16113.19	46013.06	5870.48	5817
海南省	1331.46	2064.50	439.65	3103

数据来源：根据 2014 年各省份统计年鉴计算。

（2）2010 年东部处理后数据

附表 4 2010 年处理后数据

省份	当年价格 GDP（亿元）	系数	从业人员（万元）	调整后固定资产投入（亿元）	不变价 GDP（亿元）
北京市	14113.60	0.1905	1031.60	1046.52	2688.67
天津市	9224.46	0.2645	728.70	1722.12	2439.66
河北省	20449.12	0.2360	3865.14	3560.22	4826.74
辽宁省	18457.30	0.2552	2317.50	4094.34	4710.48
吉林省	8667.58	0.2253	1311.60	2167.75	1952.77

续表

省份	当年价格 GDP（亿元）	系数	从业人员（万元）	调整后固定资产投入（亿元）	不变价 GDP（亿元）
黑龙江	10368.60	0.2383	1932.00	1620.93	2470.97
上海市	17165.98	0.3591	645.58	1909.36	6163.60
江苏省	41425.48	0.2720	4754.68	6306.55	11268.49
浙江省	27722.31	0.2207	3636.02	2731.34	6118.20
福建省	14737.12	0.2114	2241.59	1749.10	3115.61
山东省	39169.92	0.2201	6401.90	5122.50	8620.13
广东省	46013.06	0.2350	5870.48	3786.10	10811.64
海南省	2064.50	0.2465	439.65	328.17	508.84

（3）2010 年东部经济效率和潜在产出

效率值				
样本	综合	技术	规模	规模报酬
1	0.439	0.444	0.988	irs
3	0.420	0.521	0.807	drs
4	0.356	0.572	0.623	drs
5	0.279	0.289	0.967	drs
6	0.472	0.481	0.981	irs
7	1.000	1.000	1.000	—
8	0.554	1.000	0.554	drs
9	0.694	0.746	0.930	drs
10	0.552	0.557	0.990	irs
11	0.521	0.780	0.668	drs
12	0.885	1.000	0.885	drs
13	0.480	1.000	0.480	irs
平均值	0.573	0.713	0.830	

投入冗余		
样本　投入	1	2
1	498.394	0.000

续表

投入冗余		
样本 投入	1	2
2	107.506	0.000
3	0.000	0.000
4	0.000	395.841
5	0.000	0.000
6	1323.984	0.000
7	0.000	0.000
8	0.000	0.000
9	702.023	0.000
10	1616.882	0.000
11	1123.043	0.000
12	0.000	0.000
13	0.000	0.000
平均值	413.218	30.449

产出冗余	
样本 产出	1
1	3077.852
2	5493.979
3	9273.023
4	8240.689
5	6765.595
6	5132.097
7	6163.600
8	11268.490
9	8199.362
10	5590.467
11	11053.872
12	10811.640
13	508.840

三　中部地区潜在产出的计算数据

（1）2010年中部原始数据

附表5　2010年原始数据

省份	全社会固定资产投入（亿元）	当年价格GDP（亿元）	从业人员（万元）	价格指数（1978=100）
山西省	6352.60	9200.86	1685.90	2158.00
安徽省	11849.43	12359.33	4096.80	2581.00
江西省	7164.63	9451.26	2498.80	2326.00
河南省	14124.69	23092.36	6042.00	3019.00
湖北省	10802.69	15967.61	3645.00	2586.00
湖南省	9821.06	16037.96	3982.73	2012.00

数据来源：根据2014年各省份统计年鉴计算。

（2）2010年中部处理后数据

附表6　2010年处理后数据

省份	当年价格GDP（亿元）	系数	从业人员（万元）	调整后固定资产投入（亿元）	不变价GDP（亿元）
山西省	9200.86	0.2064	1685.90	1310.96	1898.74
安徽省	12359.33	0.2380	4096.80	2820.18	2941.54
江西省	9451.26	0.2141	2498.80	1534.29	2023.97
河南省	23092.36	0.2130	6042.00	3008.19	4918.07
湖北省	15967.61	0.2446	3645.00	2642.11	3905.34
湖南省	16037.96	0.1844	3982.73	1810.81	2957.09

数据来源：根据2014年各省份统计年鉴计算。

（3）2010年中部经济效率和潜在产出

效率值				
样本	综合	技术	规模	规模报酬
1	1.000	1.000	1.000	—

续表

效率值				
样本	综合	技术	规模	规模报酬
2	0.697	0.718	0.971	drs
3	0.856	0.866	0.989	irs
4	1.000	1.000	1.000	—
5	1.000	1.000	1.000	—
6	0.999	1.000	0.999	irs
平均值	0.925	0.931	0.993	

投入冗余		
样本　投入	1	2
1	0.000	0.000
2	0.000	109.069
3	0.000	0.000
4	0.000	0.000
5	0.000	0.000
6	0.000	0.000
平均值	0.000	18.178

产出冗余	
样本　产出	1
1	1898.740
2	4096.225
3	2336.023
4	4918.070
5	3905.340
6	2957.090

四　西部地区潜在产出的计算数据

（1）2010 年西部原始数据

附表 7　2010 年原始数据

省份	全社会固定资产投入（亿元）	当年价格 GDP（亿元）	从业人员（万元）	价格指数（1978 = 100）
内蒙古	8971.63	11672.00	1184.70	4184.00
广西	7859.07	9569.85	2903.00	2224.00
重庆市	6934.80	7925.58	1539.95	2711.00
四川省	13581.96	17185.48	4772.53	2308.00
贵州省	3186.28	4602.16	1770.90	1971.00
云南省	5528.71	7224.18	2765.90	2044.00
西藏	463.26	507.46	173.39	2343.00
陕西省	8561.24	10123.48	2074.00	2428.00
甘肃省	3378.10	4120.75	1499.56	1872.00
青海省	1068.73	1350.43	307.65	1520.00
宁夏	1464.70	1689.65	326.00	2043.00
新疆	3539.69	5437.47	894.65	2344.00

数据来源：根据 2014 年各省份统计年鉴计算。

（2）2010 年西部处理后数据

附表 8　2010 年处理后数据

省份	当年价格 GDP（亿元）	系数	从业人员（万元）	调整后固定资产投入（亿元）	不变价 GDP（亿元）
内蒙古	11672.00	0.2080	1184.70	1866.40	2428.17
广西	9569.85	0.1763	2903.00	1385.65	1687.28
重庆市	7925.58	0.2453	1539.95	1700.92	1943.93
四川省	17185.48	0.2480	4772.53	3367.81	4261.35
贵州省	4602.16	0.1996	1770.90	636.02	918.65
云南省	7224.18	0.1953	2765.90	1079.93	1411.11
西藏	507.46	0.3071	173.39	142.26	155.83
陕西省	10123.48	0.1944	2074.00	1664.42	1968.14
甘肃省	4120.75	0.2940	1499.56	993.19	1211.54
青海省	1350.43	0.1749	307.65	186.89	236.15

续表

省份	当年价格 GDP（亿元）	系数	从业人员（万元）	调整后固定资产投入（亿元）	不变价 GDP（亿元）
宁夏	1689.65	0.1572	326.00	230.18	265.53
新疆	5437.47	0.1684	894.65	596.04	915.61

（3）2010 年西部经济效率和潜在产出

效率值				
样本	综合	技术	规模	规模报酬
1	1.000	1.000	1.000	—
2	0.793	0.903	0.878	drs
3	0.832	0.869	0.957	drs
4	0.836	1.000	0.836	drs
5	0.940	0.953	0.987	drs
6	0.851	0.941	0.904	drs
7	0.750	1.000	0.750	irs
8	0.806	0.894	0.901	drs
9	0.794	0.868	0.914	drs
10	0.823	1.000	0.823	irs
11	0.762	0.873	0.873	irs
12	1.000	1.000	1.000	—
平均值	0.849	0.942	0.902	

投入冗余		
样本　投入	1	2
1	0.000	0.000
2	903.636	0.000
3	0.000	0.000
4	0.000	0.000
5	820.315	0.000
6	1194.258	0.000
7	0.000	0.000

续表

投入冗余		
样本　投入	1	2
8	0.000	0.000
9	49.272	0.000
10	0.000	0.000
11	0.000	0.000
12	0.000	0.000
平均值	247.290	0.000

产出冗余	
样本　产出	1
1	2428.170
2	1868.730
3	2236.654
4	4261.350
5	963.869
6	1499.703
7	155.830
8	2200.803
9	1395.001
10	236.150
11	304.174
12	915.610

图书在版编目(CIP)数据

城镇化与中国潜在经济增长 / 陈长著. -- 北京 : 社会科学文献出版社, 2019.10

(格致丛书)

ISBN 978 - 7 - 5201 - 5167 - 2

Ⅰ. ①城… Ⅱ. ①陈… Ⅲ. ①城市化 - 关系 - 中国经济 - 经济增长 - 研究 Ⅳ. ①F299.21②F124.1

中国版本图书馆 CIP 数据核字 (2019) 第 142543 号

格致丛书

城镇化与中国潜在经济增长

著　　者 / 陈　长

出 版 人 / 谢寿光
组稿编辑 / 曹义恒　岳梦夏
责任编辑 / 岳梦夏

出　　版 / 社会科学文献出版社 · 社会政法分社 (010) 59367156
　　　　地址: 北京市北三环中路甲 29 号院华龙大厦　邮编: 100029
　　　　网址: www.ssap.com.cn
发　　行 / 市场营销中心 (010) 59367081　59367083
印　　装 / 三河市尚艺印装有限公司

规　　格 / 开 本: 787mm × 1092mm　1/16
　　　　印 张: 17.25　字 数: 245 千字
版　　次 / 2019 年 10 月第 1 版　2019 年 10 月第 1 次印刷
书　　号 / ISBN 978 - 7 - 5201 - 5167 - 2
定　　价 / 99.00 元